U0647134

四部要籍選刊·史部　蔣鵬翔　主編

清金陵書局本

後漢書

十

〔南朝宋〕范曄　撰

〔唐〕李賢等注

浙江大學出版社

本册目录

志第十

志第十一

志第十二

志第十三

志第十七

志第十八

志第十九

志第二十

志第二十一

志第二十二

志第二十三

志第二十四

志第二十五

志第二十六

志第二十七

志第二十八

志第二十九

志第三十

天文志上

王莽三　光武十二

續漢志十

梁劉昭注補

易曰天垂象聖人則之庖犧氏之王天下仰則觀象於天俯則觀法於地觀象於天謂日月星辰觀法於地謂水土州分形成於下象見於上故曰天者北辰星合元垂耀建帝形運機授度張百精三階九列二十七大夫八十一元士斗衡太微攝提之屬百二十官二十八宿各布列下應十二子天地設位星辰之象備矣星經曰歲星主泰山徐州青州兗州熒惑主霍山揚州荊州交州鎮星主嵩高山豫州太白主華陰山涼州雍州益州辰星主恆山冀州幽州并州歲星主角亢氐房心尾箕熒惑主輿鬼柳七星張翼軫鎮星主東井太白主奎婁胃昴畢觜參辰星主斗牛女虛危室壁璇璣者謂北極星也玉衡者謂斗九星也玉衡第一星主徐州常以五子日候之甲子爲東海丙子爲琅邪戊子爲彭城庚子爲下邳壬子爲廣陵凡五郡第二星主益州常以五亥日候之乙亥爲漢中丁亥爲永昌己亥爲巴郡蜀郡牂柯辛亥爲廣漢癸亥爲犍爲凡七郡第三星主冀州常以五戌日候之甲戌爲魏郡勃海丙戌爲安平戊戌爲鉅鹿河間庚戌爲清河趙國壬戌爲恆山凡八郡第四星主荊州常以五卯日候之乙卯爲南陽己卯爲零陵辛卯爲桂陽癸卯爲長沙丁卯爲武陵凡五郡第五星主兗州常以五辰日候之甲辰爲東郡陳留丙辰爲濟北戊辰爲山陽泰山庚辰爲濟陰壬辰爲東平任城凡八郡第六星主揚州常以五巳日候之乙巳爲豫章辛巳爲丹陽己巳爲廬江丁巳爲吳郡會稽

癸巳爲九江凡六郡第七星爲豫州常以五午日候之甲午爲潁川壬午爲梁國丙午爲汝南戊午爲沛國庚午爲魯國凡五郡第八星主幽州常以五寅日候之甲寅爲玄菟丙寅爲遼東遼西漁陽庚寅爲上谷代郡壬寅爲廣陽戊寅爲涿郡凡八郡第九星主并州常以五申日候之甲申爲五原雁門丙申爲朔方雲中戊申爲西河庚申爲太原定襄壬申爲上黨凡八郡璇璣玉衡占色春青黃夏赤黃秋白黃冬黑黃此是常明不如此者所向國有兵殃起凡有六十郡九州所領自有分而名焉

三皇邁化協神醇朴謂五星如連珠日月如合璧化由自然民不犯慝至於書契之興五帝是作軒轅始受河圖鬬苞授規日月星辰之象故星官之書自黃帝始至高陽氏使南正重司天北正黎司地唐虞之時羲仲和仲尚書曰帝在璇璣玉衡以齊七政孔安國曰在察也璇美玉也璣衡王者正天文之器可運轉者七政日月五星各異政舜察天文齊七政也夏有昆吾湯則巫咸周之史佚萇弘宋之子韋楚之唐蔑魯之梓慎鄭之裨竈魏石申夫或云石申父齊國甘公皆掌天文之官仰占俯視以佐時政步變擿微通洞密至採禍福之原覩成敗之勢秦燔詩書以愚百姓六經典籍殘爲灰炭星官之書全而不毁故秦史書始皇之時彗孛大角大角以亾有大星與小星鬬於宫中是其廢亾之徵至漢興景

武之際，司馬談談子遷目世黎氏之後爲太史令，遷著史記，作天官書。成帝時，中壘校尉劉向廣洪範災條，作五紀皇極之論，目參往行之事。孝明帝使班固敘漢書，而馬續述天文志。謝沈書曰：蔡邕撰建武已後星驗著明，以續前志。譙周接繼其下者。今紹漢書作天文志，起王莽居攝元年，迄孝獻帝建安二十五年，二百一十五載，言其時星辰之變，表象之應，目顯天戒，明王事焉。臣昭以張衡天文之妙，冠絕一代。所著靈憲、渾儀，略具辰燿之本，今寫載以備其理焉。靈憲曰：昔在先王，將步天路，用定靈軌，尋緒本元。先準之於渾體，是爲正儀立度，而皇極有逌建也，樞運有逌稽也。乃建乃稽，斯經天常。聖人無心，因茲以生心，故靈憲作興。曰太素之前，幽清玄靜，寂寞冥默，不可爲象，厥中惟靈，厥外惟無。如是者永久焉，斯謂溟涬，蓋乃道之根也。道根既建，自無生有。太素始萌，萌而未兆，并氣同色，渾沌不分。故道志之言云：有物渾成，先天地生。其氣體固未可得而形，其遲速固未可得而紀也。如是者又永久焉，斯爲龐鴻，蓋乃道之幹也。道幹既育，有物成體。於是元氣剖判，剛柔始分，清濁異位。天成於外，地定於內。天體於陽，故圓以動；地體於陰，故平以靜。動以行施，靜以合化，堙鬱構精，時育庶類，斯謂太元，蓋乃道之實也。在天成象，在地成形。天有九位，地有九域；天有三辰，地有三形。有象可效，有形可度。情性萬殊，旁通感薄，自然相生，莫之能紀。於是人之精者作聖，實始紀綱而經緯之。八極之維，徑二億三萬二千三百里，南北則短減千里，東西則廣增千里。自地至天，半於八極，則地之深亦如之。通而度之，則是渾已。將覆其數，用重鉤股，懸天之景，薄地之義，皆移千里而差一寸得之。過此而往者，未之或知也。未之或知者，宇宙之謂也。宇之表無極，宙之端無窮。天有兩儀，以儛道中。其可覩，樞星是也，謂之北極。在南者不著，故聖人弗之名焉。其世之遂，九分而減二。陽道左迴，故天運左行。

有驗於物則人氣左羸形左繚也天以陽迴地以陰淯是故天致其動稟氣舒光地致其靜承施
候明天以順動不失其中則四序順至寒暑不減致生有節故品物用生地以靈靜作合承天清
化致養四時而後育故品物用成凡至大莫如天至厚莫若地地至質者曰地而已至多莫若水
水精爲漢漢用于天而無列焉思次質也地有山嶽以宣其氣精種爲星星也者體生於地精成
於天列居錯跱各有逌屬紫宮爲皇極之居太微爲五帝之廷明堂之房大角有席天市有坐蒼
龍連蜷于左白虎猛據于右朱雀奮翼于前靈龜圈首於後黃神軒轅於中六擾既畜而狠蚖魚
鼈罔有不具在野象物在朝象官在人象事於是備矣懸象著明莫大乎日月其徑當天周七百
三十六分之一地廣二百四十二分之一日者陽精之宗積而成鳥象烏而有三趾陽之類其數
奇月者陰精之宗積而成獸象兔陰之類其數耦其後有馮焉者羿請無死之藥於西王母姮娥
竊之以奔月將往枚筮之於有黃有黃筮之曰吉翩翩歸妹獨將西行逢天晦芒毋驚毋恐後其
大昌姮娥遂託身於月是爲蟾蠩夫日譬猶火月譬猶水火則外光水則含景故月光生于日之
所照魄生于日之所蔽當日則光盈就日則光盡也眾星被燿因水轉光當日之衝光常不合者
蔽於地也是謂闇虛在星星微月過則食日之薄地其明也繇闇視明明無所屈是以望之若火
方於中天天地同明繇明瞻闇闇還自奪故望之若水火當夜而揚光在晝則不明也月之於夜
與日同而差微星則不然強弱之差也眾星列布其以神著有五列焉是爲三十五名一居中央
謂之北斗動變挺占實司主命四布於方爲二十八宿日月運行歷示吉凶五緯經次用告禍福
則天心於是見矣中外之官常明者百有二十四可名者三百二十爲星二千五百而海人之占
未存焉微星之數蓋萬一千五百二十庶物蠢蠢咸得繫命不然何以總而理諸夫三光同形有
似珠玉神守精存麗其職而宣其明及其衰神歇精斁於是乎有隕星然則奔星之所墜至則石
文曜麗乎天其動者七日月五星是也周旋右回天道者貴順也近天則遲遠天則速行則屈屈
則留回留回則逆逆則遲迫於天也行遲者覿于東覿于東屬陽行速者覿于西覿于西屬陰日
與月此配合也攝提熒惑地候見晨附于日也太白辰星見昏附于月也二陰三陽參天兩地故
男女取焉方星巡鎮必因常度苟或盈縮不逾于次故有列司作使曰老子四星周伯王逢芮各
一錯乎五緯之閒其見無期其行無度寔妖經星之所然後吉凶宣周其祥可盡蔡邕表志曰言

天體者有三家一曰周髀二曰宣夜三曰渾天宣夜之學絶無師法周髀數術具存考驗天狀多所違失故史官不用唯渾天者近得其情今史官所用候臺銅儀則其法也立八尺圓體之度而具天地之象以正黄道以察發斂以行日月以步五緯精微深妙萬世不易之道也官有其器而無本書前志亦闕而不論臣求其舊文連年不得在東觀以治律未竟未及成書案略求索竊不自量卒欲寢伏儀下思惟精意案度成數扶以文義潤以道術著成篇章罪惡無狀投畀有北灰滅雨絶世路無由宜博問羣臣下及巖穴知渾天之意者使述其義以裨天文志撰建武以來星變彗孛占驗著明者續其後

王莽地皇三年十一月有星孛于張東南行五日不見孛星者惡氣所生爲亂兵星占曰其國內外用兵也其所以孛德孛德者亂之象不明之表又參然孛焉兵之類也故名之曰孛孛之爲言猶有所傷害有所妨蔽或謂之彗星所以除穢而布新也宋鈞注鉤命決曰彗五彗也蒼則王侯破天子苦兵赤則賊起强國恣黄則女害色權奪於后妃白則將軍逆二年兵大作黑則水精賦江河決賊處處起也韓楊占曰其象若竹彗樹木條長短無常其長大見久災深短小見不久災狹晏子春秋曰齊景公睹彗星使伯常騫禳之晏子曰不可此天教也日月之氣風雨不時彗星之出天爲民之亂見之又一曰景公彗星出而泣晏子問之公曰寡人聞之彗星出其所向之國君當之今彗星出而向吾國我是以悲晏子曰君之行義回邪無德於國穿陂池則欲其深以廣也爲臺榭則欲其高且大也賦斂如撝奪誅戮如仇讐自是觀之孛又將出彗星之出庸何懼乎果如晏子之言孛之與彗如似匪同張爲周地星孛於張東南行即翼軫之分翼軫爲楚是周楚地將有

兵亂後一年正月光武起兵舂陵會下江新市賊張卬王常及更始之兵亦至俱攻破南陽斬莽前隊大夫甄阜屬正梁丘賜等殺其士衆數萬人更始爲天子都雒陽西入長安敗死光武興於河北復都雒陽居周地除穢布新之象

四年六月漢兵起南陽至昆陽莽使司徒王尋司空王邑將諸郡兵號曰百萬衆已至者四十二萬人能通兵法者六十三家皆爲將帥持其圖書器械軍出關東牽從羣象虎狼猛獸放之道路以示富彊用怖山東至昆陽山作營百餘圍城數重或爲衝車以撞城爲雲車高十丈以瞰城中弩矢雨集城中負戶而汲求降不聽請出不得二公之兵自以必克不恤軍事不協計慮莽有覆敗之變見焉晝有雲氣如壞山墮軍上軍人皆厭所謂營頭之星也占曰營頭之所墮其下覆軍流血三千里（袁山松書曰怪星晝行名曰營頭行振大誅也）是時光武

將兵數千人赴救昆陽奔擊二公兵并力猋發號呼聲動天地虎豹驚怖敗振會天大風飛屋瓦雨如注水二公兵亂敗自相賊就死者數萬人競赴滍水死者委積滍水爲之不流殺司徒王尋軍皆散走歸本郡王邑還長安莽敗俱誅死營頭之變覆軍流血之應也

四年秋太白在太微中燭地如月光太白爲兵太微爲天廷太白羸而北入太微是大兵將入天子廷也是時莽遣二公之兵至昆陽已爲光武所破莽又拜九人爲將軍皆㠯虎爲號號九虎將軍至華陰皆爲漢將鄧曄李松所破進攻京師倉將軍韓臣至長門十月戊申漢兵自宣平城門入二日己酉城中少年朱弟張魚等數千人起兵攻莽燒作室斧敬法闥商人杜吳殺莽漸臺之上校尉公賓就斬莽首大兵蹈籍宮廷之中仍㠯更始入長安赤眉賊

立劉盆子爲天子皆已大兵入宮廷是其應也

光武古今注曰建武六年九月丙戌月犯太微西藩十一月辛亥月犯軒轅七年九月庚子土入鬼中漢史鎭星逆行輿鬼女主貴親有憂巫咸曰有土功事是歲太白經太微八年四月辛未月犯房第二星光芒不見九年四月乙卯金犯婁南星甲子月犯軒轅第二星壬寅犯心大星七月戊辰月並犯昴黃帝星占土犯鬼皇后有憂失亾其勢河圖曰月犯房天子有憂四足之蟲多死漢史曰其國有憂將軍死又案嚴光傳光與帝臥足加帝腹上太史奏客星犯帝坐甚急建武九年七月乙丑金犯軒轅大星十一月乙丑金又犯軒轅孟康曰犯七寸以內光芒相及也韋昭曰自下往觸之曰犯軒轅者後宮之官大星爲皇后金犯之爲失勢是時郭后已失勢見疏後廢爲中山太后陰貴人立爲皇后

十年三月癸卯流星如月從太微出入北斗魁第六星色白旁有小星射者十餘枚滅則有聲如雷食頃止孟康曰流星光跡相連也絕跡而去爲飛也流星爲貴使星大者使大星小者使小太微天子廷北斗魁主殺星從太微出抵北斗魁是天子大使將出有所伐殺古今注曰正月壬戌月犯心後星閏月庚辰火入輿鬼過軫北庚申月在斗赤如丹者也十二月己亥大流星如缶出柳西南行入井且滅時分爲

十餘如遺火狀須臾有聲隱隱如雷柳爲周井爲秦蜀大流星出柳入井者是大使從周入蜀是時光武帝使大司馬吳漢發南陽卒三萬人乘船泝江而上擊蜀白帝公孫述臣昭曰述雖以白承黄而此遂號爲白帝於文繁長書例未通又命將軍馬武劉尚郭霸岑彭馮駿平武都巴郡十二年十月漢進兵擊述從弟衞尉永遂至廣都殺述女壻史興威虜將軍馮駿拔江州斬述將田戎吳漢又擊述大司馬謝豐斬首五千餘級臧宮破涪殺述弟大司空恢十一月丁丑漢護軍將軍高午刺述洞胸其夜死明日漢入屠蜀城誅述大將公孫晃延岑等所殺數萬人夷滅述妻宗族萬餘人以上是大將出伐殺之應也其小星射者及如遺火分爲十餘皆小將隨從之象有聲如雷隱隱者兵將怒之徵也

十二年正月古今注曰丁丑月乘軒轅大星己未小星流百枚以上或西北或正北或

東北二夜止（古今注曰二月辛亥月入氐暈珥圍角亢房）六月戊戌晨小流星百枚以上四面行小星者庶民之類流行者移徙之象也或西北或東北或四面行皆小民移徙之徵是時西北討公孫述北征盧芳匈奴助芳侵邊漢遣將軍馬武騎都尉劉納閻興軍下曲陽臨平呼沱以備胡匈奴入河東中國未安米穀荒貴民或流散後三年吳漢馬武又徙鴈門代郡上谷關西縣吏民六萬餘口置常山關居庸關以東以避胡寇是小民流移之應（古今注曰其年七月丁丑月犯昴頭兩星八月辛酉水見東方翼分九月甲午火犯輿鬼十月丁卯大星流有光發東井西行聲隆隆十三年二月乙卯火犯輿鬼西北黃帝占曰熒惑守輿鬼大人憂一曰貴人當之巫咸曰水見翼多火災石氏曰爲旱郗萌占曰流星出東井所之國大水）十五年正月丁未彗星見昴（炎長三丈韓楊占曰在昴大國起兵也）稍西北行入營室犯離宮（韓楊占曰彗出營室東壁之閒爲兵起也）二月乙未至東壁滅見四十九日彗星爲兵入除穢昴爲邊兵彗星出之爲有兵至十一月定襄都尉陰承反太守隨誅之盧芳從匈奴入居高柳至十六年十月降上璽綬一曰昴

星爲獄事是時大司徒歐陽歙㠯事繫獄踰歲死營室天子之常宮離宮妃后之所居彗星入營室犯離宮是除宮室也是時郭皇后已疏至十七年十月遂廢爲中山太后立陰貴人爲皇后除宮之象也古今注曰十六年四月土星逆行十七年三月乙未火逆行從東門入太微到執法星東己酉南出端門十八年十二月壬戌月犯木星十九年閏月戊申火逆從氐到亢二十一年七月辛酉入畢二十三年三月癸未月食火星郗萌曰熒惑逆行氐爲失火

三十年閏月甲午水在東井二十度生白氣東南指炎長五尺爲彗東北行至紫宮西藩止五月甲子不見凡見三十一日水常㠯夏至放於東井閏月在四月尚未當見而見是嬴而進也東井爲水衡水出之爲大水是歲五月及明年郡國大水壞城郭傷禾稼殺人民白氣爲喪有炎作彗彗所㠯除穢紫宮天子之宮彗加其藩除宮之象荆州星經曰彗在東井國大人死七十日主當之五十日相當之三十日兵將當之後三年光武帝崩

三十一年七月古今注曰戊申月犯心後星戊午火在輿鬼一度入鬼中出尸星南

半度十月己亥犯軒轅大星又七星間有客星炎二尺所西南行至明年二月二十二日在輿鬼東北六尺所滅凡見百一十三日輿鬼五星天府也黃帝占曰輿鬼天目也朱雀頭也中央星如粉絮鬼爲變害故言一名天尸斧鉞或以病亾或以誅斬火尅金天以制法其西南一星主積布帛西北一星主積金玉東北一星主積馬東南一星主積兵一曰主領珠璣郗萌曰輿鬼者參之尸也弧射狼誤中參左肩舉尸之東井治留尸輿鬼故曰天尸鬼之爲言歸也又占月五星有入輿鬼大臣誅有千鉞乘質者君貴人憂金玉用民人多疾從南入爲男子從北入爲女從西入爲老人從東入爲丁壯棺木倍價熒惑爲凶衰輿鬼尸星主死亾熒惑入之爲大喪軒轅爲後宮七星周地客星居之爲死喪其後二年光武崩

中元古今注曰元年三月甲寅月犯心後星二年八月丁巳火犯太微西南角星相去二寸十月戊子大流星從西南東北行聲如雷火犯太微西南角星爲將相後太尉趙憙司徒李訢坐事免官大流星爲使中郎將竇固揚虛侯馬武揚鄉侯王賞將兵征西也

天文志上

天文志中　續漢志十一

明十二　章九　和三十三　殤一
安四十六　順二十三　質三

梁劉昭注補

孝明永平元年四月丁酉流星大如斗起天市樓西南行光照地流星爲外兵西南行爲西南夷是時益州發兵擊姑復蠻夷大牟替滅陵斬首傳詣雒陽古今注曰閏九月辛未火在太微左執法星所光芒相及十一月辛未土逆行乘東井北軒轅第二星二年十二月戊辰月食火星黃帝星經曰出入井爲八主一曰陽爵祿事

三年六月丁卯彗星出天船北長二尺所稍北行至亢南百三十五日去天船爲水彗出之爲大水是歲伊雒水溢到津城門壞伊橋郡七縣三十二皆大水

四年八月辛酉客星出梗河西北指貫索七十日去梗河爲胡兵至五年十一月北匈奴七千騎入五原塞十二月又入雲中至原陽貫索貴人之牢其十二月陵鄉侯梁松坐怨望懸飛書誹謗朝

廷下獄死妻子家屬徙九眞

七年正月戊子流星大如杯從織女西行光照地織女天之眞女流星出之女主憂其月癸卯光烈皇后崩古今注曰三月庚戌客星光氣二尺所在太微左執法南端門外凡見七十五日

八年六月壬午長星出柳張三十七度犯軒轅刺天船陵太微氣至上階凡見五十六日去柳周地是歲多雨水郡十四傷稼古今注曰十二月戊子客星出東方

九年正月戊申客星出牽牛長八尺歷建星至房南古今注曰歷斗建箕房過角亢至翼芒東指滅見至五十日郗萌占曰客星舍房左右羣臣有吞藥死者又占有奪地牽牛主吳越房心爲宋後廣陵王荆與沈涼楚王英與顏忠各謀逆事覺皆自殺廣陵屬吳彭城古宋地古今注曰十年七月甲寅月犯歲星十一年六月壬辰火犯土星

十三年閏月丁亥火犯輿鬼爲大喪質星爲大臣誅戮晉灼曰鬼五星其中白者爲質

其十二月楚王英與顏忠等造作妖謀反事覺英自殺忠等皆伏誅（古今注曰十一月客星出軒轅四十八日十二月戊午月犯木星）

十四年正月戊子客星出昴六十日在軒轅右角稍滅昴主邊兵後一年漢遣奉車都尉顯親侯竇固駙馬都尉耿秉騎都尉耿忠開陽城門候秦彭太僕祭肜將兵擊匈奴一曰軒轅右角爲貴相昴爲獄事客星守之爲大獄是時考楚事未訖司徒虞延與楚王英黨與黃初公孫弘等交通皆自殺或下獄伏誅

十五年十一月乙丑太白入月中爲大將戮人主亾不出三年後三年孝明帝崩

十六年正月丁丑歲星犯房右驂北第一星不見辛巳乃見（石氏星經曰歲星守房良馬出廄古今注曰正月丁未月犯房）房右驂爲貴臣歲星犯之爲見誅是後司徒邢穆坐與阜陵王延交通知逆謀自殺四月癸未太白犯畢畢爲邊兵

後北匈奴寇入雲中至漁陽使者高弘發三郡兵追討無所得太
僕祭肜坐不進下獄
十八年六月己未彗星出張長三尺轉在郎將南入太微皆屬張
張周地爲東郡太微天子廷彗星犯之爲兵喪其八月壬子孝明
帝崩
孝章建初元年正月丁巳太白在昴西一尺八月庚寅彗星出天
市長三尺所稍行入牽牛三度積四十日稍滅太白在昴爲邊兵
彗星出天市爲外軍牽牛爲吳越是時蠻夷陳縱等及哀牢王類
反攻巂唐城永昌太守王尋走奔楪榆安夷長宋延爲羌所殺㠯
武威太守傅育領護羌校尉馬防行車騎將軍征西羌又阜陵王
延與子男魴謀反大逆無道得不誅廢爲侯二年九月古今注曰甲甲金入斗魁甲
寅流星過紫宮中長數丈散爲三滅十一月戊寅彗星出婁三度

長八九尺稍入紫宮中百六日稍滅流星過入紫宮皆大人忌後四年六月癸丑明德皇后崩古今注曰五年二月戊辰木火具在參三月戊寅木火在東井六年七月丁酉夜有流星起軒轅大如拳歷文昌餘氣正白句曲西如文昌久久乃滅黃帝星經曰木守東井有土功之事一曰大水郗萌曰歲星守參后當之熒惑守大人當之

元和元年四月丁巳客星晨出東方在胃八度長三尺歷閣道入紫宮留四十日滅閣道紫宮天子之宮也客星犯入留久爲大喪後四年孝章皇帝崩

孝和永元元年正月辛卯有流星起參長四丈古今注曰大如拳起參東南有光色黃白古今注曰癸亥鎮在參又流星大如桃色赤起太微東蕃石氏曰鎮守參有土功事二月流星起天棓東北行三丈所滅色青白壬申夜有流星起太微東蕃長三丈三月古今注曰戊子土在參丙辰流星起天津古今注曰星大如桃起天津東至斗黃白頻有光壬戌有流星起天將軍東北行古今注曰色黃無光參爲邊兵天棓爲兵太微天廷天津爲水天將軍爲兵流星起之皆爲兵其六月漢遣車騎將軍竇憲執金吾耿秉與度遼

將軍鄧鴻出朔方並進兵臨私渠北鞮海斬虜首萬餘級獲生口牛馬羊百萬頭日逐王等八十一部降凡三十餘萬人追單于至西海是歲七月又雨水漂人民是其應古今注曰十一月壬申鎮星在東井石氏曰天下水其大出流殺人二年正月乙卯金木俱在奎丙寅水又在奎巫咸曰辰守奎多水火災亦爲旱古今注曰土在東井奎主武庫兵三星會又爲兵喪辛未水金木在婁亦爲兵又爲匿謀郗萌曰辰守婁有兵兵罷兵起巫咸石氏云多火災古今注曰丙寅水在奎土在東井金在婁木火在昴二月丁酉有流星大如桃起紫宮東蕃西北行五丈稍滅古今注曰三月甲子火在亢南端門第一星南乙亥金在東井四月丙辰有流星大如瓜起文昌東北西南行至少微西滅有頃音如雷聲已而金在軒轅大星東北二尺所古今注曰丁丑火在氐東南星東南八月丁未有流星如雞子起太微西東南行四丈所消十月癸未有流星大如桃起天津西行六丈所消十一月辛酉有流星大如拳起紫宮西行到胃消三年九月丁卯有流星大如雞子起紫宮西南至北斗柄閒消星紫

宮占曰有流星出紫宮天子使也色赤言兵色白言喪色黄言吉色青言憂色黑言水出皆以所之野命東西南北紫宮天子宮文昌少微爲貴臣天津爲水北斗主殺流星起歷紫宮文昌少微天津文昌爲天子使出有兵誅也竇憲爲大將軍憲弟篤景等皆卿校尉憲女弟壻郭舉爲侍中射聲校尉與衞尉鄧疊母元俱出入宮中謀爲不軌至四年六月丙寅發覺和帝幸北宮詔執金吾五校尉勒兵屯南北宮閉城門捕舉舉父長樂少府璜及疊疊弟步兵校尉磊母元皆下獄誅憲弟篤景等皆自殺金犯軒轅女主失勢竇氏被誅太后失勢

五年古今注曰正月甲戌月乘歲星四月癸巳太白熒惑辰星俱在東井巫咸曰太白守井五穀不成黄帝經曰五星及客星守井皆爲水石氏曰爲旱又曰太白入東井留一日以上乃占大臣當之期三月若一年遠五年古今注曰木在輿鬼七月壬午歲星犯軒轅大星九月金在南斗魁中爲水石氏曰爲旱火犯房北第一星東井秦地爲法三星合內外有兵又爲法令及水金入斗口中爲大將將

死火犯房北第一星爲將相其六年正月司徒丁鴻薨古今注曰六年六月丁亥金在東井閏月己丑流星大如桃起參北西至參肩南稍有光七月大水漂殺人民傷五穀許侯馬光有罪自殺九月行車騎將軍事鄧鴻越騎校尉馮柱發左右羽林北軍五校士及八郡跡射烏桓鮮卑合四萬騎與度遼將軍朱徵護烏桓校尉任尚中郎將杜崇征叛胡十二月車騎將軍鴻坐追虜失利下獄死度遼將軍徵中郎將崇皆抵罪

七年正月丁未有流星起天津入紫宮中滅色青黃有光二月癸酉金火俱在參巫咸占曰熒惑守參多火災海中占曰爲旱太白守參國有反臣郗萌曰有攻戰伐國也戊寅金火俱在東井郗萌曰熒惑守井百川皆滿太白又從舍蕃二十日流國又曰雜糴貴又將相死八月甲寅水土金俱在軫春秋緯曰五星有入軫者皆爲兵大起巫咸占曰五星入軫者司其出入而數之期二十日皆爲兵發司始入處之率一日期十日軍罷石氏星經曰辰星守軫歲水郗萌曰鎮星出入留舍軫六十日不下必有大喪春秋緯曰太白入軫兵大起郗萌曰太白守軫必有死亾十一月甲戌金火俱在心雒書曰太白守心後九年大飢十二月己卯有流星起文昌入紫宮消丙辰火金水俱在斗流星入紫宮金

火在心皆爲大喪三星合軫爲白衣之會金火俱在參東井皆爲外兵有死將三星俱在斗有戮將若有死相八年四月樂成王黨七月樂成王宗皆薨將兵長史吳棼坐事徵下獄誅古今注曰八年九月辛丑夜有流星大如拳起婁十月北海王威自殺十二月陳王羨薨其九年閏月皇太后竇氏崩遼東鮮卑太守祭參不追虜徵下獄誅九月司徒劉方坐事免官自殺隴西羌反遣執金吾劉尚行征西將軍事越騎校尉節鄉侯趙世發北軍五校黎陽雍營及邊胡兵三萬騎征西羌

十一年五月丙午流星大如瓜起氐西南行稍有光白色古今注曰六月庚辰月入畢中占曰流星白爲有使客大爲大使小亦小使疾期疾遲亦遲大如瓜爲近小行稍有光爲遲也又正王日邊方有受王命者也明年二月蜀郡旄牛徼外夷白狼樓薄種王唐繒等率種人口十七萬歸義內屬賜金印紫綬錢帛

十二年十一月癸酉夜有蒼白氣長三丈起天園東北指軍市見積十日占曰兵起十日期歲明年十一月遼東鮮卑二千餘騎寇右北平

十三年古今注曰正月辛未水乘輿鬼十二月癸巳犯軒轅大星十一月乙丑軒轅第四星間有小客星色青黃軒轅爲後宮星出之爲失勢其十四年六月辛卯陰皇后廢古今注曰十四年正月乙卯月犯軒轅在太微中二月十日丁酉水入太微西門十一月丁丑有流星大如拳起北斗魁中北至閣道稍有光色赤黃須臾西有雷聲

十六年四月丁未紫宮中生白氣如粉絮戊午客星從紫宮西行至昴五月壬申滅七月庚午水在輿鬼中黃帝占曰辰星犯昴大臣誅國有憂郡胡曰多蝗蟲十月辛亥流星起鉤陳北行三丈有光色黃白氣生紫宮中爲喪客星從紫宮西行至昴爲趙輿鬼爲死喪鉤陳爲皇后流星出之爲中使後一年元興元年十月二日和帝崩殤帝即位一年又崩無嗣鄧太后遣使者迎清河孝王子即位是爲孝安皇帝是其應也清

河趙地也

元興元年二月庚辰有流星起角亢五丈所四月辛亥有流星起斗東北行到須女七月己巳有流星起天市五丈所光色赤聞月辛亥水金俱在氐巫咸曰辰星守氐多水災海中占曰天下大旱所在不收荆州星占曰太白守氐國君大哭流星起斗東北行至須女須女燕地天市爲外軍水金會爲兵誅其年遼東貊人反鈔六縣發上谷漁陽右北平遼西烏桓討之

孝殤帝延平元年正月丁酉金火在婁金火合爲爍爲大人憂古今注曰七月甲申月在南斗中是歲八月辛亥孝殤帝崩

孝安永初元年五月戊寅熒惑逆行守心前星韓楊占曰多火災一曰地震檢其年十八郡地震明年漢陽火八月戊申客星在東井弧星西南心爲天子明堂熒惑逆行守之爲反臣雒書曰熒惑守心逆臣起黄帝占曰逆行守心二十日大臣亂客星在東井爲大水荆州經曰客星干犯東井則大臣誅是時安帝未臨朝鄧太后攝政鄧騭爲車騎將軍弟弘悝閶皆已

校尉封侯秉國勢司空周章意不平與王遵叔元茂等謀欲閉宮門捕將軍兄弟誅常侍鄭衆蔡倫劫刺尚書廢皇太后封皇帝爲遠國王事覺章自殺東井弧皆秦地是時羌反斷隴道漢遣騭將左右羽林北軍五校及諸郡兵征之是歲郡國四十一縣三百一十五雨水四瀆溢傷秋稼壞城郭殺人民是其應也

二年正月戊子太白晝見古今注曰四月乙亥月入南斗魁中八月己亥熒惑出入太微端門己亥太白入斗中古今注曰三月壬寅熒惑入輿鬼中五月丙寅太白入畢中石氏經曰太白守畢國多淫刑也

三年正月庚戌月犯心後星河圖曰亂臣在旁十二月彗星起天菀南東北指長六七尺色蒼白太白晝見爲彊臣前志曰太白晝見彊國弱小國彊女主昌是時鄧氏方盛月犯心後星不利子心爲宋五月丁酉沛王牙薨太白入斗中爲貴相凶臣昭案楊厚對曰以爲諸王子多在京師容有非常宜亟發遣還本國太后從之星尋滅不見以斯而言太白入之災在貴相天菀爲外軍彗星出其南爲外兵是後使羌氏討賊李貴又使烏桓擊鮮卑又使中郎將

任尚護羌校尉馬賢擊羌皆降

四年古今注曰二月丙寅月犯軒轅大星六月丙子客星大如李蒼白芒氣長二尺西南指上階星癸酉太白入輿鬼指上階爲三公後太尉張敏免官太白入輿鬼爲將凶後中郎將任尚坐贓千萬檻車徵棄市韓楊占曰太白入輿鬼亂臣在內臣昭以占爲明堂豈任尚所能感也

五年六月辛丑太白晝見經天春秋漢含孳曰陽弱辰逆太白經天注云陽弱君柔不堪鉤命決曰天失仁太白經天

元初元年三月癸酉熒惑入輿鬼　二年九月辛酉熒惑入輿鬼

三年三月熒惑入輿鬼中五月丙寅太白入畢口黃帝占曰火攻近期十五日遠期四十日又曰大臣當之亂國易主七月甲寅歲星入輿鬼閏月己未太白犯太微左執法十一月甲午客星見西方己亥在虛危南至胃昴郗萌曰客星入虛大人當之又曰客星守危强臣執國命在后族又且大風有危敗黃帝星經曰客星入守若出危大饑民閒食貴

四年正月丙戌歲星留輿鬼中石氏經曰歲星入留輿鬼五十日不下民有大喪百日不下民半死黃帝星經曰守鬼十日金錢散諸侯郗萌曰五穀多傷民以飢死者無數乙未太白晝見丙上

四月壬戌太白入輿鬼中石氏占太白入鬼一曰病在女主一曰將戮死己巳辰星入輿鬼中郗萌曰以罪誅大臣一曰后疾一曰大人憂五月己卯辰星犯歲星六月丙申熒惑入輿鬼中戊戌犯輿鬼大星九月辛巳太白入南斗口中黃帝經曰大人當之國易政　五年三月丙申鎮星犯東井鉞星五月庚午辰星犯輿鬼質星丙戌太白犯鉞星　六年四月癸丑太白入輿鬼郗萌曰太白守輿鬼疾在女主六月丙戌熒惑在輿鬼中黃帝經曰熒惑犯守鬼國有大喪有女喪大將有死者荆州星占曰熒惑犯鬼忠臣戮死不出一年中丁卯鎮星在輿鬼中黃帝經曰鎮入鬼中大臣誅海中石氏曰大人憂辛巳太白犯左執法自永初五年到永寧十年之中太白一晝見經天再入輿鬼一守畢再犯左執法入南斗犯鉞星熒惑五入輿鬼鎮星一犯東井鉞星一入輿鬼歲星辰星再入輿鬼凡五星入輿鬼中皆爲死喪熒惑太白甚犯鉞質星爲誅戮斗爲貴將執法爲近臣客星在虛危爲喪爲哭泣星占曰不一年遠期二年昴畢爲邊兵又爲獄事至建光元年三月癸巳鄧太后崩五月庚辰太

后兄車騎將軍隲等七侯皆免官自殺是其應也

延光古今注曰元年四月丙午太白晝見二年八月己亥熒惑出太微端門

三年二月辛未太白犯昴石氏星占太白守昴兵從門闕入主人走郗萌曰不有亾國必有謀主又云入昴大赦五月癸丑太白入畢郗萌曰太白入畢馬駭人走又曰有中喪九月壬寅鎮星犯左執法

四年太白入輿鬼中古今注曰四月甲辰入六月壬辰太白出太微九月甲子太白入斗口中十一月客星見天市熒惑出太微爲亂臣太白犯畢爲邊兵一曰大人當之鎮星犯左執法有誅臣太白入輿鬼中爲大喪太白出太微爲中宮有兵入斗口爲貴將相有誅者客星見天市中爲貴喪是時大將軍耿寶中常侍江京樊豐小黃門劉安與阿母王聖聖子女永等并構譖太子保并惡太子乳母男廚監邴吉三年九月丁酉廢太子爲濟陰王邑北鄉侯懿代殺男吉徙其父母妻子日南四年三月丁卯安帝巡狩從南陽還道寢疾至

葉崩閻后與兄衛尉顯中常侍江京等共隱匿不令群臣知上崩遣司徒劉喜等分詣郊廟告天請命載入北宮庚午夕發喪尊閻氏爲太后北鄉侯懿病薨京等又不欲立保白太后更徵諸王子擇所立中黃門孫程王國王康等十九人共合謀誅顯京等立保爲天子是爲孝順皇帝皆姦人强臣狂亂王室其於死亾誅戮兵起宮中是其應古今注曰永建元年二月甲午客星入太微五月甲子月入斗李氏家書曰時天有變氣李郃上書諫曰臣聞天不言縣象以示吉凶挺災變異以爲譴誡昔齊桓公遭虹貫牛斗之變納管仲之謀令齊去婦無近妃宮桓公聽用齊以大安趙有尹史見月生齒齕畢大星占有兵變趙君曰天下共一畢知爲何國也下史於獄其後公子牙謀殺君血書端門如史所言乃月十三日有客星氣象彗孛歷大市梗河招搖槍棓十六日入紫宮迫北辰十七日復過文昌泰陵至天船積水間稍微不見客星一占曰魯星歷天市者爲穀貴梗河三星備非常泰陵八星爲凶喪紫宮北辰爲至尊如占恐宮廬之內有兵喪之變千里之外有非常暴逆之憂魯星不得過歷尊宿行度從疾應非一端恐宿衛有如王阿母母子賤妾之欲居帝旁秏亂政事者誡令有之宜當抑遠饒足以財王者權柄及爵祿人天所重慎誡非阿妄所宜干豫天故挺變明以示人如不承慎禍至變成悔之靡及也

孝順永建二年二月癸未太白晝見三十九日古今注曰丁巳月犯心七月丁酉犯昴閏月乙酉太白晝見東南維四十一日八月乙巳熒惑入輿鬼太白晝

見爲强臣熒惑爲凶輿鬼爲死喪質星爲誅戮是時中常侍高梵張防將作大匠翟酺尚書令高堂芝僕射張敦尚書尹就郎姜述楊鳳等及兗州刺史鮑就使匈奴中郎張國金城太守張篤敦煌太守張朗相與交通漏泄就述棄市梵防酺芝敦鳳就國皆抵罪又定遠侯班始尚陰城公主堅得鬬爭殺堅得坐要斬馬市同產皆棄市古今注曰其年九月戊寅有白氣廣三尺長十餘丈從北落師門南至斗三年二月癸未月犯心後星六月甲子太白晝見四年二月癸丑月犯心後星五年閏月庚子太白晝見六年彗星出於斗牽牛滅於虛危虛危爲齊牽牛吳越故海賊浮於會稽山賊捷於濟南五月夏熒惑守氐諸侯有斬者是冬班始腰斬馬市

六年四月熒惑入太微中犯左右執法西北方六寸所十月乙卯太白晝見十二月壬申客星芒氣長二尺餘西南指色蒼白在牽牛六度客星芒氣白爲兵牽牛爲吳越後一年會稽海賊曾於等千餘人燒句章殺長吏又殺鄞鄮長取官兵拘殺吏民攻東部都尉揚州六郡逆賊章何等稱將軍犯四十九縣大劫略吏民

陽嘉元年閏月戊子臣昭案郎顗表云十七日己丑客星氣白廣二尺長五丈起天苑西南主馬牛爲外軍色白爲兵是時敦煌太守徐白使疏勒王盤等兵二萬人入于寘界虜掠斬首三百餘級烏桓校尉耿曅使烏桓親漢都尉戎末瘣等出塞鈔鮮卑斬首獲生口財物鮮卑怨恨鈔遼東代郡殺傷吏民是後西戎北狄爲寇害皆馬牛起兵馬牛亦死傷於兵中至十餘年乃息臣昭案郎顗傳陽嘉二年太白與歲星合於房心二年熒惑失度盈縮往來涉歷輿鬼環繞軒轅古今注曰二年四月壬寅太白晝見五月癸巳又晝見十一月辛未又晝見十二月壬寅月犯太白三年十二月辛未太白晝見四月乙卯太白熒惑入輿鬼永和元年五月丁卯太白犯牽牛大星

永和二年五月戊申太白晝見八月庚子熒惑犯南斗斗爲吳黃帝經曰不替年國有亂有憂海中占爲多火災一曰旱古今注曰九月壬午月入畢口中明年五月吳郡太守行丞事羊珍與越兵弟葉吏民吳銅等二百餘人起兵反殺吏民燒官亭民舍攻太守府太守王衡距守吏兵格殺珍等又江賊蔡伯流等數百人攻廣陵九江燒城郭殺都長

三年二月辛巳太白晝見戊子在熒惑西南光芒相犯辛丑有流星大如斗從西北東行長八九尺色赤黃有聲隆隆如雷三月壬子太白晝見六月丙午太白晝見八月（古今注曰己酉熒惑入太微）乙卯太白晝見閏月甲寅辰星入輿鬼己酉熒惑入太微乙卯太白晝見（古今注曰十二月丁卯月犯軒轅大星）太白者將軍之官又爲西州晝見陰盛與君爭明熒惑與太白相犯爲兵喪流星爲使聲隆隆怒之象也辰星入輿鬼爲大臣有死者熒惑入太微亂臣在廷中是時大將軍梁商父子秉勢故太白常晝見也其四年正月祀南郊夕牲中常侍張逵蘧政陽定內者令石光尚方令傅福等與中常侍曹騰孟賁爭權白帝言騰賁與商謀反矯詔命收騰賁賁自解說順帝寤解騰賁縛逵等自知事不從各奔走或自刺解貂蟬投草中逃亡皆得免其六年征西將軍馮賢擊西羌於北地謝姑山下父子爲羌所沒殺是其

應也

四年七月壬午熒惑入南斗犯第三星五年四月戊午太白晝見八月己酉熒惑入太微斗爲貴相爲揚州熒惑犯入之爲兵喪其六年大將軍商薨九江丹陽賊周生馬勉等起兵攻沒郡縣梁氏又專權於天廷中

六年二月丁巳彗星見東方長六七尺色青白西南指營室及墳墓星郗萌占曰彗星出而中營室天下亂易政以五色占之吉凶丁丑彗星在奎一度長六尺癸未昏見河圖曰彗星出貫奎庫兵悉出禍在强侯外夷胡應逆首謀也西北歷昴畢甲申在東井遂歷輿鬼柳七星張光炎及三台至軒轅中滅古今注曰五月庚寅太白晝見十一月甲午太白晝見營室者天子常宮墳墓主死彗星起而在營室墳墓不出五年天下有大喪後四年孝順帝崩昴爲邊兵又爲趙羌周馬父子後遂爲寇又劉文劫清河相謝暠欲立王蒜爲天子暠不聽殺暠王閉門距文官兵捕誅

文蒜曰惡人所劫殺爲尉氏侯又徙爲犍陽都鄉侯薨國絶歷東井輿鬼爲秦皆羌所攻鈔炎及三台爲三公是時太尉杜喬及故太尉李固爲梁冀所陷入坐文書死及至注張爲周滅於軒轅中爲後後宮其後懿獻后曰憂死梁氏被誅是其應也

漢安〔古今注曰元年二月壬午歲星在太微中八月癸丑月犯南斗入魁中〕二年正月己亥太白晝見五月丁亥辰星犯輿鬼〔古今注曰丙辰月入斗中〕六月乙丑熒惑光芒犯鎮星十月甲申太白晝見辰星犯輿鬼爲大喪熒惑犯鎮星爲大人忌明年八月孝順帝崩孝沖〔古今注曰建康元年九月己亥太白晝見韓楊占曰天下有喪一曰有白衣之會〕明年正月又崩

孝質本初元年〔古今注曰三月丁丑月入南斗〕三月癸丑熒惑入輿鬼四月辛巳太白入輿鬼皆爲大喪五月庚戌太白犯熒惑爲逆謀閏月一日孝質帝爲梁冀所鴆崩

天文志中

續漢志十一

天文志下

桓三十八　靈二十
獻九　隕石

續漢志十二

梁劉昭注補

孝桓建和元年八月壬寅熒惑犯輿鬼質星二年二月辛卯熒惑行在輿鬼中三年五月己丑太白行入太微右掖門留十五日出端門丙申熒惑入東井八月己亥鎮星犯輿鬼中南星乙丑彗星芒長五尺見天市中東南指色黃白九月戊辰不見熒惑犯輿鬼爲死喪質星爲戮臣入太微爲亂臣鎮星犯輿鬼爲喪彗星見天市中爲質貴人至和平元年十二月甲寅梁太后崩梁冀益驕亂矣

元嘉元年二月戊子太白晝見永興二年閏月丁酉太白晝見時上幸後宮采女鄧猛明年封猛兄演爲南頓侯後四歲梁皇后崩梁冀被誅猛立爲皇后恩寵甚盛

永壽元年三月丙申鎮星逆行入太微中七十四日去左掖門七月己未辰星入太微中八十日去左掖門八月己巳熒惑入太微二十一日出端門太微天子廷也鎮星爲貴臣妃后逆行爲匿謀辰星入太微爲大水一曰後宮有憂是歲雒水溢至津門南陽大水熒惑留入太微中又爲亂臣是時梁氏專政九月己酉晝有流星長二尺所色黃白癸巳熒惑犯歲星爲姦臣謀大將戮二年六月甲寅辰星入太微遂伏不見辰星爲水爲兵爲妃后八月戊午太白犯軒轅大星爲皇后其三年四月戊寅熒惑入東井口中爲大臣有誅者其七月丁丑太白犯心前星爲大臣後二年四月懿獻皇后以憂死大將軍梁冀使太倉令秦宮刺殺議郎邴尊又欲殺鄧后母宣事覺桓帝收冀及妻壽襄城君印綬皆自殺誅諸梁及孫氏宗族或徙邊是其應也

延熹四年三月甲寅熒惑犯輿鬼質星五月辛酉客星在營室稍順行生芒長五尺所至心一度轉爲彗熒惑犯輿鬼質星大臣有戮死者五年十月南郡太守李肅坐蠻夷賊攻盜郡縣取財物一億㠯上入府取銅虎符肅背敵走不救城郭又監黎陽謁者燕喬坐贓重泉令彭良殺無辜皆棄市京兆虎牙都尉宋謙坐贓下獄死客星在營室至心作彗爲大喪後四年鄧后㠯憂死

六年十一月丁亥太白晝見是時鄧后家貴盛

七年七月戊辰辰星犯歲星八月庚戌熒惑犯輿鬼質星庚申歲星犯軒轅大星十月丙辰太白犯房北星丁卯辰星犯太白十二月乙丑熒惑犯軒轅第二星辰星犯歲星爲兵熒惑犯質星有戮臣歲星犯軒轅爲女主憂太白犯房北星爲後宮其八年二月太僕南鄉侯左勝㠯罪賜死勝弟中常侍上蔡侯悺北鄉侯黨皆自殺

癸亥皇后鄧氏坐執左道廢遷于桐宮死宗親侍中沘陽侯鄧康河南尹鄧萬越騎校尉鄧弼虎賁中郎將安鄉侯鄧魯侍中監羽林左騎鄧德右騎鄧壽昆陽侯鄧統淯陽侯鄧秉議郎鄧循皆繫暴室萬魯死康等免官又荆州刺史芝交阯刺史葛祗皆爲賊所拘略桂陽太守任胤背敵走皆棄市熒惑犯輿鬼質星之應也

八年五月癸酉太白犯輿鬼質星壬午熒惑入太微右執法閏月己未太白犯心前星十月癸酉歲星犯左執法十一月戊午歲星入太微犯左執法九年正月壬辰歲星入太微中五十八日出端門六月壬戌太白行入輿鬼七月乙未熒惑行輿鬼中犯質星九月辛亥熒惑入太微西門積五十八日永康元年正月庚寅熒惑逆行入太微東門留太微中百一日出端門七月丙戌太白晝見經天太白犯心前星太白犯輿鬼質星有戮臣熒惑入太微爲賊

臣太白犯心前星爲兵喪歲星入太微犯左執法將相有誅者歲星入守太微五十日占爲人主太白熒惑入輿鬼皆爲死喪又犯質星爲戮臣熒惑留太微中百一日占爲人主太白晝見經天爲兵憂在大人其九年十一月太原太守劉瓆南陽太守成瑨皆坐殺無辜荆州刺史李隗爲賊所拘尚書郎孟瑨坐受金漏言皆棄市永康元年十二月丁丑桓帝崩太傅陳蕃大將軍竇武尚書令尹勳黄門令山冰等皆枉死太白犯心熒惑留守太微之應也

孝靈帝建寧元年六月太白在西方入太微犯西蕃南頭星太微天廷也太白行其中宫門當閉大將被甲兵大臣伏誅其八月太傅陳蕃大將軍竇武謀欲盡誅諸宦者其九月辛亥中常侍曹節長樂五官吏朱瑀覺之矯制殺蕃武等家屬徙日南比景

熹平元年十月熒惑入南斗中占曰熒惑所守爲兵亂斗爲吴其

十一月會稽賊許昭聚衆自稱大將軍昭父生爲越王攻破郡縣
二年四月有星出文昌入紫宫蛇行有首尾無身赤色有光炤垣
牆八月丙寅太白犯心前星辛未白氣如一匹練衝北斗第四星
占曰文昌爲上將貴相太白犯心前星爲大臣後六年司徒劉郃
爲中常侍曹節所譖下獄死白氣衝北斗爲大戰明年冬揚州刺
史臧旻丹陽太守陳寅攻盜賊苴康斬首數千級
光和元年四月癸丑流星犯軒轅第二星東北行入北斗魁中八
月彗星出亢北入天市中長數尺稍長至五六丈赤色經歷十餘
宿八十餘日乃消於天菀中流星爲貴使軒轅爲内宫北斗魁主
殺流星從軒轅出抵北斗魁是天子大使將出有伐殺也至中平
元年黄巾賊起上遣中郎將皇甫嵩朱儁等征之斬首十餘萬級
彗除天市天帝將徙帝將易都至初平元年獻帝遷都長安

三年冬彗星出狼弧東行至于張乃去張爲周地彗星犯之爲兵亂後四年京都大發兵擊黄巾賊

五年四月熒惑在太微中守屛七月彗星出三台下東行入太微至太子幸臣二十餘日而消十月歲星熒惑太白三合於虚相去各五六寸如連珠占曰熒惑在太微爲亂臣是時中常侍趙忠張讓郭勝孫璋等並爲姦亂彗星入太微天下易主至中平六年宫車晏駕歲星熒惑太白三合於虚爲喪虚齊地明年瑯邪王據薨

光和中國皇星東南角去地一二丈如炬火狀十餘日不見占曰國皇星爲內亂外內有兵喪其後黄巾賊張角燒州郡朝廷遣將討平斬首十餘萬級中平六年宫車晏駕大將軍何進令司隷校尉袁紹私募兵千餘人陰跱雒陽城外竊呼并州牧董卓使將兵至京都共誅中官對戰南北宫闕下死者數千人燔燒宫室遷都

西京及司徒王允與將軍呂布誅卓卓部曲將郭汜李傕旋兵攻長安公卿百官吏民戰死者且萬人天下之亂皆自內發

中平二年十月癸亥客星出南門中大如半筵五色喜怒稍小至後年六月消占曰爲兵至六年司隸校尉袁紹誅滅中官大將軍部曲將吳匡攻殺車騎將軍何苗死者數千人

三年四月熒惑逆行守心後星十月戊午月食心後星占曰爲大喪後三年而靈帝崩

五年二月彗星出奎逆行入紫宮後三出六十餘日乃消六月丁卯客星如三升椀出貫索西南行入天市至尾而消占曰彗除紫宮天下易主客星入天市爲貴人喪明年四月宮車晏駕中平中夏流星赤如火長三丈起河鼓入天市抵觸宦者星色白長二三丈後尾再屈食頃乃滅狀似枉矢占曰枉矢流發其宮射所謂矢

當直而枉者操矢者邪枉人也中平六年大將軍何進謀盡誅中官中官於省中殺進俱兩破滅天下由此遂大壞亂

六年八月丙寅太白犯心前星戊辰犯心中大星其日未冥四刻大將軍何進於省中爲諸黄門所殺己巳車騎將軍何苗爲進部曲將吴匡所殺

孝獻初平二年九月蚩尤旗見長十餘丈色白出角亢之南占曰蚩尤旗見則主征伐四方其後丞相曹公征討天下且三十年

四年十月孛星出兩角間東北行入天市中而滅占曰彗除天市天帝將徙帝將易都是時上在長安後二年東遷明年七月至雒陽其八月曹公迎上都許

建安五年十月辛亥有星孛于大梁冀州分也時袁紹在冀州其年十一月紹軍爲曹公所破七年夏紹死後曹公遂取冀州

九年十一月有星孛于東井輿鬼入軒轅太微

十一年正月星孛于北斗首在斗中尾貫紫宮及北辰占曰彗星埽太微宮人主易位其後魏文帝受禪

十二年十月辛卯有星孛於鶉尾荆州分也時荆州牧劉表據荆州時益州從事周群㠯荆州牧將死而失土明年秋表卒㠯小子琮自代曹公將伐荆州琮懼舉軍詣公降

十七年十二月有星孛於五諸侯周群㠯爲西方專據土地者皆將失土是時益州牧劉璋據益州漢中太守張魯別據漢中韓遂據涼州宋建別據枹罕明年冬曹公遣偏將擊涼州十九年獲宋建韓遂逃於羌中病死其年秋璋失益州二十年秋曹公攻漢中魯降

十八年秋歲星鎭星熒惑俱入太微逆行留守帝坐百餘日占曰

歲星入太微人主改

二十三年三月孛星晨見東方二十餘日夕出西方犯歷五車東井五諸侯文昌軒轅后妃太微鋒炎指帝坐占曰除舊布新之象也

殤帝延平元年九月乙亥隕石陳留四春秋僖公十六年隕石于宋五傳曰隕星也董仲舒曰爲從高及下之象或曰爲庶人惟星隕民困之象也

桓帝延熹七年三月癸亥隕石右扶風一鄠又隕石二皆有聲如雷

天文志下

續漢志十二

五行志一　續漢志十三

貌不恭　淫雨　服妖　雞禍　青眚　屋自壞　訛言　旱　謠　狼食人

梁劉昭注補

五行傳說及其占應，漢書五行志錄之詳矣。故泰山太守應劭、給事中董巴、散騎常侍譙周蜀志曰：周字允南，巴西西充國人也。治尚書，兼通諸經及圖緯。州郡辟請，皆不應。耽古篤學，誦讀典籍，欣然獨笑，以忘寢食。蜀亡，魏徵不至。並撰建武已來災異。今合而論之，以續前志云。

五行傳曰：「田獵不宿，鄭玄注尚書大傳曰：不宿，不宿禽也。角主天兵。周禮四時習兵，因以田獵。禮志曰：天子不合圍，諸侯不掩羣，過此則暴天物，爲不宿禽。角南有天庫將軍騎宮。漢書音義曰：遊田馳騁不反宮室。飲食不享，鄭玄曰：享，獻也。禮志曰：天子諸侯無事則歲三田，一爲乾豆，二爲賓客，三爲充君之庖。周禮獸人冬獻狼，夏獻麋，春秋獻獸物。此獻禮之大略也。注五行稱鄭玄曰，皆出注大傳也。漢書音義曰：無獻享之禮。出入不節，鄭玄曰：角爲天門，房有三道，出入之象也。奪民農時，鄭玄曰：房心，農時之候也。季冬之月，命農師計耦耕事，是時房心晨中。春秋傳曰：辰爲農祥，后稷之所經緯也。及有姦謀，鄭玄曰：亢爲朝廷，房心爲明堂，謀事出政之象。則木不曲直。」鄭玄曰：君行此五者，爲逆天東宮之政。東宮于地爲木，木性或曲或直，人所用爲器也。無故生不暢茂，多折槁，是爲木不曲直。木金水火土謂之五材。春秋傳曰：天生五材，民並用之，其政逆則神怒，神怒則材失性，不爲民用。其他變異皆屬沴，沴亦神怒。凡神怒者，日月五星既見適于天矣。洪範木曰曲直，孔安國曰：木可以揉曲直。謂木失其性而爲災也。又曰：「貌之不恭，是謂不肅。鄭玄曰：肅，敬也。君貌不恭，則是不能敬其事也。洪範曰貌曰恭**厥咎狂**鄭玄曰君臣不敬則倨慢如狂方儲對策曰君失制度下不恭承臣慾淫慢**厥罰恆雨**鄭玄曰貌曰木木主春春氣生生氣失則踰其節故常雨也管子曰冬作土功發地藏則夏多暴雨秋雨霖不止淮南子曰金不收則多淫雨**厥極惡**孔安國曰醜陋**時則有服妖**鄭玄曰服貌之飾也**時則有龜孽**鄭玄曰龜蟲之生於水而游於春者屬木**時則有雞禍**鄭玄曰雞畜之有冠翼者也屬貌洪範傳曰妖者敗胎也少小之類言其事之尚微也至孽則牙孽也至乎禍則著矣**時則有下體生上之痾**鄭玄曰痾病也貌氣失之病也漢書音義曰若梁孝王之時牛足反出背上也此下欲伐上之禍**時則有青眚青祥**鄭玄曰青木色也眚生於此祥自外來也**惟金沴木**鄭玄曰沴殄也凡貌言視聽思心一事失則逆人之心人心逆則怨木金水火土氣爲之傷傷則衝勝來乘殄之於是神怒人怨將爲禍亂故五行先見變異以譴告人也及妖孽禍痾眚祥皆其氣類暴作非常爲時怪者也各以物象爲之占也

說云氣之相傷謂之沴尚書大傳曰凡六沴之作歲之朝月之朝日之朝則后王受之歲之中月之中日之中則正卿受之歲之夕月之夕日之夕則庶民受之鄭玄曰自正月盡四月爲歲之朝自五月盡八月爲歲之中自九月盡十二月爲歲之夕上旬爲月之朝中旬爲月之中下旬爲月之夕平旦至食時爲日之朝隅中至日跌爲日之中晡時至黃昏爲日之夕受之受其凶咎也大傳又云其二辰以次相將其次受之鄭玄曰二辰謂日月也假令歲之朝也日月中則上公受之日月夕則下公受之歲之中也日月朝則孤卿受之日月夕則大夫受之歲之夕也日月朝則上士受之日月中則下士受之其餘差以尊卑多少則悉矣管子曰明主有四禁春無殺伐無割大陵伐大木斬大山行大火誅大臣收穀賦錢夏無遏水達名川塞大谷動土功射鳥獸秋無赦過釋罪緩刑冬無爵賞祿傷伐五藏故春政不禁則五穀不成夏政不禁則草木不榮秋政不禁則姦邪不勝冬政不禁則地氣不藏四者俱犯則陰陽不和風雨不時火流邑大風飄屋折樹木地艸夭冬雷艸木夏落而秋蟲不藏宜死者生宜蟄者鳴多螣蟇蟲也六畜不蕃民多夭死國貧法亂逆氣下生故曰臺榭相望者亾國之廡也馳車充

國者追察之馬也翠羽朱飾者斬生之斧也五采纂組者藩功之室也明王知其然故遠而不近能去此取彼則王道備也續漢書曰建武二年尹敏上疏曰六沴作見若是供御帝用不差神則大喜五福乃降用章於下若不供御六罰既侵六極其下明供御則天報之福不供御則禍災至欲尊六事之體則貌言視聽思心之用合六事之揆以致乎太平而消除輒軻孼害也

建武元年赤眉賊率樊崇逢安等共立劉盆子爲天子然崇等視之如小兒百事自由初不恤錄也後正旦至君臣欲共饗既坐酒食未下羣臣更起亂不可整時大司農楊音案劍怒曰小兒戲尚不如此其後遂破壞崇安等皆誅死唯音爲關內侯以壽終

光武崩山陽王荆哭不哀作飛書與東海王勸使作亂明帝以荆同母弟太后在故隱之後徙王廣陵荆遂坐復謀反自殺也

章帝時竇皇后兄憲以皇后甚幸於上故人人莫不畏憲憲於是强請奪沁水長公主田公主畏憲與之憲乃賤顧之後上幸公主田覺之問憲憲又上言借之上以后故但譴敕之不治其罪後章帝崩竇太后攝政憲秉機密忠直之臣與憲忤者憲多害之其後

憲兄弟遂皆被誅

桓帝時梁冀秉政兄弟貴盛自恣好驅馳過度至於歸家猶馳驅入門百姓號之曰梁氏滅門驅馳後遂誅滅

和帝永元十年十三年十四年十五年皆淫雨傷稼古今注曰光武建武六年九月大雨連月苗稼更生鼠巢樹上十七年雒陽暴雨壞民廬舍壓殺人傷害禾稼

安帝元年四年秋郡國十淫雨傷稼方儲對策曰雨不時節妄賞賜也　永寧元年郡國三十三淫雨傷稼　建光元年京都及郡國二十九淫雨傷稼是時羌反久未平百姓屯戍不解愁苦　延光元年郡國二十七淫雨傷稼案本傳陳忠奏以爲王侯二千石爲女使伯榮獨拜車下柄在臣妾　二年郡國五連雨傷稼

順帝永建四年司隸荊豫兗冀部淫雨傷稼　六年冀州淫雨傷稼

桓帝延熹二年夏霖雨五十餘日是時大將軍梁冀秉政謀害上

所幸鄧貴人母宣冀又擅殺議郎邴尊上欲誅冀懼其持權日久威勢強盛恐有逆命害及吏民密與近臣中常侍單超等圖其方略其年八月冀卒伏罪誅滅案公沙穆傳永壽元年霖雨大水三輔以東莫不湮沒

靈帝建寧元年夏霖雨六十餘日是時大將軍竇武謀變廢中官其年九月長樂五官史朱瑀等共與中常侍曹節起兵先誅武交兵闕下敗走追斬武兄弟死者數百人案武死無兄弟有兄子　熹平元年夏霖雨七十餘日是時中常侍曹節等共誣白勃海王悝謀反其十月誅悝　中平六年夏霖雨八十餘日是時靈帝新棄羣臣大行尚在梓宮大將軍何進與佐軍校尉袁紹等共謀欲誅廢中官下文陵畢中常侍張讓等共殺進兵戰京都死者數千

更始諸將軍過雒陽者數十輩皆幘而衣婦人衣繡擁髷時智者見之曰爲服之不中身之災也乃奔入邊郡避之是服妖也其後

更始遂爲赤眉所殺

桓帝元嘉中京都婦女作愁眉啼糚墮馬髻折要步齲齒笑所謂愁眉者細而曲折啼糚者薄拭目下若啼處墮馬髻者作一邊梁冀別傳曰冀婦女又有不聊生髻折要步者足不在體下齲齒笑者若齒痛樂不欣欣始自大將軍梁冀家所爲京都歙然諸夏皆放效此近服妖也梁冀二世上將婚媾王室大作威福將危社稷天誡若曰兵馬將往收捕婦女憂愁踧眉啼泣吏卒掣頓折其要脊令髻傾邪雖强語笑無復氣味也到延熹二年舉宗誅夷

延熹中梁冀誅後京都幘顏短耳長短上長下時中常侍單超左悺徐璜貝瑗唐衡在帝左右縱其姦慝海內慍曰一將軍死五將軍出家有數侯子弟列布州郡賓客雜襲騰翥上短下長與梁冀同占到其八年桓帝因日蝕之變乃拜故司徒韓演爲司隸校尉

以次誅鉏京都正淸臣昭案本傳寅誅左悺旣具瑗雖克折姦首群閹相蒙京都未爲正淸

延熹中京都長者皆著木屐婦女始嫁至作漆畫五采爲系此服妖也到九年黨事始發傳黃門北寺臨時惶惑不能信天任命多有逃走不就考者九族拘繫及所過歷長少婦女皆被桎梏應木屐之象也

靈帝建寧中京都長者皆以葦方笥爲糚具下士盡然時有識者竊言葦方笥郡國讞篋也今珍用之此天下人皆當有罪讞於理官也到光和三年癸丑赦令詔書吏民依黨禁錮者赦除之有不見文他以類比疑者讞於是諸有黨郡皆讞廷尉人名悉入方笥中

靈帝好胡服胡帳胡床胡坐胡飯胡箜篌胡笛胡舞京都貴戚皆競爲之此服妖也其後董卓多擁胡兵塡塞街衢虜掠宮掖發掘

園陵

靈帝於宮中西園駕四白驢躬自操轡驅馳周旋以爲大樂於是公卿貴戚轉相放效至乘輜軿以爲騎從互相侵奪賈與馬齊案易曰時乘六龍以御天行天者莫若龍行地者莫如馬詩云四牡騤騤載是常服檀車煌煌四牡彭彭夫驢乃服重致遠上下山谷野人之所用耳何有帝王君子而驂服之乎遲鈍之畜而今貴之天意若曰國且大亂賢愚倒植凡執政者皆如驢也其後董卓陵虐王室多援邊人以充本朝胡夷異種跨蹈中國

熹平中省內冠狗帶綬以爲笑樂有一狗突出走入司徒府門或見之者莫不驚怪袁山松書曰光和四年又於西園弄狗以配人也京房易傳曰君不正臣欲篡厥妖狗冠出後靈帝寵用便嬖子弟永樂賓客鴻都羣小傳相汲引公卿牧守比肩是也又遣御史於西邸賣官關內侯顧五百萬

者賜與金紫，詣闕上書占令長，隨縣好醜，豐約有賈。强者貪如豺虎，弱者略不類物，實狗而冠者也。司徒，古之丞相，壹統國政。天戒若曰：宰相多非其人，尸祿素餐，莫能據正持重，阿意曲從。今在位者皆如狗也，故狗走入其門。應劭曰：靈帝數以車騎將軍過拜孽臣內孽，文贈亾人，顯號加於頑凶，印綬汙於腐屍。昔辛有睹被髮之祥，知其爲戎，今假號雲集，不亦宜乎。

靈帝數遊戲於西園中，令後宮采女爲客舍主人，身爲商賈服，行至舍，采女下酒食，因其飲食以爲戲樂。此服妖也。其後天下大亂。風俗通曰：時京師賓婚嘉會，皆作魁櫑，酒酣之後，續以挽歌。魁櫑，喪家之樂；挽歌，執紼相偶和之者。天戒若曰：國家當急殄悴，諸貴樂皆死亾也。自靈帝崩後，京師壞滅，戶有兼屍，蟲而相食，魁櫑挽歌，斯之效乎。

獻帝建安中，男子之衣，好爲長躬而下甚短，女子好爲長裙而上甚短。時益州從事莫嗣以爲服妖，是陽無下而陰無上也，天下未欲平也。後還遂大亂。袁山松書曰：禪位於魏。

靈帝光和元年南宮侍中寺雌雞欲化雄一身毛皆似雄但頭冠尚未變詔以問議郎蔡邕邕對曰貌之不恭則有雞禍宣帝黃龍元年未央宮雌雞化爲雄不鳴無距是歲元帝初卽位立王皇后至初元元年丞相史家雌雞化爲雄冠距鳴將是歲后父禁爲平陽侯女立爲皇后至哀帝晏駕后攝政王莽以后兄子爲大司馬由是爲亂臣竊推之頭元首人君之象今雞一身已變未至於頭而上知之是將有其事而不遂成之象也若應之不精政無所改頭冠或成爲患茲大是後張角作亂稱黃巾遂破壞四方疲於賦役多叛者上不改政遂致天下大亂

桓帝永興二年四月丙午光祿勳吏舍壁下夜有青氣視之得玉鉤玦各一鉤長七寸二分周五寸四分身中皆雕鏤此青祥也玉金類也七寸二分商數也五寸四分徵數也商爲臣徵爲事蓋爲

人臣引決事者不肅將有禍也是時梁冀秉政專恣後四歲梁氏誅滅也

延熹五年太學門無故自壞襄楷已爲太學前疑所居（本傳楷書無前疑之言也）其門自壞文德將喪教化廢也是後天下遂至喪亂

永康元年十月壬戌南宮平城門內屋自壞金沴木木動也其十二月宮車晏駕

靈帝光和元年南宮平城門內屋武庫屋及外東垣屋前後頓壞蔡邕對曰平城門正陽之門與宮連郊祀法駕所由從出門之最尊者也武庫禁兵所藏東垣庫之外障易傳曰小人在位上下咸悖厥妖城門內崩潛潭巴曰宮瓦自墮諸侯強陵主此皆小人顯位亂法之咎也其後黃巾賊先起東方庫兵大動皇后同父兄何進爲大將軍同母弟苗爲車騎將軍兄弟並貴盛皆統兵在京都

其後進欲誅廢中官，爲中常侍張讓段珪等所殺，兵戰宮中闕下，更相誅滅，天下兵大起。三年二月，公府駐駕廡自壞，南北三十餘閒。中平二年二月癸亥，廣陽城門外上屋自壞也。

獻帝初平二年三月，長安宣平城門外屋無故自壞。至三年夏，司徒王允使中郎將呂布殺太師董卓，夷三族（袁山松書曰李傕等攻破長安城害允等）。

興平元年十月，長安市門無故自壞。至二年春，李傕郭汜鬭長安中，傕迫劫天子，移置傕塢，盡燒宮殿城門官府民舍，放兵寇鈔公卿已下。冬，天子東還雒陽，傕汜追上到曹陽，虜掠乘輿輜重，殺光祿勳鄧淵廷尉宣播少府田邠等數十人。

五行傳曰：好攻戰（鄭玄注曰參伐爲武府攻戰之象），輕百姓（鄭玄注曰輕之者不重民命春秋傳曰師出不正反戰不正勝也），飾城郭（鄭玄注曰昴畢閒爲天街甘氏經曰天街保塞孔塗道衢保塞城郭之象也月令曰四鄙入保），侵邊境（鄭玄曰畢主邊兵），則金不從革。

鄭玄注曰君行此四者爲逆天西宮之政西宮於地爲金金性從刑而革人所用爲器者也無故冶之不銷或入火飛亡或鑄之裂形是爲不從革其他變異皆屬沴也洪範曰從革作辛馬融曰

金之性從人而更可銷鑠也漢書音義曰言人君言不見從則金鐵亦不從人意謂金失其性而爲災也又曰言之不從是謂不乂鄭玄曰乂治也君言不從則是不能治其事也厥咎僭鄭玄曰君臣不治則僭差矣厥罰恆陽鄭玄曰金主秋秋氣殺殺氣失故常陽也春秋考異郵曰君行非是則言不見從言不見從則下不治下不治則僭差過制度奢侈驕泰天子僭天大夫僭人主諸侯僭上陽無以制從心之喜上憂下則常陽從之推設其蹟考之天意則大旱不雨而民庶大災傷淮南子曰殺不辜則國赤地厥極憂鄭玄曰殺氣失故於人爲憂時則有詩妖鄭玄曰詩之言志也時則有介蟲之孽鄭玄曰蝝螽蜩蟬之類生於火而藏於秋者也屬金時則有犬禍鄭玄曰犬畜之以口吠守者屬言時則有口舌之痾鄭玄曰言氣失之病時則有白眚白祥惟木沴金介蟲劉歆傳㠯爲毛蟲乂治也

安帝永初元年十一月民訛言相驚司隸并冀州民人流移時鄧太后專政婦人㠯順爲道故禮夫死從子之命今專主事此不從而僭也古今注曰章帝建初五年東海魯國東平山陽濟陰陳留民訛言相驚有賊捕至京師民皆入城也

世祖建武古今注曰建武三年七月雒陽大旱帝至南郊求雨卽日雨五年夏旱京房傳曰欲德不用茲謂張厥災荒其旱陰雲不雨變而赤因四陰衆出過時茲謂廣其

旱不生上下皆蔽茲謂隔其旱天赤三月時有雹殺飛禽上緣求妃茲謂僭其旱三月大溫亾雲君高臺府茲謂犯陰侵陽其旱萬物根死有火災庶位踰節茲謂僭其旱澤物枯爲火所傷春秋考異郵曰國大旱冤獄結旱者陽氣移精不施君上失制奢淫僭差氣亂感天則旱徵見又云陰厭陽移君淫民惡陰精不舒陽偏不施又云陽偏民怨徵也在所以感之者上奢則求多求多則下竭下竭則潰君不仁管子曰春不收枯骨伐枯木而起去之則夏旱方儲對策曰百姓苦士卒煩碎責租稅失中暴師外營經歷三時內有怨女外有曠夫王者孰推其祥揆合於天圖之事情旱災可除夫旱者過日天王無意於百姓恩德不行萬民煩擾故天應以無澤是時天下僭逆者未盡誅軍多過時古今注曰建武六年六月九年春十二年五月二十一年六月明帝永平元年五月八年冬十一年八月十五年八月十八年三月並旱

章帝章和二年夏旱時章帝崩後竇太后兄弟用事奢僭古今注曰建初二年夏雒陽旱四年夏元和元年春並旱案楊終傳建初元年大旱穀貴終以爲廣陵楚淮陽濟南之獄徙者數萬人吏民怨曠上疏云久旱孔叢曰建初元年大旱天子憂之待御史孔豐乃上疏曰臣聞爲不善而災報得其應也爲善而災至遭時運也陛下卽位日淺視民如傷而不幸耗旱時運之會耳非政教所致也昔成湯遭旱因自責省畋散積減御損食而大有年意者陛下未爲成湯之事焉天子納其言而從之三日雨卽降轉拜黃門郎典東觀事

和帝永元六年秋京都旱時雒陽有冤囚和帝幸雒陽寺錄囚徒

理冤四收令下獄抵罪行未還宮澍雨降古今注曰永元二年郡國十四旱十五年丹陽郡國二十二並旱或傷稼

安帝古今注曰永初元年郡國八旱分遣議郎請雨案本紀二年五月旱皇太后幸雒陽寺錄囚徒即日降雨六月京都及郡國四十大水雖去旱得水無救爲災永初六年夏旱古今注曰三年郡國八四年五年夏並旱七年夏旱元初元年夏旱二年夏旱三年夏旱時西羌寇亂軍屯相繼連十餘年六年夏旱古今注曰建光元年郡國四旱延光元年郡國五並旱傷稼

順帝永建三年夏旱五年夏旱陽嘉二年夏旱時李固對策以爲奢僭所致也臣昭案本紀元年二月京師旱郎顗傳人君恩澤不施于民祿去公室臣下專權所致也又周舉傳三年河南三輔大旱五穀傷災天子親自露坐陽德殿東廂請雨

沖帝永嘉元年夏旱時沖帝幼崩太尉李固勸太后及兄梁冀立嗣帝擇年長有德者天下賴之則功名不朽年幼未可知如後不善悔無所及時太后及冀貪立年幼欲久自專遂立質帝八歲此不用德古今注曰本初元年二月京師旱

桓帝元嘉元年夏旱是時梁冀秉政妻子並受封寵踰節延熹

元年六月旱京房占曰人君無施澤惠利於下則致旱也不救必蝗蟲害穀其救也覽謫罰行寬大惠兆民勞功吏賜鰥寡稟不足案陳蓄上疏宮女多聚不御憂悲之感以致水旱之困也

靈帝熹平五年夏旱蔡邕作伯夷叔齊碑曰熹平五年天下大旱禱請名山求獲答應時處士平陽蘇騰字玄成夢陟首陽有神馬之使在道明覺而思之以其夢陟狀上聞天子開三府請雨使者與郡縣戶曹掾吏登山升祠手書要曰君況我聖主以洪澤之福天尋興雲即降甘雨也　六年夏旱　光和五年夏旱　六年夏旱是時常侍黃門僭作威福

獻帝興平元年秋長安旱是時李傕郭汜專權縱肆獻帝起居注曰建安十九年夏四月旱

更始時南陽有童謠曰諧不諧在赤眉得不得在河北是時更始在長安世祖為大司馬平定河北更始大臣並僭專權故謠妖作也後更始遂為赤眉所殺是更始之不諧在赤眉也世祖自河北興

世祖建武六年蜀童謠曰黃牛白腹五銖當復是時公孫述僭號於蜀時人竊言王莽稱黃述欲繼之故稱白五銖漢家貨明當復

也述遂誅滅王莽末天水童謠曰出吳門望緹羣見一蹇人言欲上天令天可上地上安得民時隗囂初起兵於天水後意稍廣欲爲天子遂破滅囂少病蹇吳門冀郭門名也緹羣山名也

順帝之末京都童謠曰直如弦死道邊曲如鉤反封侯案順帝卽位孝質短祚大將軍梁冀貪樹疏幼㠯爲己功專國號令㠯贍其私太尉李固㠯爲清河王雅性聰明敦詩悅禮加又屬親立長則順置善則固而冀建白太后策免固徵蠡吾侯遂卽至尊固是日幽斃于獄暴屍道路而太尉胡廣封安樂鄉侯司徒趙戒廚亭侯司空袁湯安國亭侯云

桓帝之初天下童謠曰小麥青青大麥枯誰當穫者婦與姑丈人何在西擊胡吏買馬君具車請爲諸君鼓嚨胡案元嘉中涼州諸羌一時俱反南入蜀漢東抄三輔延及并冀大爲民害命將出衆

每戰常負中國益發甲卒麥多委棄但有婦女穫刈之也吏買馬君具車者言調發重及有秩者也請為諸君鼓嚨胡者不敢公言私咽語

桓帝之初京都童謠曰城上烏尾畢逋公為吏子為徒一徒死百乘車車班班入河閒河閒姹女工數錢以錢為室金為堂石上慊慊舂黃粱粱下有懸鼓我欲擊之丞卿怒案此皆謂為政貪也城上烏尾畢逋者處高利獨食不與下共謂人主多聚斂也公為吏子為徒者言蠻夷將畔逆父既為軍吏其子又為卒徒往擊之也一徒死百乘車者言前一人往討胡既死矣後又遣百乘車往臣昭曰志家此釋豈未盡乎往徒一死何用百乘其後驗竟為靈帝作此言一徒似斥桓帝帝貴任群閹參委機政左右前後莫非刑人有同囚徒之長故言寄一徒也且又弟則廢黜身無嗣魁然單獨非一而何百乘車者乃國之君解犢後徵正膺斯數繼以班班尤得以類焉車班班入河閒者言上將崩乘輿班班入河閒迎靈帝也應劭釋此句云徵靈帝者輪班擁節入河閒也河閒姹女工數錢一本作妖女以錢為

室金爲堂者靈帝旣立其母永樂太后好聚金㠯爲堂也石上慊慊舂黃粱者言永樂雖積金錢慊慊常若不足使人舂黃粱而食之也梁下有懸鼓我欲擊之丞卿怒者言永樂主教靈帝使賣官受錢所祿非其人天下忠篤之士怨望欲擊懸鼓㠯求見丞卿主鼓者亦復諂順怒而止我也

桓帝之初京都童謠曰游平賣印自有平不辟豪賢及大姓案到延熹之末鄧皇后㠯譴自殺乃㠯竇貴人代之其父名武字游平拜城門校尉及太后攝政爲大將軍與太傅陳蕃合心勠力惟德是建印綬所加咸得其人豪賢大姓皆絕望矣

桓帝之末京都童謠曰茅田一頃中有井四方纖纖不可整嚼復嚼今年尚可後年鐃（風俗通作饒）案易曰拔茅茹㠯其彙征吉茅喻羣賢也井者法也于時中常侍管霸蘇康憎疾海內英哲與長樂少府

劉囂太常許永尚書柳分袁山松書曰柳分權豪之黨爲范滂所奏者尋穆史佟佟後亦爲司隸應劭曰史佟左官嬖進者也司隸唐珍等代作脣齒河內牢川詣闕上書汝潁南陽上采虛譽專作威福甘陵有南北二部三輔尤甚由是傳考黃門北寺始見廢閣茅田一頃者言羣賢衆多也中有井者言雖阨窮不失其法度也四方纖纖不可整者言姦慝大熾不可整理嚼復嚼者京都飲酒相強之辭也言食肉者鄙不恤王政徒耽宴飲歌嘑而已也今年尚可者言但禁錮也後年饒者陳竇被誅天下大壞

桓帝之末京都童謠曰白蓋小車何延延河閒來合諧河閒來合諧案解犢亭屬饒陽河閒縣也臣昭案郡國志饒陽本屬涿後屬安平靈帝既是河閒王曾孫謠言白是有徵無侯明河閒之縣爲驗居無幾何而桓帝崩使者與解犢侯皆白蓋車從河閒來延延衆貌也是時御史劉儵建議立靈帝以儵爲侍中中常侍侯覽畏其親近必當閒己白拜儵泰山太守因令司隸迫促殺之朝廷少

長思其功效乃拔用其弟郃致位司徒此爲合諧也

靈帝之末京都童謠曰侯非侯王非王千乘萬騎上北芒案到中平六年史侯登躡至尊獻帝未有爵號爲中常侍段珪等數十人所執公卿百官皆隨其後到河上乃得來還此爲非侯非王上北芒者也英雄記曰京師謡歌咸言河臘叢進獻帝臘日生也風俗通曰烏臘烏臘案逆臣董卓滔天虐民窮凶極惡關東舉兵欲共誅之轉相顧望莫肯先進處處停兵數十萬若烏臘蟲相隨横取之矣

靈帝中平中京都歌曰承樂世董逃遊四郭董逃蒙天恩董逃帶金紫董逃行謝恩董逃整車騎董逃垂欲發董逃與中辭董逃出西門董逃瞻宮殿董逃望京城董逃日夜絶董逃心摧傷董逃楊孚卓傳曰卓改爲董安案董謂董卓也言雖跋扈縱其殘暴終歸逃竄至於滅族也風俗通曰卓以董逃之歌主爲己發大禁絶之死者千數靈帝之末禮樂崩壞賞刑失中毁譽無驗競飾僞服以濫典制遠近翕然咸名後生放聲者爲時人有識者切言舊曰世人次曰俗人今更曰時人此天促其期也其閒無幾天下大壞也

獻帝踐祚之初，京師童謠曰：千里草何青青，十日卜不得生。案千里草爲董，十日卜爲卓。凡別字之體，皆從上起，左右離合，無有從下發端者也。今二字如此者，天意若曰卓自下摩上，以臣陵君也。青青者，暴盛之貌也。不得生者，亦旋破亡。獻帝初童謠曰：燕南垂，趙北際，中央不合大如礪，唯有此中可避世。公孫瓚以爲易地當之，遂徙鎭焉。乃修城積穀以待天下之變。建安三年，袁紹攻瓚，瓚大敗，縊其姊妹妻子，引火自焚，紹兵趣登臺斬之。初，瓚破黃巾，殺劉虞，乘勝南下，侵據齊地，雄威大振，而不能開廓遠圖，欲以堅城觀時，坐聽圍戮，斯亦自易地而去世也。

建安初，荆州童謠曰：八九年間始欲衰，至十三年無子遺。言自中興已來，荆州無破亂，及劉表爲牧，又豐樂，至此逮八九年當始衰。始衰者，謂劉表妻當死，諸將並零落也。十三年無子遺者，言十三年表又當死，民當移詣冀州也。干寶搜神記曰：是時華容有女子忽啼呼云：有大喪。言語過差，縣以爲妖言，繫獄百餘日，忽然獄中哭曰：劉荆州今日死。華容去州數日，即遣馬吏驗視，表果死，縣乃出之。續又歌吟曰：不意李立爲貴人。後無幾，曹公平荆州，以涿郡李立字建賢爲荆州刺史。

順帝陽嘉元年十月中，望都蒲陰狼殺童兒九十七八。時李固對策引京房易傳曰君將無道害將及人去之深山全身厥災狼食人陛下覺寤比求隱滯故狼災息東觀書曰中山相朱遂到官不出奉祠北嶽詔曰災暴緣類符驗不虛政失厥中狼災爲應至乃殘食孩幼朝廷愍悼思惟咎徵博訪其故山嶽尊靈國所望秩而遂比不奉祠怠慢廢典不務懇惻淫刑放濫害加孕婦毒流未生感和致災其詳思改救追復所失有不遵憲舉正以聞

靈帝建寧中羣狼數十頭入晉陽南城門嚙人袁山松書曰光和三年正月虎見平樂觀又見憲陵上嚙衛士蔡邕封事曰政有苛暴則虎狼食人

五行志一　續漢志十三

五行志二　　續漢志十四

災火　草妖
羽蟲孽　羊禍

梁劉昭注補

五行傳曰棄灋律鄭玄注尚書大傳曰東井主法令也逐功臣鄭玄曰功臣制法律者也或曰喙主尚食七星主衣裳張爲食廚翼主天倡經曰帝曰臣作朕股肱耳目予欲左右有民汝翼予欲觀古人之象日月星辰山龍華蟲作繢宗彝藻火粉米黼黻絺繡以五采章施于五色作服汝明予欲聞六律五聲八音在治忽以出納五言汝聽是則食與服樂臣之所用爲大功也殺太子鄭玄曰五行火生土天文以參繼東井四時七星北有酒旗南有天廚翼南有器府以秋代夏殺太子之象也春秋傳曰夫千乘之主將廢正而立不正必殺正也㠯妾爲妻鄭玄曰軒轅爲后妃屬南宮其大星女主之位女御在前妾爲妻之象也則火不炎上鄭玄曰君行此四者爲逆天南宮之政南宮於地爲火火性炎上然行人所用烹飪者也無故因見作熱燔熾爲害是爲火不炎上其他變異皆屬沴春秋考異郵曰火者陽之精也人合天氣五行陰陽極陰反陽極陽生陰故應人行以災不祥在所以感之萌應轉旋從逆殊心也謂火失其性而爲災也又曰視之不明是謂不悊鄭玄曰視瞭也君視不明則是不能瞭其事也洪範曰視曰明厥咎舒讖曰君舒怠臣下有倦白黑不別賢不肖並不能憂民急氣爲之舒緩草不搖鄭玄曰君臣不瞭則舒緩矣厥罰常燠鄭玄曰視曰火火主夏夏氣長長氣失故常燠厥極疾鄭玄曰長氣失故於人爲疾時則有草妖鄭玄曰草視之物可見者莫眾於草時則有蠃蟲之孽鄭玄曰蠶螟蟲之類蟲之生於火而藏於秋者也時則有羊禍鄭玄曰羊畜之遠視者也屬視時則有赤眚赤祥惟水沴火蠃蟲劉歆傳㠯爲羽蟲

建武中，漁陽太守彭寵被徵書至明日潞縣火災起城中飛出城外燔千餘家殺人京房易傳曰上不儉下不節盛火數起燔宮室儒說火以明爲德而主禮時寵與幽州牧朱浮有隙疑浮見浸譖故意狐疑其妻勸無應徵遂反叛攻浮卒誅滅古今注曰建武六年十二月雒陽市火二十四年正月戊子雷雨霹靂火災高廟北門明帝永平元年六月己亥桂陽見火飛來燒城寺章帝建初元年十二月北宮火燒壽安殿延及右掖門元和三年六月丙午雷雨火燒北宮朱爵西闕

和帝永元八年十二月丁巳南宮宣室殿火是時和帝幸北宮竇太后在南宮明年竇太后崩

十三年八月己亥北宮盛饌門閣火是時和帝幸鄧貴人陰后寵衰怨恨上有欲廢之意明年會得陰后挾僞道事遂廢遷于桐宮以憂死立鄧貴人爲皇后

十五年六月辛酉漢中城固南城門災此孝和皇帝將絕世之象也其後二年宮車晏駕殤帝及平原王皆早夭折和帝世絕

安帝古今注曰永初元年十二月河南郡縣火燒殺百五人二年河南郡縣又失火燒五百八十四人 永初二年四月甲寅漢陽河陽城中失火燒殺三千五百七十八人先是和帝崩有皇子二人皇子勝長鄧皇后貪殤帝少欲自養長立之延平元年殤帝崩勝有廢疾不篤羣臣咸欲立之太后㠯前既不立勝遂更立淸河王子是爲安帝司空周章等心不厭服謀欲誅鄧氏廢太后安帝而更立勝元年十一月事覺章等被誅其後涼州叛羌爲害太甚涼州諸郡寄治馮翊扶風界及太后崩鄧氏被誅

四年三月戊子杜陵園火

元初四年二月壬戌武庫火東觀書曰燒兵物百二十五種直千萬以上 是時羌叛大爲寇害發天下兵㠯攻禦之積十餘年未已天下厭苦兵役

延光元年八月戊子陽陵園寢殿火凡災發于先陵此太子將廢之象也若曰不當廢太子㠯自翦如火不當害先陵之寢也明年

上曰讒言廢皇太子爲濟陰王後二年宮車晏駕中黃門孫程等十九人起兵殿省誅賊臣立濟陰王

四年秋七月乙丑漁陽城門樓災

順帝永建三年七月丁酉茂陵園寢災古今注曰三年五月戊辰守宮失火燒宮藏財物盡四年河南郡失火燒人六畜

陽嘉元年恭陵廡災及東西莫府火古今注曰十一月河南郡國火燒廬舍殺人也太尉李固曰爲奢僭所致陵之初造禍及枯骨規廣治之尤飾又上欲更造宮室益臺觀故火起莫府燒材木

永和元年十月丁未承福殿火臣昭案楊厚傳是災先是爵號阿母宋娥爲山陽君后父梁商本國侯又多益商封商長子冀當繼商爵曰商生在復更封冀爲襄邑侯追號后母爲開封君皆過差非禮古今注曰六年十二月雒陽酒市失火燒肆殺人

漢安元年三月甲午雒陽劉漢等百九十七家爲火所燒東觀書曰其九十家

不自存，詔賜錢廩穀。古今注曰：火或從空屋閒物中，不知所從起，數月乃止。十二月，雒陽失火。後四年，宮車比三晏駕，建和元年君位乃定。

桓帝建和二年五月癸丑，北宮掖庭中德陽殿火，及左掖門。先是梁太后兄冀挾姦枉，以故太尉李固、杜喬正直，恐害其事，令人誣奏固、喬而誅滅之。是後梁太后崩，而梁氏誅滅。

延熹四年正月辛酉，南宮嘉德殿火。戊子，丙署火。二月壬辰，武庫火。五月丁卯，原陵長壽門火。先是亳后因賤人得幸，號貴人，爲后。上以后母宣爲長安君，封其兄弟，愛寵隆崇，又多封無功者。去年春，白馬令李雲坐直諫死。至此，彗除心、尾，火連作。

五年正月壬午，南宮丙署火。四月乙丑，恭北陵東闕火。戊辰，虎賁掖門火。五月，康陵園寢火。甲申，中藏府承祿署火。七月己未，南宮承善闥內火。

六年四月辛亥康陵東署火七月甲申平陵園寢火

八年二月己酉南宮嘉德署黃龍千秋萬歲殿皆火四月甲寅安陵園寢火閏月南宮長秋和歡殿後鉤盾掖庭朔平署各火十月壬子德陽前殿西閤及黃門北寺火殺人袁山松書曰是時連月有火災諸宮寺或一日再三發又夜有訛言擊鼓相驚陳蕃劉智茂上疏諫曰古之火皆君弱臣强極陰之變也前始春而獄刑慘故火不炎上前入春節連寒木冰暴風折樹又八九州郡並言隕霜殺菽春秋晉執季孫行父木爲之冰夫氣弘則景星見化錯則五星開日月蝕災爲己然異爲方來恐卒有變必於三朝唯善政可以己之願察臣前言不棄愚忠則元元幸甚書奏不省

九年三月癸巳京都夜有火光轉行民相驚譟袁山松書曰是時宦豎專朝鉤黨事起上尋無嗣陳蕃竇武爲曹節等所害天下無復紀綱

靈帝熹平四年五月延陵園災

光和四年閏月辛酉北宮東掖庭永巷署災陳蕃諫曰楚女悲而西宮災不御宮女怨之所致也

五年五月庚申德陽前殿西北入門內永樂太后宮署火

中平二年二月己酉南宮雲臺災庚戌樂城門災南宮中門延及北闕道

西燒嘉德和歡殿案雲臺之災自上起榱題數百同時並然若就縣華鐙其日燒盡延及白虎威興門尚書符節蘭臺夫雲臺者乃周家之所造也圖書術籍珍玩寶怪皆所藏在也京房易傳曰君不思道厥妖火燒宮是時黃巾作慝變亂天常七州二十八郡同時俱發命將出衆雖頗有所禽然宛廣宗曲陽尚未破壞役起負海杼柚空懸百姓死傷已過半矣而靈帝曾不克己復禮虐侈滋甚尺一雨布騶騎電激官非其人政以賄成內嬖鴻都並受封爵京都爲之語曰今茲諸侯歲也天戒若曰放賢賞淫何以舊典爲故焚其臺門祕府也其後三年靈帝暴崩續以董卓之亂火三日不絕京都爲丘墟矣魏志曰魏明帝青龍二年崇華殿災詔問太史令高堂隆此何咎於禮寧有祈禳之義乎對曰夫災變之發皆所以明教誡也唯率禮修德可以勝之易傳曰上不儉下不節孽火燒其室又曰君高其臺天火爲災此人君苟飾宮室不知百姓空竭故天應之以旱火從高殿起也上天降監故譴告陛下陛下宜增崇人道以答天意昔太戊有桑穀生於朝武丁有雊雉登於鼎皆聞災恐懼側身修德三年之後遠夷朝貢故號曰中宗高宗此則前代之明鑒也今案舊占災火之發皆以臺榭宮室爲戒然今宮室之所以

充廣者實由宮人猥多之故宜簡擇留其淑懿如周之制罷省其餘此則祖己之所以訓高宗高宗之所以享遠號也詔問隆吾聞漢武帝時柏梁災而起宮殿以厭之其義云何對曰臣聞西京柏梁既災越巫陳方建章是營以厭火祥乃夷越之巫所爲非聖賢之明訓也五行志曰柏梁災其後有江充巫蠱衞太子事如志之言越巫建章無所厭也孔子曰災者修類應行精祲相感以戒人君是以聖主覩災責躬退以修德以消復之今宜罷散民役宮室之制務從約節內足以待風雨外足以講禮儀清掃所災之處不敢於此有所立作萐莆嘉禾必生此地以報陛下虔恭之德疲民之力竭民之財實非所以致符瑞而懷遠人也臣昭曰高堂隆之言災其得天心乎雖與本志所明不同靈帝之時有焉故載其言廣災異也

獻帝初平元年八月霸橋災其後三年董卓見殺臣昭案劉焉傳興平元年天火燒其城府輜重延及民家館邑無餘也

庶徵之恆燠漢書以爲冬溫應之中興以來亦有冬溫而記不錄云越絕范蠡曰春燠而不生者王者德不完也夏寒而不長者臣下不奉主令也秋暑而復榮者百官刑不斷也冬溫而泄者發府庫賞無功也此四者邦之禁也管子曰臣乘君威則陰侵陽盛夏雪降冬不冰也

安帝元初三年有瓜異本共生一瓜同蔕時以爲嘉瓜或以爲瓜者外延離本而實女子外屬之象也是時閻皇后初立後閻后與外親耿寶等共譖太子廢爲濟陰王更外迎濟北王子犢立之草

妖也古今注曰和帝永元七年三月江夏縣民舍柞生兩枝其一長尺五寸分爲八枝其一長尺六寸分爲五枝皆青也

桓帝延熹九年雒陽城局竹柏葉有傷者占曰天子凶

靈帝熹平三年右校別作中有兩樗樹皆高四尺許其一株宿夕暴長長丈餘大一圍作胡人狀頭目鬢鬚髮備具京房易傳曰王德衰下人將起則有木生人狀臣昭以木生人狀下人將起京房之占雖以證驗貌類胡人猶未辨了董卓之亂實擁胡兵傕汜之時充斥尤甚遂窺閒宮嬪剽虐百姓群卑之徒踐藉畿封胡之害深亦已毒矣

五年十月壬午御所居殿後槐樹皆六七圍自拔倒豎根在上臣昭曰槐是三公之象貴之也靈帝授位不以德進貪愚是升淸賢斯黜槐之倒植豈以斯乎

中平元年夏東郡陳留濟陽長垣濟陰冤句離狐縣界風俗通曰西及城皇陽武成郭路邊有草生其莖靡纍腫大如手指狀似鳩雀龍蛇鳥獸之形五色各如其狀毛羽頭目足翅皆具風俗通曰亦作人狀操持兵弩萬萬備具非但彷彿類皃熟然也近草妖也

是歲黄巾賊始起皇后兄何進異父兄朱苗皆爲將軍領兵後苗

封濟陽侯進苗遂秉威權持國柄漢遂微弱自此始焉應劭曰關東義兵先起於宋衞之郊東郡太守橋瑁負衆怙亂陵蔑同盟忿嫉同類以殞厥命陳留濟陰迎助謂爲離德棄好卽戎吏民殲之草妖之興豈不或信

中平中長安城西北六七里空樹中有人面生鬢魏志曰建安二十五年正月曹公在雒陽起建始殿伐濯龍樹而血出又掘徙梨根傷而血出曹公惡之遂寢疾是月薨

獻帝興平元年九月桑復生椹可食臣昭曰桑重生椹誠是木異必在濟民安知非瑞乎時蒼生死敗周秦殲盡餓魂餒鬼不可勝言食此重椹大拯危命雖連理附枝亦不能及若以爲怪則建武野穀旅生麻菽尤盛復是草妖邪

安帝延光三年二月戊子有五色大鳥集濟南臺十月又集新豐時以爲鳳皇或以爲鳳皇陽明之應故非明主則隱不見凡五色大鳥似鳳者多羽蟲之孽是時安帝信中常侍樊豐江京阿母王聖及外屬耿寶等讒言免太尉楊震廢太子爲濟陰王不悊之異也章帝末號鳳皇百四十九見時直臣何敞以爲羽孽似鳳翺翔殿屋不察也臣昭曰已論之於敞傳記者以爲其後章帝崩以爲驗案宣帝明帝

時五色鳥羣翔殿屋，賈逵以爲胡降徵也。帝多善政，雖有過不及，至衰缺，末年胡降二十萬口，是其驗也。帝之時，羌胡外叛，讒慝內興，羽孽之時也。樂叶圖徵說五鳳皆五色，爲瑞者一，爲孽者四。叶圖徵曰：「似鳳有四，並爲妖：一曰鸘鷞，鳩喙圓目，身義戴信嬰禮膺仁負智，至則旱役之感也。二曰發明，烏喙大頸大翼大脛，身仁戴智嬰義膺信負禮，至則喪之感也。三曰焦明，長喙疏翼圓尾，身義戴信嬰仁膺智負禮，至則水之感也。四曰幽昌，銳目小頭大身細足，脛若鱗葉，身智戴信負禮膺仁，至則旱之感也。」國語曰：「周之興也，鸑鷟鳴岐。」說文曰：「五方神鳥：東方曰發明，南方曰焦明，西方曰鷫鷞，北方曰幽昌，中央曰鳳皇。」

桓帝元嘉元年十一月，五色大鳥見濟陰己氏。時以爲鳳皇。此時政治衰缺，梁冀秉政阿枉，上幸亳后，皆羽孽時也。臣昭案：魏朗對策桓帝時，雉入太常、宗正府。朗說見本傳注。

靈帝光和四年秋，五色大鳥見於新城，衆鳥隨之，時以爲鳳皇。時靈帝不恤政事，常侍、黃門專權，羽孽之時也。衆鳥之性，見非常班駮，好聚觀之，至於小爵希見梟者，虣見猶聚。

中平三年八月中懷陵上有萬餘爵先極悲鳴已因亂鬬相殺皆斷頭懸著樹枝枳棘到六年靈帝崩大將軍何進以內寵外嬖積惡日久欲悉糾黜以隆更始冗政而太后持疑事久不決進從中出於省內見殺因是有司盪滌虔劉後祿而尊厚者無餘矣夫陵者高大之象也天戒若曰諸懷爵祿而尊厚者還自相害至滅亾也古今注曰建武九年六郡八縣鼠食稼張璠紀曰初平元年三月獻帝初入未央宮翟雉飛入未央宮獲之獻帝春秋曰建安七年五色大鳥集魏郡衆鳥數千隨之魏志曰二十三年禿鶖集鄴宮文昌殿後池

桓帝建和三年秋七月北地廉雨肉似羊肋說文曰肋脅骨也或大如手近赤祥也是時梁太后攝政兄梁冀專權枉誅漢良臣故太尉李固杜喬天下冤之其後梁氏誅滅

續漢志十五

梁劉昭注補

五行志三

大水　水變色　大寒　雹
冬雷　山鳴　魚孽　蝗

五行傳曰：簡宗廟，不禱祠，鄭玄注曰虛危爲宗廟廢祭祀，鄭玄曰牽牛主祭祀之牲逆天時，鄭玄曰月在星紀周以爲正月在玄枵殷以爲正皆不得四時之正逆天時之象也春秋定十五年夏五月辛亥郊譏運上三正以至失時是其類也則水不潤下。鄭玄曰君行此四者爲逆天北宮之政也北宮於地爲水水性浸潤下流人所用灌溉者也無故源流竭絕川澤以涸是爲不潤下其他變異皆屬沴謂水失其性而爲災也。太公六韜曰人主好破壞名山壅塞大川決通名水則歲多大水五穀不成也又曰：聽之不聰，是謂不謀，鄭玄曰君聽不聰則是不能謀其事也洪範曰聽作謀孔安國曰所謀必成當馬融曰上聽則下進其謀厥咎急，鄭玄曰君臣不謀則急矣易傳曰誅罰絕理不云下也顓專有知不云謀也厥罰恆寒，鄭玄曰聽曰水水主冬冬氣藏藏氣失故常寒厥極貧。鄭玄曰藏氣失故於人爲貧時則有鼓妖，鄭玄曰鼓聽之應也時則有魚孽，鄭玄曰魚蟲之生水而遊於水者也時則有豕禍，鄭玄曰豕畜之居閑衞而聽者也屬聽時則有耳痾，鄭玄曰聽氣失之病時則有黑眚黑祥，惟火沴水。魚孽，劉歆傳以爲介蟲之孽，謂蝗屬也。月令章句曰介者甲也謂龜蟹之屬也古今注曰光武建武四年東郡以北傷水七年六月戊辰雒水盛溢至津城門帝自行水弘農都尉治折爲水所漂殺民溺傷稼壞廬舍二十四年六月丙申沛國睢水逆流一日一夜止章帝建初八年六月癸巳東昏城下池水變赤如血臣昭案諸史光武之時郡國亦常有水災而志不載本紀八年秋大水又云是歲大水今據杜林之傳列之孝和之前東觀書曰建武八年間郡國七大水涌泉盈溢杜林以爲倉卒時兵擅權作威張氏雖皆降散猶尚有遺脫長吏制御無術令得復熾元元侵陵之所致也上疏曰臣聞先王無二道明聖用而治見惡如農夫之務去草焉芟夷蘊崇之絕其本根勿使能殖畏其易也古今通道傳其法於有根狼子野心奔馬善驚成王深知其終卒之患故以殷氏六族分伯禽七族分康叔懷姓九宗分唐叔撿押其姦宄又遷其餘於成周舊地雜俗旦夕拘錄所以挫其強御之力詘其驕恣之節也及漢初興上稽舊章合符重規徙齊諸田楚昭屈景燕趙韓魏之後以稍弱六國強宗邑里無營利之家野澤無兼并之民萬里之統海內賴安後輒因衰麤之痛脅以送終之義故遂相率而陪園陵無反顧之心追觀往法政皆神道設教強幹弱枝本支百世之要也是以皆永享康寧之福無怵惕之憂繼嗣承業恭己而治蓋此助也其被災害民輕薄無累重者兩府遣吏護送饒穀之郡或懼死亾卒爲傭賃亦所以消散其口救贍全其性命也昔魯隱有賢行將致國於桓公乃留連貪位不能早退況草創兵長卒無德能直以擾亂乘時擅權作威玉食狃猱之意徼幸之望曼延無足張步之計是也小民負縣官不過身死負兵家滅門殄世陛下昭然獨見成敗之端或屬諸侯宮府元元少得舉首仰視而尚遺脫二千石失制御之道令得復昌熾縱橫比年大雨水潦暴長涌泉盈溢災壞城郭官寺吏民廬舍潰徙離處潰成坑坎臣聞水陰類也易卦地上有水比言性不相害故曰樂也而猥相毀墊淪失常敗百姓安居殆陰下相爲蠹賊有大小負勝不齊均不得其所侵陵之象也詩云畏天之威于時保之唯陛下留神明察往來懼思天下幸甚謝承書曰陳宣字子興沛國蕭人也剛猛性毅博學明魯詩遭王莽篡位隱處不仕光武即位徵拜諫議大夫建武十年雒水出造津城門校尉欲奏塞之宣曰昔周公卜雒以安宗廟爲萬世基水不當入城門如爲災異人主過而不可辭塞之無益昔東郡金堤大決水欲沒郡令吏民散走太守王尊亾身勑以住立不動水應時自消尊人臣尚修正弭災豈況朝廷中興聖主天所挺授水必不入言未絕水去上善其言後乘輿出宣列引在前行遲乘輿欲驅鉤宣車蓋使疾行御者墮車下宣前諫曰王者承天統地動有法度車則和鸞步則佩玉動靜應天昔孝文時邊方有獻千里馬者還而不受陛下宜上稽唐虞下以文帝爲法上納其言遂徐行案轡還爲河堤謁者以病免卒於家

和帝永元元年七月，郡國九大水傷稼穀梁傳曰高下有水災曰大水京房易傳曰顓事有知誅罰絕理厥災水其水也而殺人隕霜大風天黃饑而不損茲謂泰厥水水殺人辟遏有德茲謂狂厥水水流殺人已水則地生蟲歸獄不解茲謂追非厥水寒殺人追誅不解茲謂不理厥水五穀不收大敗不解茲謂皆陰厥水流入國邑隕霜殺穀春秋考異郵曰陰盛臣逆民悲情發則水出河決也是時和帝幼竇太后攝政其兄竇憲幹事及憲諸弟皆貴顯竝作威虐嘗所怨恨輒任客殺之其後竇氏誅滅東觀書曰十年五月丁巳京師大雨南山水流出至東郊壞民廬舍

十二年六月潁川大水傷稼是時和帝幸鄧貴人陰有欲廢陰后之意陰后亦懷恚怨一曰先是恭懷皇后葬禮有闕竇太后崩後迺改殯梁后葬西陵徵舅三人皆爲列侯位特進賞賜累千金廣州先賢傳曰和帝時策問陰陽不和或水或旱方正鬱林布衣養奮字叔高對曰天有陰陽陰陽有四時四時有政令春夏則予惠布施寬仁秋冬則剛猛盛威行刑賞罰殺生各應其時則陰陽和四時調風雨時五穀升今則不然長吏多不奉行時令爲政舉事干逆天氣上不卹下下不忠上百姓困乏而不卹哀眾怨鬱積故陰陽

不和風雨不時災害緣類水者陰盛小人居位依公營私讒言誦上雨漫溢者五穀有不升而賦稅不爲減百姓虛竭家有愁心也

殤帝延平元年五月郡國三十七大水傷稼董仲舒曰水者陰氣盛也是時帝在襁抱鄧太后專政臣昭案本紀是年九月六州大水袁山松書曰六州河濟渭雒洧水盛長泛溢傷秋稼

安帝永初元年冬十月辛酉河南新城山水虣出突壞民田壞處泉水出深三丈是時司空周章等以鄧太后不立皇太子勝而立清河王子故謀欲廢置十一月事覺章等被誅是年郡國四十一水出漂沒民人謝沈書曰死者以千數讖曰水者純陰之精也陰氣盛洋溢者小人專制擅權妒疾賢者依公結私侵乘君子小人席勝失懷得志故涌水爲災　二年大水臣昭案本紀京師及郡國四十有水周嘉傳是夏旱嘉收葬客死骸骨應時澍雨歲乃豐稔則水不爲災也　三年大水臣昭案本紀京師及郡國四十一雨水　四年大水臣昭案本紀云三郡　五年大水臣昭案本紀郡國八　是時鄧太后猶專政古今注曰元初二年潁川襄城流水化爲血京房占曰流水化爲血兵且起以日辰占與其色博物記曰注河水赤占曰泣血道路涉蘇於河以處

六年河東池水變色皆赤如血水變占曰水化爲血者好作殘賊殺戮不辜延及親戚水當爲血

延光三年大水流殺民人傷苗稼是時安帝信江京樊豐及阿母王聖等讒言免太尉楊震廢皇太子〔臣昭案左雄傳順帝永建四年司冀二州大水傷禾稼楊厚傳永和元年夏雒陽暴水殺千餘人〕

質帝本初元年五月海水溢樂安北海溺殺人物是時帝幼梁太后專政〔春秋漢含孳曰九卿阿黨擠排正直驕奢僭害則江河潰決方儲對策曰民悲怨則陰類强河決海溢地動土涌〕

桓帝建和二年七月京師大水去年冬梁冀枉殺故太尉李固杜喬　三年八月京都大水是時梁太后猶專政

永興元年秋河水溢漂害人物〔臣昭案朱穆傳云漂害數千萬戶京房占曰江河溢者天有制度地有里數懷容水澤浸漑萬物今溢者明在位者不勝任也三公之禍不能容也率執法者利刑罰不用常法〕　二年六月彭城泗水增長逆流〔梁冀別傳曰冀之專政天爲見異衆災竝湊蝗蟲滋生河水逆流五星失次太白經天人民疾疫出入六年羌戎叛戾盜賊略平皆冀所致敦煌實錄張衡對策曰水者五行之首滯而逆流者人君之恩不能下及而教逆也潛潭巴曰水逆者反命也宜修德以應之〕

永壽元年六月雒水溢至津陽城門漂流人物〔臣昭案本紀又南陽大水〕是時梁皇

后兄冀秉政疾害忠直威權震主後遂誅滅

延熹八年四月濟北水清　九年四月濟陰東郡濟北平原河水清襄楷上言河者諸侯之象清者陽明之徵豈獨諸侯有規京都計邪其明年宫車晏駕徵解犢亭侯爲漢嗣卽尊位是爲孝靈皇帝

永康元年八月六州大水勃海海溢没殺人是時桓帝奢侈淫祀其十一月崩無嗣

靈帝建寧四年二月河水清袁山松書曰禱於龍堺　五月山水大出漂壞廬舍五百餘家袁山松書曰是河東水暴出也

熹平二年六月東萊北海海水溢出漂没人物　三年秋雒水出

四年夏郡國三水傷害秋稼

光和六年秋金城河溢水出二十餘里

中平五年，郡國六水大出。臣昭案：袁山松書曰山陽、梁、沛、彭城、下邳、東海、琅邪，則是七郡。

獻帝建安二年九月，漢水流，害民人。是時天下大亂。袁山松書曰：「曹操專政。」十七年七月，大水，消水溢。十八年六月，大水。獻帝起居注曰：「七月大水，上親避正殿。八月以雨不止，且還殿。」二十四年八月，漢水溢流，害民人。袁山松書曰：「明年禪位于魏也。」

庶徵之恆寒

靈帝光和六年冬，大寒，北海、東萊、琅邪井中冰厚尺餘。袁山松書曰：「是時羣賊起，天下始亂。讖曰：『寒者，小人暴虐，專權居位，無道有位，適罰無法，又殺無罪，其寒必暴殺。』」

獻帝初平四年六月，寒風如冬時。袁山松書曰：「時帝流遷失政。」養奮對策曰：「當溫而寒，刑罰慘也。」

和帝永元五年六月，郡國三雨雹，大如雞子。春秋考異郵曰：「陰氣之專精，凝合生雹。雹之爲言合也。以妾爲妻，大尊重，九女之妃闕而不御，坐不離前，無由相去之心，同輿參驅，房衽之內，歡欣之樂，專政夫人，施而不博，陰精凝而見成。」易讖曰：「凡雹者，過由人君惡聞其過，抑賢不揚，內與邪人通，取財利，蔽賢施之，並當雨不雨，故反雹下也。」是時和帝用酷吏周紆爲司隸校尉，刑誅深刻。古今注曰：「光武建武十年十月戊辰，樂浪、上谷雨雹，傷稼。十二年，河南平陽雨雹，大如杯，壞敗吏民廬舍。十五年十二月乙卯，鉅鹿雨雹，傷稼。永平三年八月，郡國十二雨雹，傷稼。十年，郡國十八或雨雹，蝗。」易緯

曰夏雹者治道煩苛繇役急促教令數變無有常法不救爲兵強臣逆謀蝗蟲傷穀救之舉賢良爵有功務寬大無誅罰則災除

安帝永初元年雨雹　二年雨雹大如雞子　三年雨雹大如鴈子傷稼劉向以爲雹陰脅陽也是時鄧太后以陰專陽政

元初四年六月戊辰郡國三雨雹大如杅杯及雞子殺六畜古今注曰樂安雹如杅殺人京房占曰夏雨雹天下兵大作

延光元年四月郡國二十一雨雹大如雞子傷稼是時安帝信讒無辜死者多臣昭案尹敏傳是歲河西大雨雹如斗安帝見孔季彥問其故對曰此皆陰乘陽之徵也今貴臣擅權母后黨盛陛下宜修聖德慮此二者也　三年雨雹大如雞子古今注曰順帝永建三年郡國十二雨雹六年郡國十二雨雹傷秋稼

桓帝延熹四年五月己卯京師雨雹大如雞子是時桓帝誅殺過差又寵小人　七年五月己丑京都雨雹是時皇后鄧氏僭侈驕恣專幸明年廢以憂死其家皆誅

靈帝建寧二年四月雨雹　四年五月河東雨雹

光和四年六月雨雹大如雞子是時常侍黃門用權

中平二年四月庚戌雨雹傷稼

獻帝初平四年六月右扶風雹如斗袁山松書曰雹殺人前後雨雹此最爲大時天下潰亂

和帝元興元年冬十一月壬午郡國四冬雷是時皇子數不遂皆隱之民閒是歲宮車晏駕殤帝生百餘日立以爲君帝兄有疾封爲平原王卒皆夭無嗣古今注曰光武建武十年遼東冬雷草木實

殤帝延平元年九月乙亥陳留有石隕地四臣昭案天文志末已載石隕未解此篇所以重記石與雷隕俱者九月雷未爲異桓帝亦有此隕後不兼載於是爲常古今注曰章帝建初四年五月戊寅潁陰石從天墜大如鐵鑕色黑始下時聲如雷

安帝永初六年十月丙戌郡六冬雷京房占曰天冬雷地必震又曰教令擾又曰雷以十一月起黃鍾二月大聲八月闔藏此以春夏殺無辜不須冬刑致災蟄蟲出行不救之則冬溫風以其來年疾病其救也恤幼孤振不足議獄刑貰謫罰災則消矣古今注曰明帝永平七年十月丙子越嶲雷 七年十月戊子郡國三冬雷

元初元年十月癸巳郡國三冬雷 三年十月辛亥汝南樂浪冬雷

四年十月辛酉郡國五冬雷　六年十月丙子郡國五冬雷

永寧元年十月郡國七冬雷

建光元年十月郡國七冬雷

延光四年郡國十九冬雷是時太后攝政上無所與太后旣崩阿母王聖及皇后兄閻顯兄弟更秉威權上遂不親萬機從容寬仁任臣下古今注曰順帝永和四年四月戊午雷震擊高廟世祖廟外槐樹

桓帝建和三年六月乙卯雷震憲陵寢屋先是梁太后聽兄冀枉殺李固杜喬

靈帝熹平六年冬十月東萊大雷

中平四年十二月晦雨水大雷電雹

獻帝初平三年五月丙申無雲而雷　四年五月癸酉無雲而雷

建安七八年中長沙醴陵縣有大山常大鳴如牛呴聲積數年後

豫章賊攻没醴陵縣殺略吏民干寶曰論語擿輔像曰山土崩川閉塞漂淪移山鼓哭閉衡夷庶桀合兵王作時天下尚亂豪桀竝爭曹操事二袁於河北孫吳創基於江外劉表阻亂衆於襄陽南招零桂北割漢川又以黄祖爲爪牙而祖與孫氏爲深讎兵革歲交十年曹操破袁譚於南皮十一年走袁尚於遼東十三年吳禽黄祖是歲劉表死曹操略荆州逐劉備於當陽十四年吳破曹操於赤壁是三雄者卒共三分天下成帝王之業是所謂庶桀合兵王作者也十六年劉備入蜀與吳再爭荆州於時戰爭四分五裂之地荆州爲劇故山鳴之異作其域也

靈帝熹平二年東萊海出大魚二枚長八九丈高二丈餘明年中山王暢任城王博竝薨京房易傳曰海出巨魚邪人進賢人疏臣昭謂此占符靈帝之世巨魚之出於是爲徵寧獨二王之妖也

和帝永元四年蝗臣昭案本紀光武建武六年詔稱往歲水旱蝗蟲爲災古今注曰建武二十二年三月京師郡國十九蝗二十三年京師郡國十八大蝗旱草木盡二十八年三月郡國八十蝗二十九年四月武威酒泉清河京兆魏郡弘農蝗三十年六月郡國十二大蝗三十一年郡國大蝗中元元年三月郡國十六大蝗永平四年十二月酒泉大蝗從塞外入謝承書曰永平十五年蝗起泰山彌行兖豫謝沈書鍾離意譏起北宮表云未數年豫章遭蝗穀不收民飢死縣數千百人　八年五月河內陳留蝗九月京都蝗　九年蝗從夏至秋先是西羌數反遣將軍將北軍五校征之

安帝永初四年夏蝗是時西羌寇亂軍衆征距連十餘年讖曰主失禮煩苛則

旱之魚螺變爲蝗蟲。五年夏，九州蝗。京房占曰：天生萬物百穀，以給民用。天地之性人爲貴。今蝗蟲四起，此爲國多邪人，朝無忠臣，蟲與民爭食，居位食祿如蟲矣。不救，致兵起。其救也，舉有道置於位，命諸侯試明經，此消災也。六年三月，去蝗處復蝗子生。古今注曰：郡國四十八蝗。

七年夏，蝗。

元初元年夏，郡國五蝗。二年夏，郡國二十蝗。

延光元年六月，郡國蝗。

順帝永建五年，郡國十二蝗。是時鮮卑寇朔方，用衆征之。

永和元年秋七月，偃師蝗。去年冬，烏桓寇沙南，用衆征之。

桓帝永興元年七月，郡國三十二蝗。是時梁冀秉政無謀憲，苟貪權作虐。春秋考異郵曰：貪擾生蝗。二年六月，京都蝗。

永壽三年六月，京都蝗。

延熹元年五月，京都蝗。臣昭案：劉歆傳皆逆天時、聽不聰之過也。養奮對策曰：佞邪以不正食祿饗所致。謝承書曰：九年，揚州六郡連水、旱、蝗害也。

靈帝熹平六年夏，七州蝗。先是鮮卑前後三十餘犯塞，是歲護烏

植校尉夏育破鮮卑中郎將田晏使匈奴中郎將臧旻將南單于吕下三道並出討鮮卑大司農經用不足殷斂郡國吕給軍糧三將無功還者少半

光和元年詔策問曰連年蝗蟲至冬踊其咎焉在蔡邕對曰臣聞易傳曰大作不時天降災厥咎蝗蟲來河圖祕徵篇曰帝貪則政暴而吏酷酷則誅深必殺主蝗蟲蝗蟲貪苛之所致也是時百官遷徙皆私上禮西園吕爲府蔡邕對曰蝗蟲出息不急之作省賦斂之費進清仁黜貪虐分損承安屈省別藏以贍國用則其救也易曰得臣無家言有天下者何私家之有

獻帝興平元年夏大蝗是時天下大亂

建安二年五月蝗

五行志三　　續漢志十五

金陵書局仿汲古閣本刊

五行志四

續漢志十六

地震　山崩　地陷　大風拔樹　螟　牛疫

梁劉昭注補

五行傳曰治宮室飾臺榭內淫亂犯親戚侮父兄則稼穡不成謂土失其性而爲災也又曰思心不容是謂不聖厥咎霿厥罰恆風厥極凶短折時則有脂夜之妖時則有華孽時則有牛禍時則有心腹之痾時則有黃眚黃祥惟金水木火沴土華孽劉歆傳爲贏蟲之孽謂螟屬也

世祖建武二十二年九月郡國四十二地震南陽尤甚地裂壓殺人其後武谿蠻夷反爲寇害至南郡發荊州諸郡兵遣武威將軍劉尚擊之爲夷所圍復發兵赴之尚遂爲所沒

章帝建初元年三月甲申山陽東平地震

和帝永元四年六月丙辰郡國十三地震春秋漢含孳曰女主盛

臣制命則地動坼畔震起山崩淪是時竇太后攝政兄竇憲專權將㠯是受禍也後五日詔收憲印綬兄弟就國逼迫皆自殺　五年二月戊午隴西地震儒說民安土者也將大動行大震九月匈奴單于於除鞬叛遣使發邊郡兵討之　七年九月癸卯京都地震儒說奄官無陽施猶婦人也是時和帝與中常侍鄭眾謀奪竇氏權德之因任用之及幸常侍蔡倫二人始竝用權　九年三月庚辰隴西地震閏月塞外羌犯塞殺略吏民使征西將軍劉尚擊之

安帝永初元年郡國十八地震李固曰地者陰也法當安靜今迺越陰之職專陽之政故應㠯震動是時鄧太后攝政專事訖建光中太后崩安帝迺得制政於是陰類竝勝西羌亂夏連十餘年

三年郡國十二地震　三年十二月辛酉郡國九地震　四年三

月癸巳郡國四地震　五年正月丙戌郡國十地震　七年正月壬寅二月丙午郡國十八地震

元初元年郡國十五地震　二年十一月庚申郡國十地震　三年二月郡國十地震十一月癸卯郡國九地震　四年郡國十三地震　五年郡國十四地震　六年二月乙巳京都郡國四十二地震或地坼裂涌水敗壞城郭民室屋壓人冬郡國八地震

永寧元年郡國二十三地震

建光元年九月己丑郡國三十五地震或地坼裂壞城郭室屋壓殺人是時安帝不能明察信宮人及阿母聖等讒云破壞鄧太后家於是專聽信聖及宦者中常侍江京樊豐等皆得用權

延光元年七月癸卯京都郡國十三地震九月戊申郡國二十七地震　二年京都郡國三十二地震　三年京都郡國二十三地

震是時㠯讒免太尉楊震廢太子　四年十月丁巳京都郡國十六地震時安帝旣崩閻太后攝政兄弟閻顯等並用事遂斥安帝子更徵諸國王子未至中黄門遂誅顯兄弟

順帝永建三年正月丙子京都漢陽地震漢陽屋壞殺人地坼涌水出是時順帝阿母宋娥及中常侍張昉等用權

陽嘉二年四月己亥京都地震是時爵號宋娥爲山陽君　四年十二月甲寅京都地震

永和二年四月庚申京都地震是時宋娥構姦誣罔五月事覺收印綬歸田里十一月丁卯京都地震是時太尉王龔㠯中常侍張昉等專弄國權欲奏誅之時龔宗親有㠯楊震行事諫之止云

三年二月乙亥京都金城隴西地震裂城郭室屋多壞壓殺人閏月己酉京都地震十月西羌二千餘騎入金城塞爲涼州害　四

年三月乙亥京都地震　五年二月戊申京都地震
建康元年正月涼州部郡六地震從去年九月以來至四月凡百八十日震山谷坼裂壞敗城寺傷害人物三月護羌校尉趙沖爲叛胡所殺九月丙午京都地震是時順帝崩梁太后攝政欲爲順帝作陵制度奢廣多壞吏民冢尚書欒巴諫事太后怒癸卯詔書收巴下獄欲殺之丙午地震於是太后迺出巴免爲庶人

桓帝建和元年四月庚寅京都地震九月丁卯京都地震是時梁太后攝政兄冀持權至和平元年太后崩然冀猶秉政專事至延熹二年迺誅滅　三年九月己卯地震庚寅又震

元嘉元年十一月辛巳京都地震　二年正月丙辰京都地震十月乙亥京都地震

永興二年二月癸卯京都地震

永壽二年十二月京都地震

延熹四年京都右扶風涼州地震　五年五月乙亥京都地震是時桓帝與中常侍單超等謀誅除梁冀聽之竝使用事專權又鄧皇后本小人性行無恆苟有顏色立㠯爲后後卒坐執左道廢㠯憂死　八年九月丁未京都地震

靈帝建寧四年二月癸卯地震是時中常侍曹節王甫等皆專權

熹平二年六月地震　六年十月辛丑地震

光和元年二月辛未地震四月丙辰地震靈帝時宦者專恣　二年三月京兆地震　三年自秋至明年春酒泉表氏地八十餘動涌水出城中官寺民舍皆頓縣易處更築城郭

獻帝初平二年六月丙戌地震

興平元年六月丁丑地震

和帝永元元年七月會稽南山崩會稽南方大名山也京房易傳曰山崩陰乘陽弱勝强也劉向曰爲山陽君也水陰民也君道崩壞百姓失所也劉歆曰爲崩猶地也是時竇太后攝政兄竇憲專權　七年七月趙國易陽地裂京房易傳曰地裂者臣下分離不肯相從也是時南單于衆乖離漢軍追討　十二年夏閏四月戊辰南郡秭歸山高四百丈崩塡谿殺百餘人明年冬至蠻夷反遣使募荆州吏民萬餘人擊之

元興元年五月癸酉右扶風雍地裂是後西羌大寇涼州

殤帝延平元年五月壬辰河東恆山崩是時鄧太后專政秋八月殤帝崩

安帝永初元年六月丁巳河東楊地陷東西百四十步南北百二十步深三丈五尺　六年六月壬辰豫章員谿原山崩各六十三

所

元初元年三月己卯日南地坼長百八十二里其後三年正月蒼梧鬱林合浦盜賊羣起劫略吏民　二年六月河南雒陽新城地裂

延光二年七月丹陽山崩四十七所　三年六月庚午巴郡閬中山崩　四年十月丙午蜀郡越巂山崩殺四百餘人丙午天子會日也是時閻太后攝政其十一月中黃門孫程等殺江京立順帝誅閻后兄弟明年閻后崩

順帝陽嘉二年六月丁丑雒陽宣德亭地坼長八十五丈近郊地時李固對策㠯爲陰類專恣將有分離之象所㠯附郊城者是上帝示象㠯誡陛下也是時宋娥及中常侍各用權分爭後中常侍張逵蘧政與大將軍梁商爭權爲商作飛語欲陷之

桓帝建和元年四月郡國六地裂水涌出井溢壞寺屋殺人時梁太后攝政兄冀枉殺李固杜喬　三年郡國五山崩

和平元年七月廣漢梓潼山崩

永興二年六月東海朐山崩冬十二月泰山琅邪盜賊羣起

永壽三年七月河東地裂時梁皇后兄冀秉政桓帝欲自由內患之

延熹元年七月乙巳左馮翊雲陽地裂　三年五月戊申漢中山崩是時上寵恣中常侍單超等　四年六月庚子泰山博尤來山判解　八年六月丙辰緱氏地裂

永康元年五月丙午雒陽高平永壽亭上黨泫工玄反氏地各裂是時朝臣患中常侍王甫等專恣冬桓帝崩明年竇氏等欲誅常侍黃門不果更爲所誅

靈帝建寧四年五月河東地裂十二處裂合長十里百七十步廣者三十餘步深不見底

和帝永元五年五月戊寅南陽大風拔樹木

安帝永初元年大風拔樹是時鄧太后攝政㠯清河王子年少號精耳故立之是爲安帝不立皇太子勝㠯爲安帝賢必當德鄧氏也後安帝親讒廢免鄧氏令郡縣迫切死者八九人家至破壞此爲瞽霿也是後西羌亦大亂涼州十有餘年　二年六月京都及郡國四十八大風拔樹　三年五月癸酉京都大風拔南郊道梓樹九十六枚　七年八月丙寅京都大風拔樹

元初二年二月癸亥京都大風拔樹　六年夏四月沛國勃海大風拔樹三萬餘枚

延光二年三月丙申河東潁川大風拔樹六月壬午郡國十一大

風拔樹是時安帝親讒曲直不分　三年京都及郡國三十六大風拔樹

靈帝建寧二年四月癸巳京都大風雨雹拔郊道樹十圍已上百餘枚其後晨迎氣黃郊道於雒水西橋逢暴風雨道鹵簿車或發蓋百官霑濡還不至郊使有司行禮迎氣西郊亦壹如此

中平五年六月丙寅大風拔樹

獻帝初平四年六月右扶風大風發屋拔木

中興以來脂夜之妖無錄者

章帝七八年閒郡縣大螟傷稼語在魯恭傳而紀不錄也是時章帝用竇皇后讒害宋梁二貴人廢皇太子

靈帝熹平四年六月弘農三輔螟蟲為害是時靈帝用中常侍曹節等讒言禁錮海內清英之士謂之黨人

中平二年七月三輔螟蟲爲害

明帝永平十八年牛疫死是歲遣竇固等征西域置都護戊己校尉固適還而西域叛殺都護陳睦戊己校尉關寵於是大怒欲復發興討會秋明帝崩是思心不容也

章帝建初四年冬京都牛大疫是時竇皇后㠯宋貴人子爲太子寵幸令人求伺貴人過隙㠯讒毀之章帝不知竇太后不善厥咎霿也或曰是年六月馬太后崩土功非時興故也

五行志四

續漢志十七

五行志五

射妖　龍蛇孽　馬禍　人痾　人化　死復生　疫　投蜺

梁劉昭注補

五行傳曰皇之不極是謂不建尚書大傳皇作王鄭玄曰王君也不名體而言王者五事象五行則王極象天也天變化爲陰爲陽覆成五行經曰曆象日月星辰敬授民時論語曰爲政以德譬如北辰是則天之道於人政也孔子說春秋曰政以不由王出不得爲政則王君出政之號也極中也建立也王象天以性情覆成五事爲中和之政也王政不中和則是不能立其事也古文尚書皇極皇建其有極孔安國曰大中之道大立其有中謂行九疇之義馬融對策曰大中之道在天爲北辰在地爲人君**厥咎眊**尚書大傳作瞀鄭玄曰瞀與思心之咎同耳故傳曰眊眊亂也君臣不立則上下亂矣字林曰目少精曰眊**厥罰恆陰**鄭玄曰王極象天天陰養萬物陰氣失故常陰**厥極弱**鄭玄曰天爲剛德剛氣失故於人爲弱易說亢龍之行曰貴而無位高而無民賢人在下位而無輔此之謂弱或云儒不敬也**時則有射妖**鄭玄曰射王極之度也射人將發矢必先於此儀之發則中於彼矣君將出政亦先於朝廷度之出則應於民心射其象也**時則有龍虵之孽**鄭玄曰龍蟲之生於淵行無形遊於天者也屬天虵龍之類也或曰龍無角者曰虵**時則有馬禍**鄭玄曰天行健馬畜之疾行者也屬王極**時則有下人伐上之痾**鄭玄曰夏侯勝說伐宜爲代書亦或作代陰陽之神曰精氣情性之神曰魂魄君行不由常侜張無度則是魂魄傷也王極氣失之病也天於不中之人恆畜其毒增以爲病將以開賢代之也春秋傳所謂奪伯有魄者是也不名病者病不省於身體也**時則有日月亂行星辰逆行**鄭玄曰亂謂薄食鬬並見逆謂縮反明經天守舍之類也太公六韜曰人主好武事兵革則日月薄食太白失行**皇君也極中也眊不明也說**

曰此沴天也不言沴天者至尊之辭也春秋王師敗績㠯自敗爲文

恆陰中興㠯來無錄者臣昭案本傳陽嘉二年郎顗上書云正月以來陰闇連日久陰不雨亂氣也得賢不用猶久陰不雨也

靈帝光和中雒陽男子夜龍㠯弓箭射北闕吏收考問辭居貧負責無所聊生因買弓箭㠯射近射妖也風俗通曰龍從兄陽求臘錢龍假取繁數頻厭患之陽與錢千龍意不滿欲破陽家因持弓矢射玄武東闕三發吏士呵縛首服因是遣中常侍尚書御史中丞直事御史謁者衞尉司隸河南尹雒陽令悉會發所劾時爲太尉議曹掾白公鄧盛夫禮設闕觀所以飾門章於至尊懸諸象魏示民禮法也故車過者下步過者趨今龍乃敢射闕意慢事醜次於大逆宜遣主者參問變狀公曰府不主盜賊當與諸府相候劾曰丞相邴吉以爲道路死傷旣往之事京兆長安職所窮逐而住車問牛喘吐舌者豈輕人而貴畜哉頗念陰陽不和必有所害掾史爾乃悅服漢書嘉其達大體今龍所犯然中外奔波邴吉防患大豫況於已形昭晰者哉明公旣處宰相大任加掌兵戎之職凡在荒裔謂之大事何有近目下而致逆節之萌者孔子攝魯司寇非常卿也折僭溢之端消纖介之漸從政三月惡人走境邑門不闔外收强齊侵地內虧三桓之威區區小國尚於趣舍大漢之朝焉可無乎明公恬然謂非已詩云儀刑文王萬國作孚當爲人制法何必取法於人於是公意大悟遣令史謝申以鈴下規應掾自行之還具條奏時靈帝詔報惡惡止其身龍以重論之陽不坐其後車騎將軍何苗與兄大將軍進部兵還相猜疑對相攻擊戰於闕下苗死兵敗殺數千人雒陽宮室內人燒盡應劭曰龍者陽類君

之象也夜者不明之應也此其象也

安帝延光三年，濟南言黃龍見歷城，琅邪言黃龍見諸。是時安帝聽讒，免太尉楊震，震自殺。又帝獨有一子，㠯爲太子，信讒廢之。是皇不中，故有龍孽。是時多用佞媚，故㠯爲瑞應。明年正月，東郡又言黃龍二見濮陽。

桓帝干寶搜神記曰：桓帝卽位，有大蛇見德陽殿上，雒陽市令淳于翼曰：「蛇有鱗，甲兵之象也。見於省中，將有椒房大臣受甲兵之誅也。」乃棄官遁去。到延熹二年，誅大將軍梁冀，捕治宗屬，揚兵京師也。延熹七年六月壬子，河內野王山上有龍死，長可數十丈。袁山松書曰長可百餘丈。襄楷㠯爲夫龍者爲帝王瑞，易論大人。天鳳中，黃山宮有死龍，漢兵誅莽而世祖復興，此易代之徵也。至建安二十五年，魏文帝代漢。臣昭曰：夫屈申躍見，變化無方，非顯死之體，橫强之畜。易況大聖，實類君道，野王之異，豈桓帝將崩之表乎？妖等占殊，其例斯眾，苟欲附會以同天鳳，則帝涉三主，年踰五十，此爲迂闊，將恐非徵矣。

永康元年八月，巴郡言黃龍見。時吏傅堅㠯郡欲上言，內白事㠯爲走卒戲語不可太守不聽嘗見堅語云時民吕天熱欲就池浴見池水濁因戲相恐此中有黃龍語遂行人間聞郡欲吕爲美故言時史吕書帝紀桓帝時政治衰缺而在所多言瑞應皆此類也又先儒言瑞興非時則爲妖孽而民訛言生龍語皆龍孽也

熹平元年四月甲午青虵見御坐上是時靈帝委任宦者王室微弱楊賜諫曰皇極不建則有龍虵之孽詩云惟虺惟虵女子之祥宜抑皇甫之權割豔妻之愛則虵變可消者也案張奐傳建寧二年夏青虵見御坐軒前奐上疏陳蕃竇武未被明宥妖眚之來皆爲此也敦煌實錄曰虵長六尺夜於御前當軒而見

更始二年二月發雒陽欲入長安司直李松奉引車奔觸北宮鐵柱門三馬皆死馬禍也時更始失道將亾

桓帝延熹五年四月驚馬與逸象突入宮殿近馬禍也是時桓帝政衰缺

靈帝光和元年司徒長史馮巡馬生人風俗通曰巡馬生胡子問養馬胡蒼頭乃奸此馬以生子京房易

傳曰：上亾天子諸侯相伐厥妖馬生人後馮巡遷甘陵相黃巾初起爲所殘殺而國家亦四面受敵其後關東州郡各舉義兵卒相攻伐天子西移王政隔塞其占與京房同光和中雒陽水西橋民馬逸走遂齧殺人是時公卿大臣及左右數有被誅者

安帝永初元年十一月戊子民轉相驚走棄什物去廬舍

靈帝建寧三年春河內婦食夫河南夫食婦臣昭曰案此二食夫妻不同在河南北每見死異斯豈怪妖復有徵乎河者經天亙地之水也河內河之陽也夫婦參配陰陽判合成體今以夫之尊在河之陽而陰承體卑吞食尊陽將非君道昏弱無居剛之德遂爲陰細之人所能消毀乎河南河之陰河視諸侯夫亦惟家之主而自食正內之人時宋皇后將立而靈帝一聽閹宦無所厝心失以宮房之愛惡亦不全中懷抱宋后終廢王甫挾姦陰中列侯竇應厥位天戒若曰徙隨嬖豎之意夫嗷其妻乎

熹平二年六月雒陽民訛言虎賁寺東壁中有黃人形容鬚眉良是觀者數萬省內悉出道路斷絕應劭時爲郎風俗通曰劭故往視之何在其有人也走漏污處膩赭流漉壁有他剝數寸曲折耳劭又通之曰季夏土黃中行用事又在壁中壁亦土也以見于虎賁寺者虎賁國之祕兵扞難禦侮必示於東東者動也言當出師行將天下搖動也天之以類告人甚於影響也

到

中平元年二月張角兄弟起兵冀州自號黃天三十六方四面出和將帥星布吏士外屬因其疲餧牽而勝之物理論曰黃巾被服純黃不將尺兵肩長衣翔行舒步所至郡縣無不從是日天大黃也

光和元年五月壬午何人白衣欲入德陽門辭我梁伯夏教我上殿爲天子中黃門桓賢等呼門吏僕射欲收縛何人吏未到須臾還走求索不得不知姓名時蔡邕曰成帝時男子王襃絳衣入宮上前殿非常室曰天帝令我居此後王莽篡位今此與成帝時相似而有異被服不同又未入雲龍門而覺稱梁伯夏皆輕於言往況今將有狂狡之人欲爲王氏之謀其事不成其後張角稱黃天作亂竟破壞風俗通曰光和四年四月南宮中黃門寺有一男子長九尺服白衣中黃門解步呵問汝何等人白衣妄入宮掖曰我梁伯夏後天使我爲天子步欲前收取因忽不見劭曰尚書春秋左傳曰伯益佐禹治水封於梁飂叔安有裔子曰董父實甚好龍龍多歸之帝舜嘉之賜姓董氏董氏之祖與梁同焉到光熹元年董卓自外入因間乘釁廢帝殺后百官總己號令自由殺戮決前威重於主梁本安定而卓隴西人俱涼州也天戒若曰卓不當專制奪矯如白衣無宜闌入宮也白衣見黃門寺及卓之末中黃門誅滅之際事類如此可

謂無乎袁山松曰案張角一時狡亂不足致此大妖斯乃曹氏滅漢之徵也案劭所述與志或有不同年月舛異故俱載焉臣昭注曰檢觀前通各有未直尋梁郎魏地之名伯夏明於中夏非溥天之稱以內臣孫夫得稱王徵驗有應有若符契復云伯夏教我爲天子後曹公曰若天命在吾吾爲周文王矣此乃魏文帝受我成策而踐帝位也風俗通云見中黃門寺曹騰之家尤見其證

二年雒陽上西門外女子生兒兩頭異肩共胸俱前向以爲不祥墮地棄之自此之後朝廷霿亂政在私門上下無別二頭之象後董卓戮太后被以不孝之名放廢天子後復害之漢元以來禍莫踰此　四年魏郡男子張博送鐵盧詣太官博上書室殿山居屋後宮禁落屋讙呼上收縛考問辭忽不自覺知臣昭曰魏人入宮既奪漢之徵至後宮而讙呼終亦禍廢母后

中平元年六月壬申雒陽男子劉倉居上西門外妻生男兩頭共身

靈帝時江夏黃氏之母浴而化爲黿入於深淵其後時出見初浴簪一銀釵及見猶在其首臣昭曰黃者代漢之色女人臣妾之體化爲黿黿者元也入于深淵水實制火夫君德尊陽利見九五飛在於天乃

備光盛術等黿鼉有愧潛躍首從戴叙卑弱未盡後帝者王不專權極天德雖謝蜀猶旁續推求斯異女爲曉著矣

獻帝初平中長沙有人姓桓氏死棺斂月餘其母聞棺中聲發之遂生占曰至陰爲陽下人爲上其後曹公由庶士起

建安四年二月武陵充縣女子李娥年六十餘物故曰其家杉木槥斂瘞於城外數里上已十四日有行聞其冢中有聲便語其家家往視聞聲便發出遂活干寶搜神記曰武陵充縣女子李娥年六十餘病死埋於城外已十四日娥比舍有蔡仲聞娥富謂殯當有金寶盜發冢剖棺斧數下娥於棺中言曰蔡仲汝護我頭驚遽便出走會爲吏所見遂收治依法當棄市娥兒聞來迎出娥將去武陵太守聞娥死復生召見問事狀娥對曰聞謬爲司命所召到得遣出過西門適見外兄劉伯文驚相勞問涕泣悲哀娥語曰伯文一日誤見召今得遣歸既不知道又不能獨行爲我得一伴不又我見召在此已十餘日形體又當見埋藏歸當那得自出伯文曰當爲問之卽遣門卒與戶曹相問司命一日誤召武陵女子李娥今得遣還娥在此積日尸喪又當殯斂當作何等得出又女弱獨行豈當有伴邪是吾外妹幸爲便安之答曰今武陵西男民李黑亦得遣還便可爲伴輒令黑過救娥比舍蔡仲令發出娥也於是娥遂得出與伯文別伯文曰書一封以與兒佗娥遂與黑俱歸事狀如此太守慨然歎曰天下事眞不可知也乃表以爲蔡仲雖發冢爲鬼神所使雖欲無發勢不得已宜加寬宥詔書報可太守欲驗語虛實卽遣馬吏於西界推問李黑得之黑語協乃致伯文書與佗佗識其紙乃是父亡時送箱中文書也表文字猶在而書不可曉乃請費長房讀之曰告佗當從府君出案行當以八月八日日中時武陵城南溝水畔頓汝是時必往到期悉將大小於城南待之須臾果至但聞人馬隱隱之聲詣溝水便聞有呼聲

曰佗來汝得我所寄李娥書不邪曰卽得之故來至此伯文以次呼家中大小問之悲傷斷絶曰死生異路不能數得汝消息我亾後兒孫乃爾許人良久謂佗曰來春大病與汝一丸藥以塗門戶則辟來年妖厲矣言訖忽去竟不得見其形至前春武陵果大病白日見鬼唯伯文之家鬼不敢向費長房視藥曰此方相腦也博物記曰漢末關中大亂有發前漢宮人冢者宮人猶活旣出平復如舊魏郭后愛念之錄置宮內常在左右問漢時宮中事說之了了皆有次緒郭后崩哭泣哀過遂死漢末發范明友奴冢奴猶活明友霍光女壻說光家事廢立之際多與漢書相應此奴常遊走居民間無正住處遂不知所在

七年越巂有男化爲女子時周羣上言哀帝時亦有此異將有易代之事至二十五年獻帝封於山陽

建安中女子生男兩頭共身

安帝元初六年夏四月會稽大疫公羊傳曰大災者何大瘠也大瘠者何痢也何休曰民疾疫也邪亂之氣所生古今注曰光武建武十三年揚徐部大疾疫會稽江左甚案傳鍾離意爲督郵建武十四年會稽大疫案此則頻歲也古今注曰二十六年郡國七大疫

延光四年冬京都大疫張衡明年上封事臣竊見京師爲害兼所及民多病死死有滅戶人人恐懼朝廷焦心以爲至憂臣官在於考變禳災思任防救未知所由夙夜征營臣聞國之大事在祀祀莫大於郊天奉祖方今道路流言僉曰孝安皇帝南巡路崩從駕左右行慝之臣欲徵諸國王子故不發喪衣車還宮憂遣大臣並禱請命臣處外官不知其審然尊靈見罔豈能無怨且凡夫私小有不蠲猶爲譴謫況以太穢用禮郊廟孔子曰曾謂泰山不如林放乎天地明察降禍見災乃其理也又間者有司正以冬至之後奏開恭陵神道陛下至孝不忍距逆或發冢移尸月令仲冬土事無作愼無發蓋及起大眾以固而閉地氣上泄是謂發天地之房諸蟄則死民不疾疫又隨以喪厲氣未息恐其殆此二年欲使知過改悔五

行傳曰六沴作見若時共禦帝用不差神則不怒萬福乃降用章於下臣愚以爲可使公卿處議所以陳術改過取媚神祇自求多福也

桓帝元嘉元年正月京都大疫二月九江廬江大疫

延熹四年正月大疫太公六韜曰人主好重賦役大宮室多臺遊則民多病瘟也

靈帝建寧四年三月大疫

熹平二年正月大疫

光和二年春大疫　五年二月大疫

中平二年正月大疫

獻帝建安二十二年大疫魏文帝書與吳質曰昔年疾疫親故多離其災魏陳思王常說疫氣云家家有僵尸之痛室室有號泣之哀或闔門而殪或舉族而喪者

靈帝光和元年六月丁丑有黑氣墮北宮溫明殿東庭中黑如車蓋起奮訊身五色有頭體長十餘丈形貌似龍上問蔡邕對曰所謂天投蜺者也不見足尾不得稱龍易傳曰蜺之比無德㠯色親

也潛潭巴曰虹出后妃陰脅王者又曰五色迭至照於宮殿有兵革之事演孔圖曰天子外苦兵威內奪臣無忠則天投蜺（案邕集稱曰演孔圖曰蜺者斗之精也失度投蜺見態主惑於毀譽合誠圖曰天于外苦兵者也）變不空生占不空言（邕對又曰意者陛下樞機之內衽席之上獨有以色見進陵尊踰制以昭變象若羣臣有所毀譽聖意低迴未知誰是兵戎未息威權浸移忠言不聞則虹蜺所在生也抑內寵任中正決毀譽分直邪各得其所勤守衞整武備威權之機不以假人則其救也）先是立皇后何氏皇后每齋當謁祖廟輒有變異不得謁中平元年黃巾賊張角等立三十六方起兵燒郡國山東七州處處應角遣兵外討角等內使皇后二兄爲大將統兵其年宮車宴駕皇后攝政二兄秉權譴讓帝母永樂后令自殺陰呼并州牧董卓欲共誅中官中官逆殺大將軍進兵相攻討京都戰者塞道皇太后母子遂爲太尉卓等所廢黜皆死天下之敗兵先興於宮省外延海內二三十歲其殃禍起自何氏（袁山松書曰是年七月虹晝見御坐玉堂後殿前庭中色靑赤也）

五行志五

金陵書局仿汲古閣本刊

續漢志十七

續漢志十八

五行志六

日蝕　日抱　日赤無光　日黃珥　日中黑　虹貫日　月蝕非其月

梁劉昭注補

光武帝古今注曰建武元年正月庚午朔日有蝕之卽更始三年建武二年正月甲子朔日有食之在危八度杜預曰曆家之說謂日光以望時遙奪月光故月食日月同會月奄日故日蝕蝕有上下者行有高下日光輪存而中食者相奄密故日光溢出皆既者正相當而相奄間疏也然聖人不言月食日而以自蝕爲文闕於所不見春秋潛潭巴云甲子蝕有兵敵强臣昭案春秋緯六句之蝕各以甲子爲說此備舉一隅未爲通證故於事驗不盡相符今依日例注以廣其候耳京房占曰北夷侵忠臣有謀後大水在東方

日蝕說曰日者太陽之精人君之象君道有虧爲陰所乘故蝕蝕者陽不克也其候雜說漢書五行志著之必矣春秋緯曰日之將蝕則斗第二星變色微赤不明七日而蝕儒說諸侯專權則其應多在日所宿之國春秋漢含孳曰臣子謀日乃蝕孝經鉤命決曰失義不德白虎不出禁或逆枉矢射山崩日蝕管子曰日掌陽月掌陰星掌和陽爲德陰爲刑和爲事是故日蝕則失德之國惡之月蝕則失刑之國惡之彗星見則失和之國惡之是故聖王日蝕則修德月蝕則修刑彗星見則修和諸象附從則多爲王者事人君改修其德則咎害除孝經鉤命決曰日蝕修孝山崩理惑是時世祖初興天下賊亂未除虛危齊也賊張步擁兵據齊上遣伏隆諭步許降旋復叛稱王至五年中

迺破　三年五月乙卯晦日有蝕之潛潭巴曰乙卯蝕雷不行雪殺草不長姦人入宮在柳十四度柳河南也時世祖在雒陽赤眉降賊樊崇謀作亂其七月發覺皆伏誅古今注曰四年五月乙卯晦日有蝕之　六年九月丙寅晦日有蝕之潛潭巴曰丙寅蝕久旱多有徵京房曰有小旱災　七年三月癸亥晦日有蝕之潛潭巴曰癸亥日蝕天人崩鄭興曰頃年月蝕每多在晦行疾也君亢急臣下促迫史官不見郡以聞本紀都尉詔以聞　在尾八度朱浮上疏以郡縣數代羣陽騷動所致見浮傳

在畢五度畢爲邊兵秋隗囂反侵安定冬盧芳所置朔方雲中太守各舉郡降古今注曰九年七月丁酉十一年六月癸丑十二月辛亥並日有蝕之　十六年三月辛丑晦日有蝕之潛潭巴曰辛丑日蝕主疑王　在昴七度昴爲獄事時諸郡太守坐度田不實世祖怒殺十餘人然後深悔之　十七年二月乙未晦日有蝕之潛潭巴曰乙未蝕天下多邪氣鬱鬱蒼蒼京房曰君責眾庶暴害之　在胃九度胃爲廩倉時諸郡新坐租之後天下憂怖以穀爲言故示象或曰胃供養之官也其十月廢郭皇后詔曰不可以奉供養　二十二年五月乙未晦日有蝕之在柳七度京都宿也

柳爲上倉祭祀穀也近輿鬼輿鬼爲宗廟十九年中有司奏請立近帝四廟吕祭之有詔廟處所未定且就高廟祫祭之至此三年遂不立廟有簡墮心奉祖宗之道有闕故示象也　二十五年三月戊申晦日有蝕之（潛潭巴曰戊申蝕地動搖侵兵強一曰主兵弱諸侯強）在畢十五度畢爲邊兵其冬十月武谿蠻夷爲寇害伏波將軍馬援將兵擊之（古今注曰二十六年二月戊子日有蝕之盡）　二十九年二月丁巳朔日有蝕之（潛潭巴曰丁巳蝕下有敗兵）在東壁五度東壁爲文章一名娵訾之口先是皇子諸王各招來文章談說之士去年中有人上奏諸王所招待者或眞僞雜受刑罰者子孫宜可分别於是上怒詔捕諸王客皆被吕苛法死者甚多世祖不早爲明設刑禁一時治之過差故天示象世祖於是改悔遣使悉理侵枉也　三十一年五月癸酉晦日有蝕之（潛潭巴曰癸酉蝕連陰不解淫雨毀山有兵）在柳五度京都宿也自二十一年示象至此十年後二年宮車晏駕

中元元年十一月甲子晦日有蝕之，在斗二十度。斗爲廟，主爵祿。儒說十一月甲子時王日也，又爲星紀，主爵祿，其占重。

明帝永平三年八月壬申晦日有蝕之 潛潭巴曰：壬申蝕，水滅陽，潰陰欲翔。 在氐二度。氐爲宿宮，是時明帝作北宮。古今注曰：四年八月丙寅，時加未，日有蝕之。五年二月乙未朔，日有蝕之，京師候者不覺，河南尹、郡國三十一上。六年六月庚寅晦，日有蝕之，時雒陽候者不見。

八年十月 古今注曰十二月。 壬寅晦日有蝕之，既。潛潭巴曰：壬寅蝕，天下苦兵，大臣驕橫。 在斗十一度。斗，吳也。廣陵於天文屬吳。後二年，廣陵王荆坐謀反自殺。

十三年十月 古今注曰閏八月。 甲辰晦日有蝕之 潛潭巴曰：甲辰蝕，四騎脅，大水。 在尾十七度。京房占曰：主后壽命絕，後有大水。

十六年五月戊午晦日有蝕之 潛潭巴曰：戊午蝕，久旱，穀不傷。 在柳十五度。儒說五月戊午猶十一月甲子也，又宿在京都，其占重。後二歲，宮車晏駕。

十八年十一月甲辰晦日有蝕之，在斗二十一度。是時明帝旣崩，馬太后制爵祿，故陽不勝。

章帝建初五年二月庚辰朔日有蝕之 潛潭巴曰：庚辰蝕，彗星東至，有寇兵。 在東壁八度例在前建武二十九年是時羣臣爭經多相非毀者又別占云庚辰蝕大旱六年六月辛未晦日有蝕之潛潭巴曰辛未蝕大水在翼六度翼主遠客冬東平王蒼等來朝明年正月蒼薨古今注曰元和元年九月乙未日有蝕之元和元年八月乙未晦日有蝕之史官不見佗官以聞日在氐四度星占曰天下災期三年

和帝永元二年壬午日有蝕之潛潭巴曰壬午蝕久雨旬望史官不見涿郡以聞日在奎八度京房占曰三公與諸侯相賊弱其君王天應而日蝕三公失國後旱且水臣昭以爲三公宰輔之位卽竇憲四年六月戊戌朔日有蝕之潛潭巴曰戊戌蝕有土殃主后死天下諒陰京房占曰婚嫁家欲戮在七星二度主衣裳又曰行近軒轅在左角爲太后族是月十九日案本紀庚申幸北宮詔捕憲等庚申是二十三日上免太后兄弟竇憲等官遣就國選嚴能相於國慼迫自殺七年四月辛亥朔日有蝕之潛潭巴曰辛亥蝕子爲雄在觜觿爲葆旅主收斂儒說葆旅宮中之象收斂貪妒之象是歲鄧貴人始入明年三月陰皇后立鄧貴

人有寵陰后妬忌之後遂坐廢一曰是將入參參伐爲斬刈明年七月越騎校尉馮柱捕斬匈奴溫禺犢王烏居戰　十二年秋七月辛亥朔日有蝕之在翼八度荆州宿也明年冬南郡蠻夷反爲寇　十五年四月甲子晦日有蝕之在東井二十二度東井主酒食之宿也婦人之職無非無議酒食是議去年冬鄧皇后立有丈夫之性與知外事故天示象是年水雨傷稼

安帝永初元年三月二日癸酉日有蝕之在胃二度胃主廩倉是時鄧太后專政去年大水傷稼倉廩爲虛古今注曰三年三月日有蝕之　五年正月庚辰朔日有蝕之在虛八度正月王者統事之正日也虛空名也是時鄧太后攝政安帝不得行事俱不得其正若王者位虛故於正月陽不克示象也於是陰預乘陽故夷狄並爲寇害西邊諸郡皆至空虛　七年四月丙申晦日有蝕之潛潭巴曰丙申蝕諸侯相攻京房占曰君臣暴虐臣下橫恣上下相

賊後有地動在東井一度

元初元年十月戊子朔日有蝕之潛潭巴曰戊子蝕宮室內婬雌必成雄京房占曰妻欲害夫九族夷滅後有大水在尾十度尾為後宮繼嗣之宮也是時上甚幸閻貴人將立故示不善將為繼嗣禍也明年四月遂立為后後遂與江京耿寶等共讒太子廢之　二年九月壬午晦日有蝕之在心四度心為王者明久失位也　三年三月二日辛亥日有蝕之在婁五度史官不見遼東㠯聞　四年二月乙亥朔日有蝕之潛潭巴曰乙亥蝕東國發兵京房占曰諸侯上侵以自益近臣盜竊以為積天子未知日為之蝕在奎九度史官不見七郡㠯聞奎主武庫兵其十月八日壬戌武庫火燒兵器也　五年八月丙申朔日有蝕之在翼十八度史官不見張掖㠯聞潛潭巴曰丙申蝕夷狄內攘石氏占曰王者失禮宗廟不親其歲旱　六年十二月戊午朔日有蝕之幾盡地如昏狀古今注曰星晝見春秋緯曰日蝕既君行無常公輔不修德夷狄強侵萬事錯在須女十一度女主惡之後二歲三月鄧太后崩李氏家書司空李郃上書曰陛下祗畏天威懼天變克己責躬

博訪羣下咎皆在臣力小任重招致咎徵去年二月京師地震今月戊午日蝕夫至尊莫過乎天天之變莫大乎日蝕地之戒莫重乎震動今一歲之中大異兩見日蝕之變既爲尤深地動之戒搖宮最醜日者陽精君之象也戊者土主任在中宮午者火德漢之所承地道安靜法當由陽令乃專恣搖動宮闕禍在蕭墻之內臣恐宮中必有陰謀其陽下圖其上造爲逆也災變終不虛生推原二異日辰行度甚爲較明譬猶指掌宜察宮闕之內如有所疑急摧破其謀無令得成修政恐懼以答天意十月辛卯日有蝕之周家所忌乃爲亾徵是時妃后用事七子朝令戊午之災近相似類宜貶退諸后兄弟羣從內外之寵求賢良徵逸士下德令施恩惠澤及山海時度遼將軍遵多興師重賦出塞妄攻之事上深納其言建光二年鄧太后崩上收考中人趙任等辭言地震日蝕在中宮竟有廢立之謀郃乃自知其言驗也

永寧元年七月乙酉朔日有蝕之潛潭巴曰乙酉蝕仁義不明賢人消京房占曰君弱臣强司馬將兵反征其王在張十五度史官不見酒泉以聞石氏占曰日蝕張王者失禮

延光三年九月庚寅晦日有蝕之京房占曰骨肉相賊後有水在氐十五度氐爲宿宮宮中宮也時上聽中常侍江京樊豐及阿母王聖等讒言廢皇太子　四年三月戊午朔日有蝕之在胃十二度隴西酒泉朔方各以狀上史官不覺案馬融集是時融爲許令其四月庚申自縣上書曰伏讀詔書陛下深惟禹湯皋己之義歸咎自責寅畏天戒詳延百僚博問公卿知變所自審得厥故修復性術以答天命臣子遠近莫不延頸企踵苟有隙空一介之知事願自效貢納聖聽臣伏見日蝕之占自昔典籍十月之交春秋傳記漢注所載史官占候羣臣密對陛

下所觀覽左右所諷誦可謂詳悉備矣雖復廣問昭在前志無以復加乃者茀氣干參臣前得敦朴之人後三年二月對策北宮端門以爲參者西方之位其於分野幷州是也殆謂西戎北狄其後種羌叛戾烏桓犯上郡幷涼動兵驗略效矣今復見大異申誡重譴於此二城海內莫見三月一日合辰在婁婁又西方之宿衆占顯明者羌及烏桓有悔過之辭將吏策勳之名臣恐受任典牧者苟脫目前皆蠱圖身一時之權不顧爲國百世之利論者美近功忽其遠則各相不大疢病伏惟天象不虛老子曰圖難於其易也爲大於其細也消災復異宜在於今詩曰日月告凶不用其行四國無政不用其良傳曰國無政不用善則自取讁於日月之災故政不可不慎也務三而已一曰擇人二曰安民三曰從時臣融伏惟方今有道之世漢典設張侯甸采衞司民之吏案繩循墨雖有殿最所差無幾其陷罪辟身自取禍百姓未被其大傷至邊郡牧御失和吉之與凶敗之與成優劣相懸不誠不可審擇其人上以應天變下以安民隸竊見列將子孫生長京師食仰租奉不知稼穡之艱又希遭阨困故能果毅輕財施與孤弱以獲死生之用此其所長也不拘法禁奢泰無度功勞足以宣威踰濫足以傷化此其所短也州郡之士出自貧苦長於撿押雖專賞罰不敢越溢此其所長也拘文守法遭遇非常狐疑無斷畏首畏尾威恩纖薄外內離心士卒不附此其所短也必得將兼有二長之才無二短之累參以吏事任以兵法有此數姿然後能折衝厭難致其功實轉災爲福孔子曰十室之邑必有忠信如丘者焉以天下之大四海之衆云無若人臣以爲誣矣宜特選詳譽審得其眞鎭守二方以應用良擇人之義以塞大異也

順帝永建二年七月甲戌朔日有蝕之潛潭巴曰甲戌蝕草木不滋王命不行京房占曰近臣欲戮身及戮辱後小旱在翼九度

陽嘉四年閏月丁亥朔日有蝕之潛潭巴曰丁亥蝕匿謀滿玉堂京房占曰君臣無別在角五度史官不見零陵言聞案張衡爲太史令表奏云今年三月朔方覺日蝕此郡懼有兵患臣愚以爲可勑北邊須塞郡縣明烽火遠斥候深藏固閉無令穀畜外

露不詳是何年三月

永和三年十二月戊戌朔日有蝕之在須女十一度史官不見會稽以聞明年中常侍張逵等謀譖皇后父梁商欲作亂推考逵等伏誅也　五年五月己丑晦日有蝕之潛潭巴曰己丑蝕天下唱之在東井三十三度東井三輔宿又近輿鬼輿鬼爲宗廟其秋西羌爲寇至三輔陵園　六年九月辛亥晦日有蝕之在尾十一度尾主後宮繼嗣之宮也以爲繼嗣不興之象

桓帝建和元年正月辛亥朔日有蝕之在營室三度史官不見郡國以聞是時梁太后攝政　三年四月丁卯晦日有蝕之潛潭巴曰丁卯蝕有旱有兵京房占曰諸侯欲戮後有裸蟲之殃在東井二十三度例在永元十五年東井主法梁太后又聽兄冀枉殺公卿犯天法也明年太后崩

元嘉二年七月二日庚辰日有蝕之在翼四度史官不見廣陵以

聞京房占曰庚辰蝕君易賢以剛卒以自傷後有水翼主倡樂時上好樂過阮籍樂論曰桓帝聞琴悽愴傷心倚扆而悲慷慨長息曰善乎哉爲琴若此一而足矣

永興二年九月丁卯朔日有蝕之在角五度角鄭宿也十一月泰山盜賊羣起劫殺長吏泰山於天文屬鄭

永壽三年閏月庚辰晦日有蝕之在七星二度史官不見郡國以聞例在永元四年後二歲梁皇后崩冀兄弟被誅

延熹元年五月甲戌晦日有蝕之在柳七度京都宿也梁冀別傳曰常侍徐璜白言臣切見道術家常言漢死在戌亥今太歲在丙戌五月甲戌日蝕柳宿朱雀漢家之貴國宿分周地今京師是也史官上占去重見輕璜召太史陳援詰問乃以實對冀怨援不爲隱諱使人陰求其短發擿上聞上以亾失候儀不肅有司奏收殺獄中　八年正月丙申晦日有蝕之在營室十三度營室之中女主象也其二月癸亥鄧皇后坐酗上送暴室令自殺家屬被誅呂太后崩時亦然　九年正月辛卯朔日有蝕之潛潭巴曰辛卯蝕臣代其主在營室三度史官不見郡國以聞谷永以爲三朝尊者惡之

其明年宮車晏駕

永康元年五月壬子晦日有蝕之潛潭巴曰壬子蝕妃后專恣女謀主在輿鬼一度儒説壬子淯水日而陽不克將有水害其八月六州大水勃海盜賊

靈帝建寧元年五月丁未朔日有蝕之潛潭巴曰丁未蝕王者崩冬十月甲辰晦日有蝕之　二年十月戊戌晦日有蝕之右扶風以聞　三年三月丙寅晦日有蝕之梁相以聞　四年三月辛酉朔日有蝕之潛潭巴曰辛酉蝕女謀主谷永上書飲酒無節君臣不別姦邪欲起傳曰酒無節茲謂荒厥異日蝕厥咎亾靈帝好爲商估飲於宮人之肆也

熹平二年十二月癸酉晦日有蝕之在虛二度是時中常侍曹節王甫等專權蔡邕上書曰四年正月朔日體微傷羣臣服赤幘赴宮門之中無救乃咎罷歸天有大異隱而不宣求御過是已事之甚者　六年十月癸酉朔日有蝕之趙相以聞谷永上書賦斂滋重不顧黎民百姓虛竭則日蝕將有潰叛之變

光和元年二月辛亥朔日有蝕之十月丙子晦日有蝕之在箕四度箕爲後宮口舌是月上聽讒廢宋皇后案本傳盧植上書丙子蝕自巳過午既蝕之後雲霧掩曖陳八事以

諫蔡邕對問曰詔問踐祚以來災眚屢見頃歲日蝕地動風雨不時疫癘流行勁風折樹河雒盛溢臣聞陽微則日蝕陰盛則地震思亂則風貌失則雨視闇則疾簡宗廟水不潤下川流滿溢明君臣正上下抑陰尊陽修五事於聖躬致精慮於共御其救之也　二年四月甲戌朔日有蝕之　四年九月庚寅朔日有蝕之潛潭巴曰庚寅蝕將相誅大水多死傷在角六度

中平三年五月壬辰晦日有蝕之潛潭巴曰壬辰蝕河決海久霧連陰　六年四月丙午朔日有蝕之其月浹辰宮車晏駕

獻帝初平四年正月甲寅朔日有蝕之在營室四度潛潭巴曰甲寅蝕雷電擊殺骨肉相攻是時李傕郭汜專政袁宏紀曰未蝕八刻太史令王立奏曰日晷過度無有變也於是朝臣皆賀帝密令尚書候焉未晡一刻而蝕尚書賈詡奏曰立伺候不明疑悞上下太尉周忠職所典掌請皆治罪詔曰天道遠事驗難明且災異應政而至雖探道知機焉能無失而欲歸咎史官益重朕之不德也弗從於是避正殿寢兵不聽事五日

興平元年六月乙巳晦日有蝕之

建安五年九月庚午朔日有蝕之潛潭巴曰庚午蝕後火燒官兵　六年十月癸未朔日有蝕之　十三年十月癸未朔日有蝕之潛潭巴曰癸未蝕行義不明在尾十二度　十五年二月乙巳朔日有蝕之　十七年六月庚寅晦日有

蝕之　二十一年五月己亥朔日有蝕之潛潭巴曰己亥蝕小人用事君子縶　二十四年二月壬子晦日有蝕之

凡漢中興十二世百九十六年日蝕七十二朔三十二晦三十七月二日三

光武建武七年四月丙寅日有暈抱白虹貫暈在畢八度古今注曰時日加卯西面東面有抱須臾成暈中有兩鉤在南北面有白虹貫暈在西北南面有背在景加巳皆解也　畢爲邊兵秋隗囂反侵安定星德傳史曰白虹貫下破軍晉分也古今注曰章帝建初元年正月壬申白虹貫日五年七月甲寅夜白虹出乙丑地西北曲入七年四月丙寅日加卯西面有抱須臾成暈有白虹貫日殤帝延平元年六月丁未日暈上有半暈暈中外有僪背兩珥十二月丙寅日暈再重中有背僪順帝永建二年正月戊午白虹貫日三年正月丁酉日有白虹貫交暈中六年正月丁卯日暈兩珥白虹貫珥中永和六年正月己卯暈兩珥中赤外靑白虹貫暈中桼郞顗傳陽嘉二年正月乙卯白虹貫日又唐檀傳永建五年白虹貫日檀上便宜三事陳其咎徵春秋元命苞曰陰陽之氣聚爲雲氣立爲虹蜺離爲倍僪分爲抱珥考異郵曰臣謀反徧周日巫咸占曰臣不知則日月僪如涓曰蝃蝀謂之虹雌謂之蜺向外曰倍刺日曰僪在傍如半環向日曰抱在傍直對曰珥孟康曰僪如僪也宋均曰黃氣抱日輔臣納忠

靈帝時日數出東方正赤如血無光高二丈餘迺有景且入西方

去地二丈赤如之京房占曰國有佞讒朝有殘臣則日不光闇冥不明孟康曰日月無光曰薄其占曰事天不謹則日月赤是時月出入去地二三丈皆赤如血者數矣春秋感精符曰日無光主勢奪羣臣以讒術色赤如炭以急見伐又兵馬發禮斗威儀曰日月赤君喜怒無常輕殺不辜戮於無罪不事天地忽於鬼神時則大雨土風常起日蝕無光地動雷降其時不救兵從外來爲賊戮而不葬京房占曰日無故日夕無光天下變枯社稷移主

光和四年二月己巳黃氣抱日黃白珥在其表春秋感精符曰日朝珥則有喪孽又云日已出若其入而雲皆赤黃名曰日空不出三年必有移民而去者也

中平四年三月丙申黑氣大如瓜在日中春秋感精符曰日黑則水淫溢　五年正月日色赤黃中有黑氣如飛鵲數月迺銷　六年二月乙未白虹貫日春秋感精符曰虹貫日天下悉極文法大擾百官殘賊酷法橫殺下多相告刑用及族世多深刻獄多怨宿吏皆慘毒又曰國多死孽天子命絕大臣爲禍主將見殺星占曰虹蜺主內淫土精塡星之變易讖曰聰明蔽塞政在臣下婚戚干朝君不覺悟虹蜺貫日

獻帝初平元年二月壬辰白虹貫日袁山松書曰三年十月丁卯日有重兩倍吳書載韓馥與袁術書曰凶出於代郡

桓帝永壽三年十二月壬戌月蝕非其月古今注曰光武建武八年三月庚子夜月暈五重紫微青黃似虹有

黑氣如雲月星不見丙夜乃解中元元年十一月甲辰日中星𡿺往往出入

延熹八年正月辛巳月蝕非其月袁山松書曰興平二年十二月月在太微端門中重暈二珥兩白氣廣八九寸貫月東西南北

贊曰皇極惟建五事尅端罰咎入沴逆亂浸干火下水騰木弱金酸妖豈或妄氣炎㠯觀

五行志六

郡國志一　　　　續漢志十九

梁劉昭注補

司隸 河南 河內 河東 弘農 京兆 馮翊 扶風

漢書地理志記天下郡縣本末及山川奇異風俗所由至矣今但錄中興以來郡縣改異及春秋三史會同征伐地名臣昭案志猶有遺闕今衆書所載不可悉記其春秋土地通儒所據而未備者皆先列焉以爲郡國志本志唯郡縣名爲大書其山川地名悉爲細注今進爲大字細注證發臣劉昭采集凡前志有縣名今所不載者皆世祖所并省也前無今有者後所置也凡縣名先書者郡所治也帝王世記曰自天地設闢未有經界之制三皇尚矣諸子稱神農之王天下也地東西九十萬里南北八十五萬里及黃帝受命始作舟車以濟不通乃推分星次以定律度自斗十一度至婺女七度一名須女曰星紀之次於辰在丑謂之赤奮若於律爲黃鍾斗建在子今吳越分野自婺女八度至危十六度曰玄枵之次一名天黿於辰在子謂之困敦於律爲大呂斗建在丑今齊分野自危十七度至奎四度曰豕韋之次一名娵訾於辰在亥謂之大淵獻于律爲太蔟斗建在寅今衞分野自奎五度至胃六度曰降婁之次於辰在戌謂之閹茂於律爲夾鍾斗建在卯今魯分野自胃七度至畢十一度曰大梁之次於辰在酉謂之作噩於律爲姑洗斗建在辰今趙分野自畢十二度至東井十五度曰實沈之次於辰在申謂之涒灘於律爲中呂斗建在巳今晉魏分野自井十六度至柳八度曰鶉首之次於辰在未謂之叶洽於律爲蕤賓斗建在午今秦分野自柳九度至張十七度曰

鶉火之次於辰在午謂之敦牂一名大律於律爲林鍾斗建在未今周分野自張十八度至軫十一度曰鶉尾之次於辰在巳謂之大荒落於律爲夷則斗建在申今楚分野自軫十二度至氐四度曰壽星之次於辰在辰謂之執徐於律爲南呂斗建在酉今韓分野自氐五度至尾九度曰大火之次於辰在卯謂之單閼於律爲無射斗建在戌今宋分野自尾十度至斗七度百三十五分而終曰析木之次於辰在寅謂之攝提格於律爲應鍾斗建在亥今燕分野凡天有十二次日月之所躔也地有十二分王侯之所國也故四方方七宿四七二十八宿合一百八十二星東方蒼龍三十二星七十五度北方玄武三十五星九十八度四分度之一西方白虎五十一星八十度南方朱雀六十四星百一十二度周天三百六十五度四分度之一一度二千九百三十二里分爲十二次一次三十度三十二分度之十四各以附其七宿間距周天積百七萬九百一十三里徑三十五萬六千九百七十一里陽道左行故太歲右轉凡中外官常明者百二十四可名者三百二十合二千五百星微星之數凡萬一千五百二十星萬物所受咸系命焉此黃帝創制之大略也而他說稱日月所照三十五萬里考諸子所載神農之地過日月之表近爲虛誕及少昊氏之衰九黎亂德其制無聞矣洎顓頊之所建帝嚳受定則孔子稱其地北至幽陵南曁交阯西蹈流沙東極蟠木日月所照莫不底焉是以建萬國而制九州至堯遭洪水分爲十二州今虞書是也及禹平水土還爲九州今禹貢是也是以其時九州之地凡二千四百三十萬八千二十四頃定墾者九百二十萬八千二十四頃不墾者千五百萬二千頃民口千三百五十五萬三千九百二十三八至于塗山之會諸侯承唐虞之盛執玉帛亦有萬國是以山海經稱禹使大章步自東極至於西垂二億三萬三千三百里七十一步又使豎亥步南極北盡於北垂二億三萬三千五百里七十五步四海之內則東西二萬八千里南北二萬六千里出水者八千里受水者八千里名山五千三百五十經六萬四千五十六里出銅之山四百六十七出鐵之山三千六百九以供財用儉則有餘奢則不足以男女耕織不奪其時故公家有三十年之積私家有九年之儲及夏之衰棄稷弗務有窮之亂少康中興乃復禹迹孔甲之至桀行暴諸侯相兼逮湯受命其能存者三千餘國方於塗山十損其七民離毒政將亦如之殷因於夏六百餘載其間損益書策不存無以考之又遭紂亂至周尅商制五等之封凡千七百七十三國又減湯時千三百矣民衆之損將

亦如之及周公相成王致治刑錯民口千三百七十一萬四千九百二十三人多禹十六萬一千人周之極盛也其後七十餘歲天下無事民彌以息及昭王南征不反穆王失荒加以幽厲之亂平王東遷三十餘載至齊桓公二年周莊王之十三年五千里內非天王九賓之御自世子公侯以下至於庶民凡一百八十四萬七千人除有土老疾定受田者九百萬四千人其後諸侯相并當春秋時尚有千二百國二百四十二年之中殺君三十六亡國五十二諸侯奔走不得保社稷者不可勝數至於戰國存者十餘於是縱橫短長之說相奪於時殘民詐力之兵動以萬計故崤有匹馬之禍宋有易子之急晉陽之圍縣釜而炊長平之戰血流漂鹵周之列國唯有燕衛秦楚而已齊及三晉皆以篡亂南面稱王衛雖得存不絕若綫然考蘇張之說計秦及山東六國戎卒尚存五百餘萬推民口數尚當千餘萬及秦兼諸侯置三十六郡其所殺傷三分居二猶以餘力行參夷之刑收大半之賦北築長城四十餘萬南戍五嶺五十餘萬阿房驪山七十餘萬十餘年間百姓死沒相踵于路陳項又肆其餘烈故新安之坑二十餘萬彭城之戰睢水不流至漢祖定天下民之死傷亦數百萬是以平城之卒不過三十萬方之六國五損其二自孝惠至文景與民休息六十餘歲民眾大增是以太倉有不食之粟都內有朽貫之錢武帝承其資畜軍征三十餘歲地廣萬里天下之眾亦減半矣及霍光秉政乃務省役至於孝平六世相承雖時征行不足大害民戶又息元始二年郡國百三縣邑千四百八十七地東西九千三百二里南北萬三千三百六十八里定墾田八百二十七萬五百三十六頃民戶千三百二十三萬三千六百一十二口五千九百一十九萬四千九百七十八人多周成王四千五百四十八萬五十五人漢之極盛也及王莽篡位續以更始赤眉之亂至光武中興百姓虛耗十有二存中元二年民戶四百二十七萬千六百三十四口二千一百萬七千八百二十人永平建初之際天下無事務在養民迄于孝和民戶滋殖及孝安永初元初之間兵飢之苦民人復損至於孝桓頗增於前永壽二年二千六百七萬九百六口五千六萬六千八百五十六人墾田亦多單師屢征及靈帝遭黃巾獻帝即位而董卓興亂大焚宮廟劫御西還京師蕭條豪傑並爭郭汜李傕之屬殘害又甚是以興平建安之際海內凶荒天子奔流白骨盈野故陝津之難以箕撮指安邑之東后裳不完遂有寇戎雌雄未定割剝庶民三十餘年及魏武皇帝尅平天下文帝受禪人眾之損萬有一存景元四年與蜀通計民

戶九十四萬三千四百二十三口五百三十七萬二千八百九十一人又案正始五年揚威將軍朱照日所上吳之所領兵戶九十三萬二千推其民數不能多蜀矣昔漢永和五年南陽戶五十餘萬汝南戶四十餘萬方之於今三帝鼎足不踰二郡加有食祿復除之民凶年飢疾之難見可供役裁若一郡以一郡之人供三帝之用斯亦勤矣自禹至今二千餘載六代損益備於茲焉臣昭案謚記云春秋時有千二百國未知所出班固云周之始爵五而土三蕃千八百國轉相吞滅數百年間列國耗盡至春秋時尚有數十

河南尹秦三川郡高帝更名世祖都雒陽建武十五年改曰河南尹應劭漢官曰尹正也郡府聽事壁諸尹畫贊肇自建武訖于陽嘉注其清濁進退所謂不隱過不虛譽甚得述事之實後人是瞻足以勸懼雖春秋采毫毛之善貶纖介之惡不避王公無以過此尤著明也二十一城永和五年戶二十萬八千四百八十六口百一萬八百二十七

雒陽摯虞曰古之周南今之雒陽魏氏春秋曰有夾粟山在陰鄉魏時營爲圓丘皇覽曰縣東北山萇弘冢縣北芒山道西呂不韋冢周時號成周公羊傳曰成周者何東周也何休曰周道始成王之所都也帝王世紀曰城東西六里十一步南北九里一百步晉元康地道紀曰城內南北九里七十步東西六里十步爲地三百頃一十二畝有三十六步城東北隅周威烈王冢有狄泉在城中左傳僖二十九年盟于狄泉杜預曰城內太倉西南地水或曰本在城外定元年城成周乃繞之案此水晉時在東宮西北帝王世紀曰狄泉本殷之墓地在成周東北今城中有殷王冢是也又太倉中大冢周景王也有唐聚左傳昭二十三年尹辛敗劉師于唐有上程聚古程國史記曰重黎之後伯休甫之國也闕中更有程地帝王世記曰文王居程徙都豐故此加爲上程有士鄉聚馮異斬武勃地有褚氏聚左傳昭二十六年王宿褚氏杜預曰縣南有褚氏亭有榮錡澗左傳周景王崩于榮錡氏杜預曰鞏縣西有前亭杜預曰縣西南有泉亭卽泉戎也有圉鄉左傳昭二十二年單氏伐東圉杜預曰縣東南有圉鄉又西南有戎城伊

雒之戎有大解城左傳昭二十三年晉師次于解杜預曰縣西南有大解小解河南帝王世記曰城西有郟鄏陌太康畋于有雒之表今河之南本傳有員犢
山周公時所城雒邑也春秋時謂之王城鄭玄詩譜曰周公攝政五年成王宅雒邑使召公先相宅旣成謂之
王城博物記曰王城方七百二十丈郛方一十里南望雒水北至陝山地道記曰去雒城四十里左傳定八年單子伐穀城杜預曰在縣西東城門名鼎門帝王
世記曰東南門九鼎所從入又曰武王定鼎雒陽西南雒水九鼎中觀是也北城門名乾祭左傳昭二十四年士伯立於乾祭皇覽曰城西南柏亭西周山上周
靈王冢民祠之不絕又有甘城杜預曰縣西南有甘泉有蒯鄉左傳昭二十三年尹辛攻蒯晉地道記曰在縣西南有蒯亭梁故國伯
翳後有陽人聚史記曰秦滅東周不絕其祀以陽人地有霍陽山左傳哀四年楚爲一昔之期襲梁及霍有注城史記曰魏文侯四十二年敗秦
于注博物記曰梁伯好土功今梁多有城滎陽有鴻溝水文穎曰於滎陽下引河東南爲鴻溝即官度水也有廣武城西征記曰有三皇山
或謂三室山山上有二城東者曰東廣武西者曰西廣武各在山一頭相去二百餘步其間隔深澗漢祖與項籍語處有虢亭虢叔國有隴城
左傳文二年盟于垂隴有薄亭有敖亭周宣王狩于敖左傳宣十二年晉師在敖鄗之間秦立爲敖倉有費澤左傳宣十二年楚潘黨逐魏錡
及滎杜預曰縣東滎澤也卷左傳成十年晉鄭盟修澤杜預曰縣東有修武亭有長城經陽武到密史記蘇秦說襄王曰大王之地西有長城
之界有垣雝城或曰古衡雍史記無忌謂魏王曰王有鄭地得垣雍者也杜預曰即是衡雍又今縣所治城有扈城亭左傳
莊二十三年盟于扈杜預曰在縣西北原武　陽武有武彊城史記曰曹參攻武彊秦始皇東遊至陽武博浪沙中爲盜所驚中牟左傳宣元年諸侯救

續志十九　三

鄭遇于北林杜預曰縣西南有林亭在鄭北有圃田澤左傳曰原圃爾雅十藪鄭有圃田有清口水左傳閔二年遇于清杜預曰縣有清陽亭有管城杜預曰管國也在京縣東北漢書音義曰故管叔邑有曲遇聚前書曹參破楊熊有蔡亭開封左傳哀十四年逢澤有介麋杜預曰在縣東北遠疑徐廣曰逢地也菀陵有棐林左傳宣元年諸侯會于棐林杜預曰縣東有林鄉徐齊民北征記曰縣東南有大隧澗鄭莊公所闕又大城東臨濮水水東溱水注于洧城西臨洧水有制澤左傳宣十年諸侯遷於制田杜預曰縣東有制城有瑣侯亭左傳襄十一年諸侯之師次于瑣杜預曰縣西有瑣侯亭平陰穀城瀍水出博物記曰出潛亭山有函谷關西征記曰函谷左右絕岸十丈中容車而已緱氏左傳曰呂相絕秦伯殄滅我費滑杜預曰滑國都於費今緱氏縣案本紀縣有百坏山干寶搜神記曰縣有延壽城有鄔聚左傳王取鄔劉杜預曰鄔在縣西南有轘轅關瓚曰險道名在縣東南鞏鞏伯國左傳曰商湯有景亳之命杜預曰縣西南有湯亭帝王世紀曰湯亭偃師又曰夏太康五弟須于雒汭在縣東北三十里有尋谷水左傳昭二十三年王師晉師圍鄩中史記曰張儀下兵三川塞什谷之口徐廣曰縣有尋口有東訾聚今名訾城左傳昭二十三年單子取訾杜預曰在縣西南晉地道記曰在縣之東有坎埳聚左氏周襄王出國人納之坎埳杜預曰在縣東地道記在南有黃亭有湟水左傳昭二十三年王子猛居于湟杜預曰有黃亭在縣西北有明谿泉左傳昭二十三年賈辛軍于谿泉成皋史記曰成皋北門名玉門左傳破燕師于北制杜預曰北制一名虎牢亦即此縣也穆天子傳曰七萃之士生搏虎而獻天子命為柙而畜之東虢是曰虎牢左傳曰鄭子皮勞晉韓宣子于索氏杜預曰縣東有大索城尚書禹貢至于大岯張揖云成皋縣山又有旋門坂縣西南十里見東京賦云有旃然水左傳襄十八年楚伐鄭次旃然有瓶丘聚有漫水有汜

水（左傳曰周襄王處鄭地氾）京（鄭共叔所居左傳云謂之京城大叔應劭曰有索亭楚漢戰京索北征記又有索水）密（春秋時曰新城傳曰新密僖六年諸侯圍新城杜預曰一名密縣）有大騩山（山海經曰大騩之山其陰多鐵多美堊有草焉狀如著而毛青華而白實其名曰蒗服者不夭）有梅山（左傳曰襄十八年楚伐鄭右迴梅山在縣西北）有陘山（史記魏襄王六年伐楚敗之陘山秦破魏華陽地亦在縣杜預遺令曰山上有冢或曰子產邪東北向新鄭城不忘本也）新城（左傳曰文十七年周敗戎于邥垂杜預曰縣北有垂亭史記秦遷西周公於𢀛狐徐廣曰與陽人聚相近在雒陽南百五十里梁新城之間）有高都城（史記蘇代說韓相國以高都與周者）有廣城聚（有廣城菀）有鄤聚古鄤氏今名蠻中（左傳昭十六年楚殺鄤子杜預曰縣東南有蠻城又祭遵獲張滿也）偃師（帝王世紀曰帝嚳所都殷盤庚復南亳是爲西亳皇覽曰北有阜谿祠又曰有湯亭有湯祠）有尸鄉（帝王世紀曰尸鄉在縣西三十里）春秋時曰尸氏（左傳昭二十六年劉人敗子朝之師于尸氏前書田橫自殺處）新鄭詩鄭國祝融墟（皇甫謐曰古有鄭國黃帝之所都）

河內郡（高帝置雒陽北百二十里）十八城戶十五萬九千七百七十口八十萬一千五百五十八

懷有隰城（左傳曰王取鄭隰城杜預曰在縣西南傳又曰郤至與周爭鄇田杜預曰縣西南有鄇人亭）河陽（左傳曰王與鄭盟杜預曰縣南孟津）有湛城　軹（左傳曰王以蘇忿生田向與鄭杜預曰縣西北地名向上）有原鄉（左傳曰王與鄭原杜預曰沁水西北有原城）有湨梁（左傳曰襄十六年諸侯會湨梁）波有絺城（左傳曰王與鄭絺杜預曰在野王縣西南）沁水（山海經曰沁水出井陘東）野王有太行山（山海經曰其上有金玉下有碧有獸焉其狀如麋而四角馬尾而有距其名曰驒還酈食其說曰杜太行之道韋昭曰在縣北）有射犬聚

世祖破靑犢也有邢城史記曰紂以文王九侯鄂侯爲三公徐廣曰鄂一作邢武王子封在縣西北溫蘇子所都濟水出王莽時大旱遂枯絕皇覽曰縣郭東濟水南有虢公冢州平睪有邢丘故邢國周公子所封臣瓚曰丘名也非國在襄國西有李城史記曰邯鄲李同却秦兵趙封其父李侯徐廣曰卽此城山陽邑有雍城杜預曰古雍國在縣西有蔡城蔡叔邑此猶鄭管城之類乎武德獲嘉侯國修武故南陽秦始皇更名有南陽城左傳僖四年晉文公圍南陽史記曰白起攻韓南陽太行道絕之山海經曰太行之山淸水出焉郭璞曰修武縣北黑山亦出淸水陽樊攢茅田服虔曰樊仲山之所居故名陽樊杜預曰縣西北有攢城左傳定元年魏獻子田大陸杜預曰西北吳澤也有小修武聚春秋曰甯史記曰高祖得韓信軍小修武晉灼曰在城東有濆城左傳隱十一年以濆與鄭共本國淇水出前志注曰水出北山博物記曰有奧水流入淇水有綠竹草有汎亭凡伯邑汲晉地道紀曰有銅關朝歌有鹿腹山紂所都居帝王世紀曰紂糟丘酒池肉林在城西前書注曰鹿臺在城中南有牧野去縣十七里北有邶國南有寍鄉史記無忌說魏安僖王曰通韓上黨於共寍徐廣曰有寍鄉左傳襄二十三年救晉次雍榆杜預曰縣東有雍城是也蕩陰有羑里城韋昭曰羑音酉文王所拘處林慮故隆慮殤帝改有鐵徐廣曰洹水所出蘇秦合諸侯盟處班叔皮游居賦亦曰漱余馬乎洹泉嗟西伯於牖城

河東郡秦置雒陽西北五百里博物記曰有山澤近鹽沃土之民不才漢興少有名人大衣冠三世皆衰絕也二十城戶九萬三千

五百四十三口五十七萬八百三

安邑帝王世紀曰縣西有鳴條陌湯伐桀戰昆吾亭左傳昆吾與桀同日亾地道記咸山在南有鐵有鹽池前志曰池在縣西南魏都賦注曰在猗氏六十四里楊佺期雒陽記曰河東鹽池長七十里廣七里水氣紫色有別御鹽四面刻如印鹵文章字妙不可述

楊有高梁亭左傳曰僖九年晉懷公死高梁杜預曰在縣西南地道記有梁城去縣五十里叔嚮邑也

平陽侯國左傳曰成七年諸侯盟馬陵杜預曰衛地也平陽東南地名馬陵又說在魏郡元城有鐵堯都此晉地道記曰有堯城

臨汾博物記曰有賈鄉賈伯邑有董亭左傳曰晉改蒐于董杜預曰縣有董亭

汾陰博物記曰古之綸少康邑有介山縣西北有狐谷亭郭璞爾雅注曰縣有水口如車輪許濆沸涌出其深無限名之爲瀵

蒲坂有雷首山史記趙盾田首山息桑下有餓人祇彌明縣南二十里有歷山舜所耕處又伯夷叔齊隱於首陽山馬融曰在蒲坂華山之北河曲之中有沙丘亭左傳曰文十二年秦晉戰河曲杜預曰在縣南湯伐桀孔安國曰河曲之南

大陽有吳山上有虞城杜預曰虞國也帝王世紀曰舜嬪于虞虞城是也亦謂吳城史記秦昭王伐魏取吳城卽此城也皇覽曰盜跖冢臨河博物記曰傳巖在縣北有下陽城虢邑左傳曰僖二年虞晉所滅縣東北三十里有茅津左傳曰秦伐晉遂自茅津濟杜預曰在縣西南有茅亭卽茅城有顛軨坂左傳曰入自顛軨博物記曰在縣鹽池東吳城之北今之吳坂杜預曰在縣東北

解左傳曰咎犯與秦晉大夫盟于郇杜預曰縣西北有郇城博物記曰有智邑有桑泉城左傳僖二十四年晉文公入桑泉杜預曰在縣西二十里有臼城左傳曰晉文公入取臼衰者也杜預曰在縣東南博物記曰臼季邑縣西北卑耳山縣西南齊桓公西伐所登有解城左傳僖十五年晉侯賂秦內及解梁城有瑕城左傳文十二年秦侵晉及瑕杜預曰猗氏縣東北有瑕城

皮氏有耿鄉尚書祖乙徙耿左傳閔元年晉滅耿杜預曰縣東南有耿鄉博物記

曰有耿城有鐵有冀亭左傳僖二年晉荀息曰冀爲不道杜預曰國在縣東北史記蘇代說燕王曰下南陽封冀聞喜邑博物記曰縣治涑之川史記曰代韓到乾河郭璞曰縣東北有乾河口但有故溝處無復水左傳曰僖三十一年晉蒐清源杜預曰在縣北本曲沃曲沃在縣東北數里與晉相去六七百里見毛詩譜注有董池陂古董澤左傳曰改蒐于董董澤之蒲有稷山亭縣西五十里左傳曰宣十五年晉侯治兵于稷有涑水左傳呂相絕秦曰伐我涑川有洮水絳邑縣西有絳邑城杜預曰故絳也有翼城左傳隱五年曲沃伐翼杜預曰在縣東八十里永安故𣃦史記曰周穆王封造父趙城徐廣曰在永安博物記曰有呂鄉呂甥邑也陽嘉二年更名杜預曰縣東北有𣃦城有霍大山爾雅曰西南之美者有霍山之多珠玉焉左傳曰閔元年晉滅霍杜預曰縣東北有霍大山史記曰原過受神人書稱余霍大山山陽侯天吏也又蜚廉於山得石棺仍葬也河北詩魏國有韓亭猗氏地道記曰左傳文十三年詹嘉處瑕在縣東北垣有王屋山兗水出史記曰魏武侯二年城王垣博物記曰山在東狀如垣有壺丘亭左傳襄元年晉討宋五大夫寘諸瓠丘杜預曰縣東南有壺丘亭有邵亭博物記曰縣東九十里有郫邵之阨賈季迎公子樂于陳趙孟殺諸郫邵襄陵晉地道記曰晉武公曲沃徙此北屈左傳曰二屈杜預曰二當爲北傳曰屈產之乘有駿馬有壺口山禹貢曰壺口治梁及岐有采桑津左傳僖八年晉敗狄于采桑杜預曰縣西南有采桑津蒲子左傳曰晉文公居蒲城杜預曰今蒲子縣濩澤侯國有析城山前志曰在縣西南端氏史記曰趙韓魏分晉封晉端氏

弘農郡武帝置其二縣建武十五年屬雒陽西南四百五十里九城戶四萬六千八百一十五口十

九萬九千一百一十三　弘農故秦函谷關左傳曰虢公敗戎于桑田杜預曰在縣東北桑田亭燭水出前志出衙山嶺下谷有枯樅山本傳赤眉立盆子于鄭北古今注曰在此山下有桃丘聚故桃林左傳曰守桃林之塞博物記曰在湖縣休與之山有務鄉赤眉破李松處有曹陽亭史記曰章邯殺周章于曹陽晉灼曰縣東十三里又獻帝東歸敗處曹公改曰好陽陝史記曰自陝以西召公主之自陝以東周公主之本虢仲國杜預曰虢都上陽在縣東有虢城有焦城故焦國史記曰武王封神農之後於焦有陝陌博物記二伯所分黽池穀水出前志曰出穀陽谷有二崤新安澠水出博物記曰西漢水出新安入雒又有孝水見潘岳西征賦宜陽有金門山山竹爲律管陸渾西有虢略地左傳僖十五年晉侯賂秦東盡虢略杜預曰從河曲南行而東盡故虢盧氏有熊耳山山海經曰其上多漆其下多椶浮豪之水出焉西北流注于雒其中多美玉多人魚伊水淸水出晉地道記伊東北入雒湖故屬京兆前志有鼎湖有閺鄉皇覽曰戾太子南出葬在閺鄉南秦又改曰盜秦華陰故屬京兆史記曰魏文侯三十六年齊侵陰晉前志曰高帝改曰華陰呂氏春秋九藪曰秦之華陰高誘曰或在華陰西誘又曰桃林縣西長城是也晉地道記曰潼關是也有太華山左傳晉賂秦南及華山山海經曰太華之山削成而四方其高五千仞其廣十里鳥獸莫居有蛇焉名曰肥遺六足四翼見則天下大旱武王放馬牛於桃林墟孔安國曰在華山東晉地道記山在縣西南

京兆尹秦內史武帝改其四縣建武十五年屬雒陽西九百五十里決錄注曰京大也天子曰兆民十城戶五萬三千一百九十九口二十八萬五千五百七十四　長安高帝所都漢舊儀曰長安城方

亦十三里經緯各長十五里十三城門九百七十二頃城中皆屬長安令辛氏三秦記曰長安地皆黑壤城中今赤如火堅如石父老所傳盡鑿龍首山爲城皇覽曰衞思后葬城東南桐松園今千人聚是**鎬在上林苑中**孟康曰長安西南有鎬池秦始皇江神反璧曰爲吾遺鎬池君古史考曰武王遷鎬長安豐亭鎬池也皇覽曰文王周公冢皆在鎬聚東杜中**有細柳聚**前書周亞夫所屯處**有蘭池**史記曰秦始皇微行夜出逢盜蘭池三秦記曰始皇引渭水爲長池東西二百里南北三十里刻石爲鯨魚二百丈**有曲郵**前書高帝征黥布張良送至曲郵**有杜郵**史記曰白起死處三秦記曰長安城西有九嵕山西有杜山杜預曰畢國在西北**霸陵有枳道亭**前書秦王子嬰降於軹道旁地道記曰霸水西**有長門亭**前書文帝出長門若見五人於道北立五帝壇**杜陵**杜預曰古唐杜氏也**鄷在西南**杜預曰在鄠縣東決錄注曰鎬在鄷水東鄷在鎬水西相去二十五里**鄭**史記殺商君鄭黽池鄭桓公封于此黃圖云下邽縣并鄭桓帝西巡復之**新豐有驪山**杜預曰古驪戎國韋昭曰戎來居此山故號驪戎三秦記曰始皇墓在山北有始皇祠不齋戒往即疾風暴雨人理欲上則杳冥失道縣西有白鹿原周平王時白鹿出案關中圖縣南有新豐原白鹿在霸陵**東有鴻門亭**前書高帝見項羽處孟康曰在縣東七十里舊大道北下坂口名關中記云始皇陵北十餘里有謝聚**及戲亭**周幽王死處蘇林曰縣東南四十里**有嚴城**　**藍田出美玉**三秦記曰有川方三十里其水北流出玉銅鐵石地道記有虎侯山**長陵故屬馮翊**蔡邕作樊陵頌云前漢戶五萬口有十七萬王莽後十不存一永初元年羌戎作虐至光和領戶不盈四千園陵蕃衞粢盛之供百役出焉民用匱乏不堪其事**商故屬弘農**帝王世紀曰契所封也左傳哀四年將通于少習杜預曰少習縣東之武關**上雒侯國有冢領山雒水出故屬弘農**山海經曰雒水出護舉之山案史記云雒水出熊耳山海經曰雒出王城南至相谷西東北流去虎牢城西四十里注河口謂之雒汭

有葴和山左傳哀四年楚司馬軍于葴和　有蒼野聚左傳曰昭四年楚左師軍蒼野杜預曰在縣南　陽陵故屬馮翊

左馮翊秦屬內史武帝分改名雒陽西六百八十八里決錄注曰馮馮也翊明也　十三城戶三萬七千九十口十四萬五千一百九十五潘岳關中記曰三輔舊治長安城中長吏各在其縣治民光武東都之後扶風出治槐里馮翊出治高陵

高陵　池陽爾雅十藪周有焦穫郭璞曰將瓠中是也地道記曰有截嶭山在北有鬼谷生三所氏案史記鬼谷在潁川陽城與地記不同　雲陽有荆山帝王世紀曰禹鑄鼎於荆山在馮翊懷德之南今其下荆渠也　祋祤永元九年復　頻陽　萬年帝王世紀曰秦獻公都櫟陽是也　蓮勺　重泉　臨晉本大荔有河水祠有芮鄉古芮國與虞相讓者　有王城史記曰秦厲恭公伐大荔取其王城即此城也左傳晉陰飴甥與秦伯盟王城杜預曰後改爲武鄉在縣東　郃陽永平二年復　夏陽有梁山詩云奕奕梁山在縣西北公羊傳曰河陽之山也杜預曰古梁國史記曰本少梁爾雅曰梁山晉望也　龍門山書曰導河積石歷龍門太史公曰遷生龍門韋昭曰在縣北博物記曰有韓原韓武子采邑　衙左傳文二年晉敗秦于彭衙皇覽曰有蒼頡冢在利陽亭南墳高六丈　粟邑永元九年復

右扶風秦屬內史武帝分改名決錄曰扶風化也　十五城戶萬七千三百五十二口九萬三千九十一

槐里周曰犬丘又名廢丘周懿王章邯所都　高帝改安陵皇覽曰縣西北畢陌秦武王冢　平陵　茂陵　鄠古扈國　豐水出左傳曰康有豐宮之朝杜預曰有靈臺康王於是朝諸侯　有甘亭帝王世紀曰在縣南夏啓

伐扈大戰於甘又南山有王季冢鄠有邰亭史記曰封棄於邰徐廣曰今斄鄉又案王忳傳鄠之斄亭爲寃鬼報戮故亭長者也秦是榮縣後省帝王世紀曰秦出公徙平陽新論曰邰在漆縣其民有會日以相與夜中市如不爲則有災咎武功永平八年復有太一山本終南垂山本敦物前志在縣東有斜谷西征賦注曰褒斜谷在長安西南南口褒北口斜長百七十里其水南流陳倉三秦記曰秦武公都雍陳倉城是也有石鼓山將有兵此山則鳴汧爾雅曰十藪秦有楊紆郭璞曰在縣西有吳嶽山郭璞曰別名吳山周禮所謂嶽山者本名汧汧水出有回城名回中來歙開道處渝麋侯國雍左傳郚穆公采邑史記有鴻冢有鐵帝王世紀曰秦德公徙都栒邑有豳鄉鄭玄詩譜曰豳者公劉自邰而出所徙戎狄之地名又有劉邑美陽有岐山左傳椒舉曰成王有岐山之蒐山海經曰其上多白金其下多鐵城水出焉東西流注于江有周城杜預曰城在縣西北帝王世紀曰周太王所徙南有周源漆有漆水山海經曰褕次之山漆水出焉郭璞曰漆水出岐山杜陽永和二年復詩譜曰周詩云自土沮漆地道記曰水在縣西皇覽曰有師曠冢名師曠山有鐵杜預曰豳國在東北帝王世紀曰有豳亭原者岐山陽地屬杜陽地形險阻而原田肥美

右司隸校尉部郡七縣邑侯國百六漢書舊儀曰司隸治所故孝武廟魏志曰曹公分關中置漢興郡國游楚爲太守獻帝起居注曰中平六年省扶風都尉置漢安郡鎮雍渝糜杜陽陳倉汧五縣也

郡國志二　續漢志二十

梁劉昭注補

豫州　潁川　汝南　梁國　沛國　陳國　魯國

冀州　魏郡　鉅鹿　常山　中山　安平　河間　清河　趙國　勃海

潁川郡秦置雒陽東南五百里十七城戶二十六萬三千四百四十口百四十三萬六千五百一十三

陽翟禹所都汲冢書禹都陽城古史考曰鄭厲公入櫟即此也晉地道記曰去雒陽二百八十六里屬河南有鈞臺左傳曰夏啓有鈞臺之享杜預曰南有鈞臺陂帝王世記曰在縣西有高氏亭左傳成十七年衞侵鄭至高氏杜預曰縣西南有雍氏城左傳襄十八年楚伐鄭侵雍梁杜預曰在縣東北史記齊湣王十二年攻魏楚圍雍氏襄有養陰里　襄城左傳定四年盟皐鼬杜預曰縣東南有城皐亭有西不羹杜預曰有不羹城有汜城杜預曰在縣南周襄王所處有汾丘左傳襄十八年楚治兵于汾杜預曰縣東北有汾丘城有魚齒山左傳謂魚陵杜預曰魚齒山也在犨縣北　昆陽有湛水左傳襄十六年楚公子格與晉戰于湛阪　定陵有東不羹杜預曰縣西北有不羹亭地道記曰高陵山汝水所出　舞陽邑　郾　臨潁　潁陽　潁陰左傳文九年楚伐鄭師於狼淵杜預曰縣西有狼陂獻帝遣御史大夫張音奉皇帝璽綬策書禪帝位於魏是文帝繼王位南巡在潁陰有司乃爲壇于潁陰庚午登壇魏相國華歆跪受璽綬以

進王既受畢降壇視燎成禮而反帝王世記云魏文帝登禪于曲蠡之繁陽亭爲縣曰繁昌亦禹貢豫州之域今許之封內今潁川繁昌是也北征記曰城在許之南七十里東有臺高七丈方五十步臺南有壇高二丈方三十步卽受終之壇也案北征記云是外黃縣繁昌城非也有狐宗鄉或曰古狐人亭有岸亭史記魏哀王五年秦伐魏走犀首岸門徐廣曰岸亭許左傳莊二十八年楚伐鄭鄭奔桐丘杜預曰縣東北有桐丘城獻帝徙都改許昌新汲左傳文元年衞孔達侵鄭伐緜訾及匡杜預曰縣東北有匡城成十七年伐齊至曲洧杜預曰縣治曲洧城臨洧水鄢陵春秋時曰鄢春秋鄭共叔所保故曰克段于鄢又成十六年晉敗楚于鄢陵李奇曰六國曰安陵長社有長葛城左傳隱五年宋伐鄭圍長葛縣本名長葛地道記曰社中樹暴長漢改名有向鄉左傳襄十一年諸侯師于向杜預曰在縣東北有蜀城有蜀津史記曰魏惠王元年韓趙合軍伐魏蜀澤陽城帝王世紀曰陽城有啓母冢有嵩高山山海經謂爲太室之山禹貢有外方山鄭玄毛詩譜云外方之山卽嵩也孟子曰益辟禹之子於箕山之陰注云嵩高之北洧水潁水出晉地道記曰潁水出陽乾山有鐵有負黍聚史記曰周敬王十九年鄭伐負黍馮敬通賦遇許由於負黍山也父城有應鄉杜預曰應國在西南史記曰客謂周最以應爲秦王太后養地輪氏建初四年置

汝南郡高帝置雒陽東南六百五十里三十七城戶四十萬四千四百四十八口二百一十萬七百八十八　平輿有沈亭故國姬姓有摯亭見說文新陽侯國西平有鐵有柏亭故柏國　上蔡本蔡國　南頓本頓國　汝陰

本胡國杜預曰縣西北有胡城地道記曰有陶丘鄉詩所謂汝墳　汝陽　新息國　北宜春　濦強侯國　灈陽　期思有蔣鄉故蔣國　陽安道亭故國杜預曰在縣南袁山松曰有朔山魏氏春秋曰初平三年分二縣置陽安都尉　項故國左傳僖十七年魯所滅地道記曰有公路城袁術所築　西華　細陽　安城侯國有武城亭　吳房有棠谿亭左傳曰房國楚靈王所滅又建封吳王夫槩於棠谿地道記曰有吳城　鮦陽侯國皇覽曰縣有葛陂鄉城東北有楚武王冢民謂之楚王岑永平中葛陂城北祝里社下於土中得銅鼎而銘曰楚武王之冢民傳言秦項赤眉之時欲發之輒頹壞厭不得發　慎陽　慎　新蔡有大呂亭地道記曰故呂侯國左傳昭四年吳伐楚入櫟杜預曰縣東北有櫟亭　安陽侯國有江亭故國嬴姓　富波侯國永元中復　宜祿永元中復　朗陵侯國左傳成六年楚拒晉桑隧杜預曰縣東有桑里亭　弋陽侯國有黃亭故黃國嬴姓　召陵左傳昭十三年楚蔡公與子干子晳盟于鄧杜預曰縣西南有鄧城　有陘亭左傳僖四年齊伐楚次陘杜預曰在縣南蘇秦說韓宣惠王曰南有陘山　有安陵鄉　征羌侯國有安陵亭史記无忌說魏安僖王曰王之使者出過而惡安陵氏于秦博物記曰故安陵君也　思善侯國　宋公國周名郪丘漢改爲新郪章帝建初四年徙宋公於此有繁陽亭左傳襄四年楚師繁陽杜預曰鮦陽南有繁陽亭　褒信侯國有賴亭故國史記楚封王孫勝白公杜預曰褒信縣有白亭　原鹿侯國

春秋左氏傳僖二十一年宋盟鹿上杜預曰原鹿縣也定潁侯國　固始侯國故寑也光武中興更名有寑丘史記曰楚莊王封孫叔敖子又蒙恬破楚軍　山桑侯國故屬沛有下城父聚有垂惠聚蘇茂奔垂惠王劉紆　城父故屬沛春秋時曰夷夷屬陳左傳僖二十三年楚所取有乾谿在縣南　有章華臺杜預曰章華宮在華容縣城內

梁國秦碭郡高帝改其三縣元和元年屬雒陽東南八百五十里　九城戶八萬三千三百口四十三萬一千二百八十三　下邑左傳哀七年築黍丘杜預曰縣西南有黍丘亭　睢陽北征記曰城周三十七里南臨濊水凡二十四門地道記曰梁孝王築城十二里小鼓唱節杵下而和之稱睢陽曲　本宋國閼伯墟有盧門亭左傳桓十四年宋伐鄭取大宮之椽爲盧門之椽昭二十一年敗吳鴻口杜預曰縣東有鴻口亭地道記曰昭二十一年禦諸橫橫亭在縣南　有魚門左傳僖二十二年邾人縣公冑于魚門　有陽梁聚左傳襄十二年楚伐宋師楊梁杜預曰有梁亭僖二十八年楚子玉夢河神謂己曰吾賜汝孟諸之麋杜預曰在縣東北爾雅十藪宋有孟諸　虞有空桐地有桐地有桐亭左傳哀二十六年宋景公死空桐　有綸城少康邑　碭山出文石史記曰高祖隱於芒碭山澤巖石之間有陳勝墓　蒙帝王世紀曰有北亳即景亳湯所盟處　有蒙澤左傳宋萬殺宋閔公于蒙澤僖二年齊侯盟貫杜預曰縣西北有貫城貫字與貫字相近　穀熟有新城左傳曰文十四年諸侯會新城帝王世紀曰有南亳　有邳亭古邳國　鄢故屬陳留　甯陵故屬陳留

左傳成十六年會沙隨杜預曰縣北有沙隨亭有葛鄉故葛伯國左傳曰在縣東北薄故屬山陽湯所都杜預曰蒙縣西北有薄城中有湯冢左傳宋公子御說奔亳其西又有微子冢

沛國秦泗川郡高帝改雒陽東南千二百里二十一城戶二十萬四百九十五口二十五萬一千三百九十三

相左傳桓十五年會于袲杜預曰在縣西南一名犖蕭本國北征記城周十四里南臨汙水沛有泗水亭亭有高祖碑班固爲文見固集地道記有許城左傳定八年鄭伐許豐地道記曰去國二百六十州六百雒千二十五里西有大澤高祖斬白蛇於此有枌榆亭案前志注枌榆社在縣東北十五里或鄉名高祖里社戴延之西征記曰縣西北有漢祖廟爲亭長所處酇左傳昭四年吳伐楚入棘杜預曰縣東北有棘亭襄元年鄭侵宋取犬丘杜預曰縣東北有犬丘城帝王世記曰曹騰封費亭侯縣有費亭是也有鄍聚左傳曰冀爲不道伐鄍三門服虔曰鄍晉別都杜預曰是虞邑地處闕則非此鄍矣博物記曰諸侯會于鄍亭穀陽譙平陽邑左傳僖二十三年楚所取乾谿在南刺史治漢官曰去雒陽千二十里洨有垓下聚高祖破項羽也蘄有大澤鄉陳涉起此史記曰高祖擊黥布於會甀徐廣曰在縣西銍鄲建平臨睢故芒光武更名竹邑侯國故竹公丘本膠國杜預曰在縣東南龍亢地道記曰左傳隱二年入向城在縣東南向本國符離紅地道記云左傳昭八年大蒐于紅太丘杼秋故屬梁國有澶淵聚左傳襄二十年盟于澶淵

陳國高帝置爲淮陽章和二年改雒陽東南七百里九城戶十一萬二千六百五十三口百五十四萬七千五百七十二陳帝王世記曰庖犧氏所都舜後所封左傳僖元年會于檉杜預曰縣西北有檉城爾雅曰丘上有丘曰宛丘陳有株邑蓋朱襄之地博物記曰邛地在縣北防亭在焉詩曰邛有旨苕防有鵲巢陽夏有固陵聚史記高祖五年追項羽至固陵晉灼漢書注云汝南固始縣寧平苦春秋時曰相有賴鄉伏滔北征記曰有老子廟廟中有九井水相通古史考曰有曲仁里老子里也地道記曰城南三十里有平城柘新平扶樂武平左傳成十六年諸侯侵陳鳴鹿杜預曰縣西南有鹿邑長平故屬汝南左傳宋華氏戰于鬼閻杜預曰縣西北有閻亭有辰亭左傳宣十一年盟辰陵杜預曰縣東南有辰亭有赭丘城

魯國秦薛郡高后改本屬徐州光武改屬豫州六城戶七萬八千四百四十七口四十一萬一千五百九十魯國奄國帝王世記曰黃帝生于壽丘在魯東門之北少昊自窮桑登帝位窮桑在魯北後徙曲阜應劭曰曲阜在魯城中委曲長七八里左傳曰伯禽封少昊之墟僖二十九年介葛盧舍于昌衍杜預曰縣東南有昌平城皇覽曰奄里伯公冢在城內祥舍中民傳言魯五德奄里伯公葬其宅有大庭氏庫杜預曰大庭氏古國名在城內魯於其處作庫有鐵有闕里孔子所居漢晉春秋曰鍾離意相魯見仲尼廟頹毀會諸生於廟中慨然歎曰蔽芾甘棠勿翦勿伐況見聖人廟乎遂躬留治之周觀輿服之在焉自仲尼以來莫之開也意發視之得古文策書曰亂吾書董仲舒治吾堂鍾離意璧有七張伯盜一意尋案未了而卒張伯者治中庭治地得六璧上之意曰此有七何以不遂伯懼探璧懷中魯咸以爲神意別傳曰意省堂有孔子小車乘皆朽敗意自糶俸雇漆膠之直請魯民治之及護几席劍履後得甕中素書

曰護吾履鍾離意又禮記矍相之圃亦在城中西南近孔子廟而仲尼墓在魯城門北便之外泗水上去城一里葬地蓋一頃墓墳南北十步東西十三步高一丈二尺墓前有瓴甓爲祠壇方六尺與地平瑩中異木以百數魯人莫能識皇覽曰孔子本無祠堂瑩中不生荊棘及刺人草伯魚冢在孔子冢東與孔子冢近大小相望子思冢在孔子冢南案今墓書孫在祖前謂此爲驕孫祔

有牛首亭左傳桓十四年宋伐鄭取牛首有五父衢地道記曰在城東騶本邾國有騶山高五里秦始皇刻石焉劉會騶山記曰邾城在山南去山二里城東門外有韋賢墓北有繹山左傳文十三年邾遷于繹郭璞曰繹山純石積構連屬城北有牙山牙山北有唐口山唐口山北有陽山城北有孟軻冢焉蕃有南梁水左傳襄四年戰狐台杜預曰縣東南有目台亭薛本國地道記曰夏車正奚仲所封冢在城南二十里山上皇覽曰靖郭君冢在城中東南陬孟嘗君冢在城中向門東北邊六國時曰徐州史記曰齊宣王九年與魏襄王會徐州而相王卞有盜泉有郚鄉城左傳文公七年城郚杜預曰縣南有郚鄉城隱元年盟于蔑杜預曰蔑地名縣南有姑城襄十七年齊圍桃杜預曰縣東南有桃墟汶陽左傳桓十二年盟曲池杜預曰縣北有曲水亭地道記臨淄縣西南門曰曲門其側有池案魯桓與杞莒盟不往齊地地道記爲妄

右豫州刺史部郡國六縣邑侯國九十九

魏郡高帝置雒陽東北七百里魏志曰建安十七年割河內之蕩陰朝歌林慮東郡之衛國頓丘東武陽發干鉅鹿之廮陶曲陽南和廣平之廣平任城趙國之襄國邯鄲易陽以益魏郡十八年分置東西都尉十五城戶十二萬九千三百一十口六十九萬五千六百六

鄴帝王世紀曰縣西南有上司馬殷太甲常居焉魏都賦注曰縣西北有鼓山時時自鳴鳴則兵又交谷水在縣南案本傳有西唐山又鄴北太行山西北去亦不知山所極處

亦如東海不知水所窮盡也有故大河有滏水魏都賦曰北臨漳滏則冬夏異沼注云水經鄴西北滏水熱故名滏口有汙水有汙城史記曰項羽破秦軍汙水上有平陽城史記曰靳歙別下平陽有武城有九侯城徐廣曰一作鬼侯與文王爲紂三公繁陽　內黃左傳襄十九年會于柯杜預注曰縣東北有柯城昭九年荀盈卒于戲陽杜預曰縣北有戲陽城清河水出有羛陽聚世祖破五校處有黃澤前志曰在縣西魏　元城左傳成七年會馬陵杜預曰縣東南有地名馬陵史記曰龐涓死處墟故沙鹿左傳沙鹿崩穀梁傳曰林屬於山曰鹿沙山名也有沙亭左傳定七年盟于沙亭杜預曰在縣東南七年盟于瑣晉地道記曰縣南有瑣陽城黎陽左傳定十四年會于牽杜預曰縣東北有牽城陰安邑　館陶　清淵　平恩　沙侯國魏都賦注曰有龍山斥丘有葛杜預曰有乾侯魯昭公所處武安有鐵郎臺孝威隱于縣山曲梁侯國左傳宣十五年敗赤狄于曲梁故屬廣平有雞澤左傳襄三年諸侯會雞澤杜預曰在縣西南梁期

鉅鹿郡秦置建武十三年省廣平國以其縣屬雒陽北千一百里十五城戶十萬九千五百一十七口六十萬二千九十六　癭陶有薄落亭　鉅鹿故大鹿有大陸澤有廣阿澤呂氏春秋九藪趙之鉅鹿高誘注云廣阿澤也山海經曰大陸之水史記紂盈鉅橋之粟許愼云鉅鹿之大橋也鉅鹿南有棘原章邯所軍處前書曰沙丘臺在縣東北七十里楊氏　鄡　下曲陽有鼓聚故翟鼓子國杜預曰縣西南有肥累城古肥國白狄別種有昔陽亭

左傳昭十二年晉荀吳入昔陽杜預曰治縣東有昔陽城取故都也任　南和　廣平　斥章　廣宗　曲周

列人　廣年　平鄉　南䜌

常山國高帝置建武十三年省眞定國以其縣屬十三城戶九萬七千五百口六十三萬一千一百八十四　元氏晉地道記有石塞三公塞高邑故鄗光武更名刺史治漢官曰去雒陽二千里有千秋亭五成陌縣西七里光武即位於此矣　都鄉侯國有鐵　南行唐有石臼谷　房子贊皇山在縣西南六十里濟水所出晉地道記有礫塞中谷塞平棘有塞　欒城在縣西北四十里九門史記趙武靈王出九門如野臺以望齊中山之境碣石山戰國策云在縣界靈壽衞水出蒲吾史記番吾君杜預曰晉之蒲邑也古今注曰永平十年作常山呼沱河蒲吾渠通漕船也井陘　眞定　上艾故屬太原

中山國高祖置雒陽北二千四百里十三城戶九萬七千四百一十二口六十五萬八千一百九十五　盧奴　北平有鐵　毋極　新市有鮮虞亭故國子姓杜預曰白狄別種望都左傳晉伐鮮虞及中人杜預曰縣西北有中人城晉地道記曰有馬安關唐有中人亭博物記曰唐闕

在中人西北百里中人在縣西四十里列子曰趙襄子使新稚穆子攻翟取左人中人有左人鄉帝王世紀曰堯封唐堯山在北唐水西入河南有望都山即堯母慶都所居相去五十里都山一名豆山博物記曰左人唐西北四十里安國　安熹本安險章帝更名　漢昌本苦陘章帝更名　蠡吾侯國故屬涿　上曲陽故屬常山恒山在西北有泉水于吉得神書晉地道記自縣北行四百二十五里恒多山坂名飛狐口蒲陰本曲逆章帝更名有陽城晉地道記曰有陽安關陽城蒲陽山蒲水出也廣昌故屬代郡

安平國故信都高帝置明帝名樂成延光元年改雒陽北二千里十三城戶九萬一千四百四十口六十五萬五千一百一十八　信都有絳水呼沱河　阜城故昌城　南宮　扶柳　下博　武邑　觀津本滈河下縣決錄注曰孝文竇皇后父隱身漁釣墜淵而卒景帝立后爲太后遣使者更塡父所墜淵而葬起大墳于縣城南民號曰竇氏青山經西有漳水津名薄落津史記趙武靈王曰吾國東有河薄落之水堂陽故屬鉅鹿　武遂故屬河閒　饒陽故名饒屬涿有無蔞亭馮異進豆粥光武案志有解犢侯靈帝封安平故屬涿南深國故屬涿

河閒郡文帝置世祖省屬信都和帝永元三年復故雒陽北二千五百里十一城戶九萬三千七百五十四

口六十三萬四千四百二十一　樂成　弓高　易故屬涿　武垣故屬涿　中水故屬涿　鄚故屬涿　高陽故屬涿有葛城　文安故屬勃海　東州故屬勃海　成平故屬勃海　東平舒故屬勃海

清河國高帝置桓帝建和二年改爲甘陵雒陽北千二百八十里　七城戶十二萬三千九百六十四口七十六萬四百一十八　甘陵故厝安帝更名　貝丘　東武城　鄃　靈和帝永元九年復　繹幕地道記曰有鳴犢河　廣川故屬信都有棘津城太公呂尚困于棘津城琅邪海曲非此城也案永初元年鄧太后分置廣川王國後王薨國除太后崩還并清河

趙國秦邯鄲郡高帝改名雒陽北千一百里　五城戶三萬二千七百一十九口一十八萬八千三百八十一　邯鄲張華曰趙奢冢在邯鄲西山上謂之馬服山　有叢臺有洪波臺　易陽魏都賦曰溫泉毖涌而自浪注曰溫泉在易陽世以治疾洗百病　襄國本邢國秦爲信都項羽更名有檀臺史記曰趙成侯魏獻榮椽因以爲檀臺　有蘇人亭　柏人　中丘晉地道記曰有石門塞燒梁關

勃海郡高帝置雒陽北千六百里八城戸十三萬二千三百八十九口百一十萬六千五百　南皮　高城侯國　重合侯國　浮陽侯國　東光有胡蘇亭　章武　陽信延光元年復　修故屬信都

胡蘇河之名見爾雅

右冀州刺史部郡國九縣邑侯國百

郡國志三

續漢志二十一

梁劉昭注補

兗州　陳留　東郡　東平　任城　泰山　濟北　山陽　濟陰

徐州　東海　琅邪　彭城　廣陵　下邳

陳留郡武帝置雒陽東五百三十里　十七城戶十七萬七千五百二十九口八十六萬九千四百三十三　陳留有鳴鴈亭左傳成十六年衞伐鄭鳴鴈杜預曰在縣西北陳留志曰有桐陵亭古桐丘　浚儀本大梁帝王世紀曰禹避商均浚儀晉地道記儀封人此縣也通俗文曰渠在浚儀曰莨蕩也　尉氏陳留志曰有陵樹鄉北有澤澤有天子苑囿有秦樂廄漢諸帝以馴養猛獸　雍丘本杞國陳留志曰城內有神井能興雲雹案齊民北征記曰有呂祿臺高七丈有酈生祠曹植禹廟讚曰有禹祠植移于其城城本名杞城　襄邑有滑亭左傳莊二年次于滑杜預曰在縣西北　有承匡城地道記曰在縣西左傳文十一年會晉郤缺于承匡有桐門亭有黃門亭襄元年會鄫杜預曰縣東南有鄫城　外黃左傳惠公季年敗宋師于黃杜預曰宋邑縣東有黃城　有葵丘聚齊桓公會此城中　有曲棘里左傳昭二十五年宋公佐卒曲棘　有繁陽城　小黃漢舊儀曰高祖母起兵時死縣北爲作陵廟于小黃　東昏陳留志曰故戶牖鄉有陳平祠　濟陽有武父鄉左傳桓十二年盟于武父杜預曰縣東北有武父城縣東南有武城縣都鄉有行宮光武王　平丘有臨濟亭

田儋死此有匡【匡人之亭曹公破袁術處】有黃池亭【陳留志云黃亭在封丘左傳哀十三年盟黃池杜預曰在縣南傳曰吳四子服景伯以還及戶牖然則黃池在戶牖西或以爲外黃縣東溝非也】封丘【博物記有狄溝即敗狄于長丘是也】有桐牢亭或曰古蟲牢【左傳成五年諸侯會蟲牢陳留志有鞠亭古鞠居】酸棗【左傳鄭太叔至于廩延杜預曰縣北有延津襄五年會城棣杜預曰縣西南有棣城東有地烏巢曹公破袁紹處陳留志曰城內有韓王故宮闕】長垣侯國有匡城【陳留志曰孔子四此北征記城周三里左傳僖十五年會牡丘次于匡杜預曰匡在縣西南昭十三年會平丘杜預曰縣西有平丘城】有蒲城【左傳成九年會于蒲杜預曰在縣西南史記曰孔子自匡過蒲陳留志云有子路祠】有祭城【杜預曰鄭祭封人仲邑陳留志曰有蘧伯玉墓及祠又西南有宛亭左傳僖二十八年會盟宛濮注曰近濮水】己吾有大棘鄉【左傳宣二年鄭破宋師大棘杜預曰在襄邑縣南】有首鄉【桓八年齊侯師于首止杜預曰在襄邑東南有首止城】考城故菑【陳留志曰古戴國地名杜預曰戴在外黃東南爾雅曰木立死曰菑呂氏春秋草鬱即爲菑】章帝更名故屬梁【陳留志曰有箕子祠有穀亭古句瀆之丘案本傳有蒲亭】圉故屬淮陽有高陽亭【陳留志曰有萬人聚王邑破翟義積尸處前書今高陽文穎曰高陽聚邑名在縣西】扶溝故屬淮陽

東郡【秦置去雒陽八百餘里】十五城戶十三萬六千八十八口六十萬三千三百九十三

濮陽古昆吾國【杜預曰古衞也帝王世記曰顓頊自窮桑徙商丘左傳曰衞顓頊之墟杜預曰帝丘昆吾氏因之故曰昆吾之墟縣城內有顓頊冢皇覽曰冢在城門外廣陽里中博物記曰桑中在其中】春秋時曰濮有鹹城或曰古鹹國【左傳僖十三年同會

于鹹有清丘左傳曰宣十二年盟于清丘杜預曰縣東南有鉏城　燕本南燕國有雍鄉謝沈書曰赤眉攻雍鄉有胙城古胙國有平陽亭左傳哀十六年衛侯飲孔悝酒於平陽有瓦亭左傳曰定八年會于瓦注曰縣東北有桃城史記曰春申君說秦曰王又舉甲而拔桃入邢是也白馬有韋鄉杜預曰縣東南有韋城古豕韋氏之國　頓丘白虎通曰帝嚳冢在城臺陰野是也東阿左傳桓十年會于桃丘杜預曰縣東南有桃城襄十四年孫林父敗衛侯于阿澤杜預曰縣西南大澤魏志有渠丘山　有清亭左傳隱四年遇于清是也東武陽濕水出　范有秦亭左傳莊三十一年築臺于秦地道記在縣西北臨邑有沛廟　博平聊城有夷儀聚左傳僖元年邢遷于夷儀有聶城左傳曰聊攝以東　發干　樂平侯國故清章帝更名　陽平侯國有莘亭杜預注傳曰衛作新臺在縣北衛殺公子伋之地故曰待諸莘有岡成城秦封蔡澤為岡成君未詳衛公國本觀故國姚姓光武更名有河牧城左傳文元年會于戚鄭救晉中行氏晉敗鄭鐵杜預曰戚城南有鐵丘　有竿城前書故發干城穀城春秋時小穀左傳莊三十二年城小穀杜預曰城中有管仲井又傳曰埋長狄榮如首於周首之北門杜預曰縣東北有周首亭有巂下聚左傳僖二十六年追齊師至巂杜預曰縣西有地名巂下皇覽曰縣東十五里有項羽冢

東平國故梁景帝分為濟東國宣帝改雒陽東六百七十二里　七城戶七萬九千一十二口四十四萬八千二百七十

無鹽本宿國任姓左傳昭二十五年臧會奔郈杜預曰縣東南有郈鄉亭　有章城

古國左傳莊三十年齊取鄣東平陸六國時曰平陸有闞亭左傳桓十一年會于闞杜預曰在須昌縣東南有闞城博物記云郎此亭是也有堂陽亭故縣後省富成章壽張春秋曰良漢曰壽良光武改曰壽張有堂聚故聚屬東郡地道記曰有蚩尤祠狗城皇覽曰蚩尤冢在縣闞城中高五丈須昌故屬東郡杜預曰須句古國在西北有致密城古中都有陽穀城左傳僖三年會陽穀杜預曰在縣北盛陽故屬泰山

任城國章帝元和元年分東平爲任城雒陽東千一百里三城戶三萬六千四百四十二口十九萬四千一百五十六任城本任國有桃聚光武破龐萌於桃鄉亢父左傳襄十三年取邿杜預曰縣有邿亭哀六年城邾瑕杜預曰縣北有邾瑕城樊

泰山郡高帝置雒陽東千四百里十二城戶八千九百二十九口四十三萬七千三百一十一奉高有明堂武帝造前書曰在縣西南四里左傳昭八年大蒐于紅至于商衞紅亭在縣西北杜預曰接宋衞也博有泰山廟岱山在西北有龜山左傳定十年齊歸龜陰之田杜預曰田在山北琴操孔子作龜山之操有龍鄉城左傳成二年齊圍龍杜預曰在縣西南史記作隆又楚有蜀之役杜預曰縣西北有蜀亭梁甫侯國有菟裘聚左傳隱公使營菟裘吾將老焉杜預曰縣南有菟裘城鉅平侯國有亭禪山卽古所禪亭亭者也有陽關亭左傳襄十七年師自陽關桓六年會于成杜預曰縣

東南成城即孟孫之邑嬴有鐵　山茌侯國萊蕪有原山淄水出杜預曰汶水出蓋沂水出

左傳會于防杜預曰在縣東南有防城南武陽侯國有顓臾城　南城故屬東海有東陽城呂氏春秋夏孔甲遊田于東陽萯山左傳哀八年克東陽襄十九年城武城杜預曰南城縣哀十四年司馬葬丘輿杜預曰縣西北有輿城費侯國曹騰封費是鄭縣費亭非此國

故屬東海有祊亭左傳隱八年鄭歸祊杜預曰在縣東南閔二年莒人歸共仲及密杜預曰縣有密如亭有台亭左傳襄十一年莒圍台杜預曰縣南有台亭　牟故國

濟北國和帝永元二年分泰山置臣昭案濟北前漢之舊國此是經并泰山復分雒陽東千一百五十里五城戶四萬五千六百八十九口二十三萬五千八百九十七

盧左傳隱三年齊鄭尋盧之盟杜預曰今縣故城有邾山在縣北成二年封銳司徒女石窌杜預曰縣東有地名石窌有平陰城有防門左傳襄十八年齊禦晉平陰塹防門杜預曰在縣北又齊登巫山以望晉師杜預曰在縣東北有光里有景茲山杜預曰在縣東南有敖山左傳曰先君獻武廢二山即敖山具山有清亭左傳哀十一年齊伐魯及清是也有長城至東海史記蘇代說燕王曰齊有長城巨防巨防即防門

虵丘有遂鄉古遂國左傳莊十三年齊人滅遂有下讙亭左傳桓三年送姜氏于讙有鑄鄉城周武王未及下車封堯後於鑄左傳有棘地成公三年叔孫僑如所圍杜預曰汶水北地有棘鄉東觀書有芳陘山成本國左傳甯師入郕杜預曰東平剛父縣西南有郕鄉　茌平本屬東郡　剛左傳哀八年齊取闡杜預曰在縣北有闡鄉

山陽郡故梁景帝分置雒陽東八百一十里十城戶十萬九千八百九十八口六十萬六千九十一　昌邑刺史治有梁丘城左傳莊三十二年遇于梁丘杜預曰梁丘鄉在縣西南有甲父亭杜預曰甲父古國名在縣東南左傳隱十年取防杜預曰縣西有防城　東緡春秋時曰緡左傳僖二十三年齊圍緡　鉅野左傳桓七年焚咸丘杜預曰縣西有咸亭有大野澤春秋西狩獲麟之所爾雅十藪魯有大野杜預曰縣西南有郥亭定十三年齊伐晉之所　高平侯國故橐章帝更名前漢志王莽改曰高平章帝復莽此號左傳隱九年費伯城郎杜預曰縣東南有郁郎亭有茅鄉城杜預曰茅鄉在昌邑西南　湖陸故湖陵章帝更名前漢志王莽改曰湖陸章帝復其號博物記曰荷水出地道記縣西有費亭城魏武帝初所封　南平陽侯國有漆亭左傳城漆有閭丘亭左傳襄二十一年邾庶其以漆閭丘來奔杜預曰縣東北有漆鄉西北有顯閭亭哀七年囚邾子負瑕杜預曰縣西北有瑕丘城　方與有武唐亭左傳桓二年盟于唐杜預曰在西南魯侯觀魚臺春秋經隱五年矢魚于棠有泥母亭或曰古甯母左傳僖七年盟甯母杜預曰在縣東三十一年臧文仲宿重館杜預曰縣西北有重鄉城　瑕丘　金鄉晉地道記曰縣多山所治名金山山北有鑿石爲冢深十餘丈隧長三十丈傍却入爲室三方云得白兔不葬更葬南山鑿而得金故曰金山故冢今在或云漢昌邑所作或云秦時　防東

濟陰郡故梁景帝分置雒陽東八百里十一城戶十三萬三千七百一十五口六十五萬七千五百五十四　定陶本曹國郭璞曰城中有陶丘皇覽曰伯樂冢縣東南一里所高四五丈古陶堯

所居帝王世紀曰舜陶河濱縣西南陶丘亭是有三鬷亭湯伐三鬷孔安國曰今定陶　冤句有煑棗城史記蘇秦說魏襄王曰大王之地東有淮潁煑棗　成陽有堯冢靈臺有雷澤禹貢曰雷夏既澤帝王世記曰舜耕歷山漁雷澤濟陰有歷山　乘氏侯國博物記曰古乘丘　有泗水有鹿城鄉　句陽有垂亭左傳隱八年遇于垂史記無忌說魏安僖王曰文臺墮垂都焚徐廣曰縣有垂亭　鄄城　離狐故屬東郡　廩丘故屬東郡有高魚城有運城左傳襄二十六年齊烏餘以廩丘奔晉杜預曰今縣故城是又襲衛羊角取之杜預曰今縣所治城又襲我高魚杜預曰在縣東北　單父侯國故屬山陽　成武故屬山陽左傳隱七年戎執凡伯於楚丘杜預曰在縣西南　有郜城左傳隱十年取郜杜預曰縣東南有郜城地道記有秺城　己氏故屬梁皇覽曰有平和鄉鄉有伊尹冢

右兗州刺史部郡國八縣邑公侯國八十

東海郡高帝置雒陽東千五百里十三城戶十四萬八千七百八十四口七十萬六千四百一十六　郯本國刺史治博物記曰有勇士亭卽勇士萬丘欣　蘭陵有次室亭地道記曰故魯次室邑列女傳有漆室之女或作次室　戚　朐山海經曰都州在海中一曰郁州郭璞曰在縣界世俗傳此山在蒼梧徙來上皆有南方樹木博物記縣東北海邊植石秦所立之東門有鐵有伊盧鄉史記曰鍾離眛家在伊盧　襄賁　昌慮有藍鄉左傳昭三十一年邾黑肱以濫來奔杜預曰縣

所治城東北有郚城郚小邾國也　承　陰平　利城　合城鄣水自北南至湖陸　祝其有羽山郯縣之山杜預曰在縣西南博物記曰東北獨居山西南有淵水即羽泉也俗謂此山謂懲父山　春秋時曰祝其夾谷地左傳定十年會齊侯夾谷孔子相　厚丘左傳成九年城中城杜預曰在縣西南有中鄉城　贛榆本屬琅邪建初五年復左傳齊伐莒莒子奔紀鄣杜預曰縣東北有紀城地道記曰海中去岸百九十步有秦始皇碑長一丈八尺廣五尺厚八尺三寸一行十三字潮水至加其上三丈去則三尺見也

琅邪國秦置建武中省城陽國以其縣屬案本紀永壽元年置都尉治雒陽東一千五百里　十三城戶二萬八百四口五十七萬九百六十七　開陽杜預曰古鄅左傳哀三年城啓陽杜預曰開陽　故屬東海建初五年屬東武　琅邪山海經云有琅邪臺在勃海間琅邪之東郭璞曰琅邪臨海邊有山嶕嶢特起狀如高臺此即琅邪臺齊景公曰吾循海而南放乎琅邪越紀曰句踐徙琅邪起觀臺臺周七里以望東海史記曰秦始皇徙黔首三萬戶琅邪臺下傳有勞山　東莞有鄆亭左傳曰公處鄆　有邳鄉有公來山或曰古浮來左傳隱八年盟浮來杜預曰邳來山之間號曰邳來莊九年鮑叔受管仲及堂阜而脫之杜預曰東莞蒙陰縣西北有夷吾亭或曰鮑叔解夷吾縛于此因以爲名即古堂阜也東莞後爲名　西海東觀書曰有勝山博物記太公呂望所出今有東呂鄉又釣于棘津其浦今存　諸左傳莊二十九年城諸杜預曰諸縣在城陽郡又隱四年莒人伐杞取牟婁杜預曰郡東北有婁鄉　莒本國故屬城陽左傳成八年申公巫臣會渠丘公杜預曰縣有蘧丘里　有鐵　有崢嶸谷　東安故屬城陽　陽都故屬城陽有牟臺左傳宣元年會于平州杜預曰在縣西　臨

沂故屬東海有叢亭左傳隱六年盟于艾杜預曰縣東南有艾山七年城中丘杜預曰縣東北有中丘亭博物記曰縣東界次睢有太叢社民謂之食人社卽次睢之社 卽丘侯國故屬東海春秋曰祝丘 繒侯國故屬東海有概亭左傳莊九年盟于蔇杜預曰在縣北 姑幕左傳昭五年莒牟夷以牟婁及防茲來奔杜預曰縣東北有茲亭博物記曰淮水入城東南五里有公冶長墓

彭城國高祖置爲楚章帝改雒陽東千二百二十里 八城戶八萬六千一百七十口四十九萬三千二十七

彭城古大彭邑北征記城西二十里有山山有楚元王墓伏滔北征記曰城北六里有山臨泗有宋桓魋石槨皆青石隱起龜龍麟鳳之象 有鐵 武原 傅陽有柤水左傳襄十年滅偪陽杜預曰卽此縣也 呂 留西征記曰城中有張良廟 梧 菑丘 廣戚故屬沛國

廣陵郡景帝置爲江都武帝更名建武中省泗水國以其縣屬雒陽東一千六百四十里 十一城戶八萬三千九百七口四十一萬百九十

廣陵吳王濞所都城周十四里半 有東陵亭博物記曰女子杜姜左道通神縣以爲妖閉獄桎梏卒變形莫知所極以狀上因以其處爲廟祠號曰東陵聖母 江都有江水祠 高郵 平安 淩故屬泗水 東陽故屬臨淮 有長洲澤吳王濞太倉在此縣多麋博物記曰十千爲群掘食草根其處成泥名曰麋畯民人隨此畯種稻不耕而穫其收百倍又扶海洲上有草名蒒其實食之如大麥從七月稔熟民斂穫至冬乃訖名曰自然穀或曰禹餘糧 射陽故

屬臨淮有梁湖地道記曰有博支湖 鹽瀆故屬臨淮 興侯國故屬臨淮 堂邑故屬臨淮有鐵春秋時曰堂 海西故屬東海

下邳國武帝置爲臨淮郡永平十五年更爲下邳國雒陽東千四百里 十七城戶十三萬六千三百八十九口六十一萬一千八十三 下邳本屬東海戴延之西征記曰有沂水自城西西南注泗別下迴城南亦注泗舊有橋處張良與黃石公會此橋 葛嶧山本嶧陽山山出名桐伏滔北征記曰今槃根往往而存 有鐵 徐本國有樓亭或曰古蔞林杜預曰在僮縣東南伏滔北征記曰縣北有大冢徐君墓延陵解劍之處 僮侯國 睢陵 下相 淮陰下鄉有南昌亭韓信寄食處 淮浦 盱台 高山 潘旌 淮陵 取慮有蒲姑陂左傳昭十六年齊師至蒲隧杜預曰縣東有蒲姑陂 東成 曲陽侯國故屬東海 司吾侯國故屬東海 良成故屬東海春秋時曰良左傳昭十三年晉會吳於良 夏丘故屬沛

右徐州刺史部郡國五縣邑侯國六十二魏氏春秋曰初平三年分琅邪東海爲城陽新城昌慮郡建安十一年省昌慮并東海

郡國志三

續漢志二十一

郡國志四　續漢志二十二

梁劉昭注補

青州　濟南　平原　樂安　北海　東萊　齊國

荊州　南陽　南郡　江夏　零陵　桂陽　武陵　長沙

揚州　九江　丹陽　廬江　會稽　吳郡　豫章

濟南郡故齊文帝分雒陽東千八百里十城戶七萬八千五百四十四口四十五萬三千三百八　東平陵有鐵有譚城　有天山　著　於陵杜預曰縣西北有于亭陳桓子以封齊公子周臺　菅有賴亭左傳襄六年公如賴土鼓　梁鄒　鄒平東朝陽杜預曰縣西有崔城歷城有鐵有巨里聚耿弇破費敢處皇覽曰太甲有冢在歷山上

平原郡高帝置雒陽北一千三百里九城戶十五萬五千五百八十八口百萬二千六百五十八　平原地道記曰有篤馬河高唐濕水出　般　鬲侯國夏時有鬲君滅浞立少康魏都賦注曰縣有蓋節淵三齊記曰城南有蒲臺高八十尺秦始皇所頓處在臺下縈蒲繫馬今蒲猶縈者祝阿春秋

時曰祝柯左傳哀十年取犁及轅杜預曰縣西有轅城故縣省有野井亭左傳昭二十五年齊侯唁公于野井杜預曰在縣東樂陵濕陰安德侯國厭次本富平明帝更名

樂安國高帝西平昌置爲千乘永元七年更名雒陽東千五百二十里九城戶七萬四千四百口四十二萬四千七十五

臨濟本狄安帝更名地道記曰狄伐衞懿公千乘高菀樂安博昌有薄姑城左傳姑氏杜預曰薄姑地有貝中聚左傳齊侯田于貝丘杜預曰縣南有地名貝中有時水左傳莊九年戰于乾時杜預曰時水在縣界岐流旱則竭涸故曰乾時蓼城侯國杜預曰縣東北有攝城利故屬齊益侯國故屬北海壽光故屬北海有灌亭古灌國

北海國景帝置建武十三年有菑川高密膠東三國以其縣屬十八城戶十五萬八千六百四十一口八十五萬三千六百四

劇有紀亭古紀國營陵平壽有斟城杜預曰有斟亭古斟國故縣後省有寒亭古寒國浞封此都昌左傳莊元年齊遷紀之郚城地道記曰郚城在縣西安丘有渠丘亭地道記曰有渠丘城淳于永元九年復有密鄉左傳隱二年紀莒盟密故密鄉在縣東北後省平昌侯國故屬琅邪有婁鄉左傳昭五年莒牟夷以牟婁及防茲來奔杜預曰縣西南有婁亭朱虛侯國故

屬琅邪永初元年屬左傳莊元年齊遷紀郱鄑郚杜預曰朱虛縣東南有郚城鄭志曰有小泰山公玉帶曰岐伯令黃帝封泰山即此山也東安平故屬菑川六國時曰安平有酅亭故兆左傳莊三年紀季以酅入于齊地道紀有羌頭山高密侯國　昌安侯國安帝復　夷安侯國安帝復　膠東侯國　即墨侯國有棠鄉左傳襄六年圍棠杜預曰棠國也　壯武安帝復故夷國左傳隱元年紀伐夷　下密安帝復　拒地道記曰養澤在西幽州藪有萊山萊王祠　觀陽

東萊郡高帝置雒陽東三千二百二十八里十三城戶十萬四千二百九十七口四十八萬四千三百九十三　黃地道記曰縣東二百三十里至海中連岑有士道秦始皇登此山刻二碑東二百三十里有始皇漢武帝二碑　牟平　惤侯國地道記曰有百枝萊君祠三齊記曰南有蹲犬山似犬蹲有神劉寵出西都經此山山犬吠之寵曰山神謂我人也　曲成侯國前書禱萬里沙在縣　掖侯國有過鄉故過國　當利侯國　東牟侯國　昌陽　盧鄉　長廣故屬琅邪　黔陬侯國故屬琅邪有介亭左傳襄二十四年伐莒侵介根杜預曰縣東北計基城號介國　葛盧有尤涉亭　不期侯國故屬琅邪三齊記曰鄭玄教授不期山山下生草大如薤葉長一尺餘堅刃異常士人名曰康成書帶

齊國秦置雒陽東千八百里六城戶六萬四千四百一十五口四十九萬一千七百六十五　臨菑本齊刺史治爾雅十藪齊有海隅郭璞曰海濱廣斥左傳齊戍葵丘杜預曰在縣西皇覽曰呂尚冢在縣城南去縣十餘里在齊桓公冢南菑水南桓公冢西北有晏嬰冢孟子注曰南小山曰牛山博物記曰縣西有袁婁　西安有棘里亭杜預曰在縣東陳桓子封子山　有蘧丘里古渠丘　昌國　臨朐有三亭古郱邑左傳莊元年齊所從杜預曰在縣東南應劭曰伯氏邑也地道記曰有石高山　廣　般陽故屬濟南

右青州刺史部郡國六縣六十五

南陽郡秦置雒陽南七百里三十七城戶五十二萬八千五百五十一口二百四十三萬九千六百一十八　宛本申伯國荊州記曰郡城周三十六里博物記有申亭南都賦注有玉池澤陂　有南就聚有瓜里津東觀書曰鄧奉拒光武瓜里　有夕陽聚袁山松書曰賈復從擊鄧奉追至夕陽聚　有東武亭　冠軍邑　葉有長山曰方城杜預曰方城山在縣南屈完曰楚國方城以爲城皇覽曰縣西北去城三里葉公諸梁冢近縣祠之曰葉君丘　有卷城左傳昭二十五年楚子使季然郭卷　新野有東鄉故新都王莽封也　有黃郵聚吳漢破秦豐地　章陵故舂陵世祖更名古今注曰建武十八年使中郎將耿遵築城　有上唐鄉前志曰故唐國下江兵荆州軍　西鄂

有精山朱儁破孫夏山海經曰有豐山神耕父處之常遊清泠之淵出入有光見則其國爲敗有九鍾焉是知霜鳴郭璞曰清泠水在西鄂縣山上神來時水赤光耀今有屋祠也霜降則鍾鳴故言知也物有自然感應而不可爲也南都賦注耕父旱鬼也皇覽曰王子朝冢在縣西 **雉**博物記澧水出 **魯陽有魯山**前志曰古魯縣南都賦注有堯山封劉累立堯祠 **有牛蘭累亭**謝沈書云牛蘭山也 **犨　堵陽　博望　舞陰邑　比陽　復陽侯國有杏聚　平氏桐柏大復山淮水出**前書曰在縣南荊州記曰桐柏淮源涌發其中潛流三十里東出大復山南山南有淮源廟博物記曰有陽山出紫草 **有宜秋聚**伯升見下江兵 **棘陽**荊州記曰東北百里有謝城 **有藍鄉**伯升襲甄阜處 **有黃淯聚**又伯升攻梁丘賜杜預曰蓼國在東南前志蓼國湖陽是 **湖陽邑**荊州記曰樊重母畏雷爲石室避之悉以文石爲階今存 **隨**古隨國 **西有斷蛇丘**即衛珠之蛇也杜預曰有賴亭左傳僖十五年齊伐厲在縣北帝王世記曰神農氏起列山謂列山氏今隨厲鄉是也荊州記曰縣北界有重山山有一穴云是神農所生又有周迴一頃二十畝地外有兩重壍中有九井相傳神農既育九井自穿汲一井則衆井動即此地爲神農社年常祠之 **育陽邑有小長安**漢軍爲甄阜所破處 **有東陽聚**宋祐破張成處 **涅陽　陰　酇　鄧有鄾聚**左傳桓九年楚師圍鄾 **山都侯國　酈侯國**荊州記曰縣北八里有菊水其源旁悉芳菊水極甘馨又中有三十家不復穿井即飲此水上壽百二十中壽百餘七十者猶以爲夭漢司空王暢太傅袁隗爲南陽令縣月送三十餘石飲食澡浴悉用之太尉胡廣父患風羸南陽恆汲飲此水疾遂瘳此菊莖短葩大食之甘美異于餘菊廣又收其實種之京師遂處處傳植之 **穰　朝陽**南都賦陂澤有鉗盧注曰匡縣 **蔡陽侯國**襄陽耆舊傳曰有松子亭下有神陂中多魚人捕不可得南都賦所稱 **安衆侯國**博物記曰

有土魯山出紫石英筑陽侯國有涉都鄉杜預曰穀國在縣北博物記曰今穀亭荆州記曰縣北四里有開林山西北有巄山武當有和城聚荆州記曰縣有女思山南二百里有武當順陽侯國故博山有須聚　成都　襄鄉

南鄉　丹水故屬弘農南鄉丹水二縣有商城張儀與楚商於之地有章密鄉有三戶亭左傳哀四年晉執蠻子界楚師析故屬弘農故楚白羽邑左傳昭十八年許遷于白羽有武關在縣西南都賦曰武關在其西文穎曰去縣百七十里有豐鄉城左傳哀四年司馬起豐析荆州記曰縣有龍淵深不測縣北有馬頭山

南郡秦置雒陽南一千五百里十七城戶十六萬二千五百七十口七十四萬七千六百四

江陵史記曰楚熊渠立長子康爲句亶王張瑩曰今江陵也皇覽曰孫叔敖冢在城中白土里有津鄉左傳莊十九年楚子大敗于津荆州記曰縣東三里餘有三湖湖東有水名長谷又西北有小城名曰冶父左傳曰莫敖縊于荒谷群師囚于冶父縣北十餘里有紀南城楚王所都東南有郢城子囊所城史記蘇秦說楚威王楚東有夏州左傳楚莊伐陳鄉取一人以歸謂之夏州今夏口城有州名夏口巫西有白帝城郭璞曰有巫山秭歸本國杜預曰夔國荆州記曰縣北一百里有屈平故宅方七頃累石爲屋基今其地名樂平宅東北六十里有女須廟中盧侯國襄陽耆舊傳曰古盧戎也縣西山中有一道漢時常有數百匹馬出其中馬形皆小似巴滇馬三國時陸遜攻襄陽又値此穴中有數十匹馬出遜載還建業蜀使來有五部兵家滇池者識其馬色云亡父所乘對之流涕荆州記云是析縣馬頭山又縣南十五里有陵水東流注沔水中有物如馬甲如鯪鯉不可入七八月中好在磧上自曝膝頭如虎掌爪小兒不知欲取弄戲便殺人或曰生得者摘其鼻厭可小小便名爲木盧編有藍

口聚下江兵所據左傳鬬緡以權叛楚遷於那處杜預曰縣東南有那口城　當陽杜預曰縣東有權城楚武王所克荊州記曰縣東南有麥城城東有盧城沮水西有磨城伍子胥造沮二城以攻麥城　華容侯國雲夢澤在南杜預曰州國在縣東枝江縣有雲夢城江夏安陸縣東南有雲夢城或曰華容縣東南亦有雲夢巴丘湖江南之雲夢也爾雅十藪楚有雲夢郭璞曰巴丘湖是也　襄陽有阿頭山岑彭破張王襄陽耆舊傳曰縣西九里有方山父老傳云交甫所見玉女游處北山之下曲隈是也荊州記曰襄陽舊楚之北津從襄陽渡江經南陽出方關是周鄭晉衛之道其東津經江夏出平澤關是通陳蔡齊魯之道　印侯國有犁丘城朱祐禽秦豐蘇嶺山　宜城侯國杜預曰縣西舊羅國後徙枝江　鄀侯國永平元年復左傳楚文王伐黃還及湫杜預曰縣東南有湫城　臨沮侯國有荊山山海經曰其陽多鐵其陰多赤金其東多牛荊州記曰西北三十里有清谿谿北卽荊山首曰景山卽卞和抱璞之處南都賦注曰漢水至荊山東別流爲滄浪之水　枝江侯國　本羅國有丹陽聚史記曰秦齊破楚屈匄遂取丹陽　夷道荊州記曰縣西北有宜陽山東南有羊腸山　夷陵有荊門岑彭破田戎處虎牙山荊州記曰荊門江南虎牙江北虎牙有文如齒牙荊門上合下開　州陵史記楚考烈王納州于秦　很山故屬武陵

江夏郡高帝置雒陽南千五百里　十四城戶五萬八千四百三十四口二十六萬五千四百六十四

西陵　西陽　軑侯國杜預曰古邔國在東南有邔城　鄳史記曰無忌說魏安僖王曰秦不敢攻冥阸之塞徐廣云卽此縣也　竟陵侯國有鄖鄉左傳桓十一年鄖人軍蒲騷　立章山本內方荊州記曰山高三十

丈周迴百餘里縣東有申水左傳楚公子比爲王次魚陂杜預曰在縣西北雲杜杜預曰縣東南有鄖城故國沙羨鄁地道記曰楚滅鄁徙其君此城下雉蘄春侯國鄂平春侯國南新市侯國案本傳有離鄉聚綠村安陸

零陵郡武帝置雒陽南三千三百里十三城戶二十一萬二千二百八十四口百萬一千五百七十八泉陵零陵陽朔山湘水出羅含湘中記曰有營水有洮水有雍水有祁水有宜水有春水有烝水有表水有來水有淥水有連水有倒水有僞水有泊水有資水皆注湘營道南有九疑山舜之所葬郭璞山海經注曰其山九谿皆相似故曰九疑湘州營陽郡記曰山下有舜祠故老相傳舜登九疑營浦營陽郡記曰縣南三里餘有舜南巡止宿處今立廟泠道有春陵鄉洮陽都梁有路山夫夷侯國故屬長沙始安侯國始安郡記曰縣東有駮樂山東有遼山重安侯國故鍾武永建三年更名湘鄉昭陽侯國荊州記曰縣東有余水傍有漁父廟烝陽侯國故屬長沙

桂陽郡高帝置上領山在雒陽南三千九百里十一城戶十三萬五千二十九口五十萬一千四百三郴有客嶺山湘中記曰項籍徙義帝于郴而害之今有義陵祠又縣南十數里有馬嶺山山有仙人蘇耽壇荊州記曰城南六里縣西北有溫泉其下流有數十畝田常十二月下種明年三月新穀便登一年三收便耒陽有鐵陰山南平臨

武　桂陽　含洭　湞陽有茬領山始興郡記有吳山　曲江始興郡記縣北有臨沅山　漢寧永和元年置

武陵郡秦昭王置名黔中郡高帝五年更名雒陽南二千一百里先賢傳曰晉代太守趙厥問主簿潘京曰貴郡何以名武陵京曰鄙郡本名義陵在辰陽縣界與夷相接爲所攻破光武時移東出遂得見全先識易號傳曰止戈爲武高平曰陵於是改名焉臣昭案前書本名武陵不知此對何據而出荊州記曰郡社中木䕢樹是光武種至今也　十二城戶四萬六千六百七十二口二十五萬九百一十三

臨沅荊州記曰縣南臨沅水水源出牂柯且蘭縣至郡界分爲五谿故曰五溪蠻　漢壽故索陽嘉三年更名刺史治漢官儀曰去雒陽二千里　孱陵魏氏春秋曰劉備在荊州所都改曰公安　零陽　充　沅陵先有壺頭山馬援軍渡處有松梁山山有石開處數十丈其上名曰天門　辰陽　酉陽　遷陵　鐔成　沅南建武二十六年置　作唐

長沙郡秦置雒陽南二千八百里　十三城戶二十五萬五千八百五十四口百五萬九千三百七十二

臨湘　攸　茶陵　安城　酃荊州記曰有酃湖周迴三里取湖水爲酒酒極甘美湘東記曰縣西南毋山周迴四百里　湘南侯國衡山在東南郭璞曰山別名岣嶁湘中記曰衡山有玉牒禹案其文治水遙望衡山如陣雲沿湘千里九向九背迺不復見　連道　昭陵　益陽荊州記曰縣南十里有平岡岡有金井數百淺者四五尺深者不測俗傳云有金人以杖

撞地軓成井　下雋　羅帝王世紀曰有黃陵亭湘中記亦云二妃之神劉表爲之立碑　醴陵荊州記曰縣東四十里有大山山有三石室室中有石牀石臼父老相傳昔有道士學仙此室卽合金沙之臼　容陵

右荊州刺史部郡七縣邑侯國百一十七魏氏春秋建安二十四年吳分巫秭歸爲固陵郡二十五年分南郡之巫秭歸夷陵臨川幷房陵上庸西城七縣爲新城郡

九江郡秦置雒陽東一千五百里十四城戶八萬九千四百三十六口四十三萬二千四百二十六

陰陵　壽春漢官云刺史治去雒陽千二百里與志不同　浚遒左傳哀十二年會吳于橐皐杜預注曰在縣東南案宋均傳縣有唐后二山　成德　西曲陽　合肥侯國　歷陽侯國刺史治　當塗有馬丘聚徐鳳反於此帝王世紀曰禹會諸侯塗山皇覽曰楚大夫子思冢在縣東山鄉西去縣四十里子思造芍陂　全椒　鍾離侯國　阜陵　下蔡故屬沛左傳成七年吳入州來杜預曰下蔡縣　平阿故屬沛有塗山應劭云山在當塗左傳穆有塗山之會　義成故屬沛

丹陽郡秦鄣郡武帝更名雒陽東二千一百六十里建安十三年孫權分新都郡十六城戶十三萬六千五百一十八口六十三萬五百四十五

宛陵　溧陽　丹陽　故鄣秦鄣

郡所治吳興記曰中平年分縣南置安吉縣光和末張角亂此鄉守險助國漢嘉之故立縣中平二年又分立原鄉縣**於潛**　**涇**　**歙**山海經曰三天子鄣山在閩西海北郭璞曰在縣東今謂之玉山魏氏春秋有安勒烏邪山　**黝**魏氏春秋有林歷山　**陵陽**陵陽子明得仙於此縣山故以為名　**蕪湖**　**中江在西**左傳襄三年楚子伐吳克鳩茲杜預曰在縣之東　**秣陵**其地本名金陵秦始皇改建安十六年孫權改曰建業十七年城石頭　**南有牛渚**　**湖熟**

侯國　**句容**　**江乘**　**春穀**　**石城**

盧江郡文帝分淮南置建武十年省六安國以其縣屬雒陽東一千七百里　**十四城戶十萬一千三百九十二口四十二萬四千六百八十三**

舒有桐鄉古桐國左傳昭五年吳敗楚鵲岸杜預曰縣有鵲尾渚　**雩婁侯國**　**尋陽**有置馬亭劉勳士眾散處　**南有九江東合為大江**釋慧遠廬山記略曰山在尋陽南南濱宮亭湖北對小江山去小江三十餘里有匡俗先生者出殷周之際隱遯潛居其下受道於仙人而共嶺時謂所止為仙人之廬而命焉其山大嶺凡七重圓基周迴垂三五百里其南嶺臨宮亭湖下有神廟七嶺會同莫升之者東南有香爐山其上氛氳若香烟西南中石門前有雙闕壁立千餘仞而瀑布流焉其中鳥獸草木之美靈藥芳林之奇所稱名代豫章舊志匡俗字君平夏禹之苗裔也　**灊**左傳曰昭三十一年吳人侵楚伐夷侵潛六楚沈尹戌帥師救潛是也潛有天柱山　**臨湖侯國**　**龍舒侯國**　**襄安**　**晥有鐵**　**居巢侯國**皇覽曰范增冢在郭東又庭中亞父井吏民皆祭亞父於居巢庭上長吏初視事皆祭而後從政後更造祠於東廣志曰有二大湖　**六安國**皇覽曰皐陶冢在縣　**蓼侯國**　**安豐有大別山**左傳昭二十三年吳敗諸侯之師于雞父杜預曰縣南有雞備亭　**陽泉**

侯國廣志曰有陽泉湖 安風侯國

會稽郡秦置本治吳立郡吳乃移山陰雒陽東三千八百里 十四城戶十二萬三千九十口四十八萬一千一百九十六 山陰越絕曰句踐小城山陰是也稷山者句踐齋戒臺吳越春秋曰句踐築城已成怪山自至怪山者琅邪海中山也一夕自來故名怪山 會稽山在南上有禹冢山海經曰會稽之山四方上多金玉下多瑛石郭璞曰有禹井越絕曰有重山句踐葬大夫種 有浙江郭璞注山海經曰江出歙縣玉山 鄮烏傷越絕曰有常山古聖所采藥高且神英雄交爭記曰初平三年分縣南鄉為長山縣 諸暨越絕曰興平二年分立吳寍縣 餘暨越絕曰西施之所出謝承書有涉皇山魏都賦注有蕭山潛水出焉 太末左傳謂姑蔑初平三年分立新安縣建安四年孫氏分立豐安縣二十三年立遂昌縣東陽記縣龍丘山有九石特秀林表色丹白遠望盡如蓮花龍丘長隱居於此因以為名其峯際復有巖穴外如窗牖中有石牀巖前有一桃樹其實甚甘非山中自有莫知誰植 上虞漢末分南鄉立始寍縣 剡 餘姚句章山海經曰餘句之山無草木多金玉郭璞曰山在餘姚南句章北故二縣因以為名句踐欲遷吳王於甬東韋昭曰縣東洲 鄞章安故治閩越地光武更名晉元康記曰本鄞縣南之迴浦鄉章帝章和元年立未詳 永寍永和三年以章安縣東甌鄉為縣 東部侯國

吳郡順帝分會稽置雒陽東三千二百里 十三城戶十六萬四千一百六十四口七十萬七百八十二 吳本國越絕曰吳大城闔閭所造周四十七里二百一十步二尺又有伍子胥城居巢城昌門外闔閭冢虎丘穹窿赤松子所取赤石

脂也去縣二十里有鹿湖麗谿城又石城闔閭置美山虞山巫咸山皇覽曰縣東門外孫武冢又要離冢縣西南 **震澤在西後名具區澤** 爾雅十藪吳越之間有具區郭璞曰縣南太湖也中有句山山下有洞庭穴道潛行水底去無所不通號爲地脉越絶書曰湖周三萬六千頃又有大雷山小雷山周處風土記曰舜漁澤之所臣昭案此僻在成陽是也又吳伐越敗之夫椒杜預曰太湖中椒山是也 **海鹽** 案今計偕簿縣之故治順帝時陷而爲湖今謂爲當湖大旱湖竭城郭之處可識 **烏程** 左傳襄三年楚伐吳至于衡山杜預曰在縣南或云丹陽縣之橫山去鳩茲不遠子重所至也吳興記曰縣西北其山有項籍祠興平二年太守許貢奏分縣爲永縣 **餘杭** 顧夷曰秦始皇至會稽經此立爲縣史記曰始皇臨浙江水波惡乃西北二十里從狹中度徐廣曰餘杭也臣昭案始皇所過乃在錢塘富春豈近餘杭之界乎 **毗陵季札所居北江在北** 越絶曰縣南城在荒地上湖中冢者季子冢也名延陵墟皇覽曰暨陽鄉 **丹徒** 春秋曰朱方 **曲阿** **由拳** 左傳曰越敗吳于檇李杜預曰縣南醉李城也干寶搜神記曰秦始皇東巡望氣者云五百年後江東有天子氣始皇至令囚徒十萬人掘汙其地表以惡名故改之曰由拳縣 **安** 越絶曰有西岑冢越王孫開所立以備春申君使其子守之子死遂葬城中 **富春** **陽羨邑** 郭璞曰縣有張公山洞密有一堂 **無錫侯國** 史記曰春申君城故吳墟以自爲都邑城在無錫皇覽曰吳王太伯冢在吳縣北梅里聚去城十里太伯始所居地名句吳臣昭案無錫縣東皇山有太伯冢民世修敬焉去墓十里有舊宅井猶存臣昭以爲即宅爲置廟不如皇覽所說也越絶曰縣西龍尾陵道春申君初封吳所造臣昭案今見在自是山名非築陵道 **婁**

豫章郡 高帝置雒陽南二千七百里 **二十一城戶四十萬六千四百九十六口百六十六萬八千九百六** 豫章記曰新吳上蔡永修縣並中平立豫章縣建安立上蔡民分徙此地立名上蔡 **南昌** 豫章記曰江淮唯此縣及吳臨

湘三縣是也　建城此地立名上蔡者豫章記曰縣有葛鄉有石炭二頃可燃以爨　新淦　宜春　廬陵興平元年孫策分立廬陵郡　贛有豫章水　雩都　南野有臺　領山　南城　鄱陽有鄱水黃金采建安十五年孫權分立鄱陽郡治縣　歷陵有傅易山　餘汗　鄡陽　彭澤　彭蠡澤在西　柴桑　艾左傳哀二十年吳公子慶忌所居　海昏侯國在昌邑城豫章記曰城東十三里縣列江邊名慨口出豫章大江之口也昌邑王每乘流東望輒憤慨而還故謂之慨口　平都侯國故安平　石陽　臨汝永元八年置

建昌永元十六年分海昏置

右揚州刺史部郡六縣邑侯國九十二

郡國志五

續漢志二十三

梁劉昭補注

益州　漢中　巴郡　廣漢　蜀郡　犍爲　牂柯　越巂　益州　永昌　廣漢屬國　蜀郡屬國　犍爲屬國

涼州　隴西　漢陽　武都　金城　安定　北地　武威　張掖　酒泉　敦煌　張掖屬國　張掖居延屬國

并州　上黨　太原　上郡　西河　五原　雲中　定襄　雁門　朔方

幽州　涿郡　廣陽　代郡　上谷　漁陽　右北平　遼西　遼東　玄菟　樂浪　遼東屬國

交州　南海　蒼梧　鬱林　合浦　交趾　九眞　日南

漢中郡秦置雒陽西千九百九十里九城戶五萬七千三百四十四口二十六萬七千四百二

南鄭華陽國志曰有池水從旱山來成固嬀墟在西北前書曰在西城帝王世紀亦云姚墟在西北有舜祠

西城巴漢志云漢末以爲西城郡襃中華陽國志曰有唐公防祠沔陽有鐵華陽國志曰有定軍山傳物記曰縣北有丙穴巴漢志曰縣有度水水有
二原一曰清檢二曰濁檢安陽錫有錫春秋時曰錫穴左傳文十一年楚伐麇至于錫穴上庸本庸國
房陵巴漢志曰建安十三年別蜀新城郡有維山維水所出東入瀘
巴郡秦置雒陽西三千七百里譙周巴記曰初平六年趙潁分巴爲二郡欲得巴舊名故郡以墊江爲治安漢以下爲永寧郡建安六年劉璋分巴以永寧爲巴東郡以墊江爲巴西郡
蜀都賦注云銅梁山在巴東于寶搜神記曰有澤水民謂神龍不可鳴鼓其傍卽使大雨蜀都賦曰潛龍蟠於沮澤應鳴鼓而興雨十四城戶三十一萬
六百九十一口百八萬六千四百四十九江州杜預曰巴國也有塗山禹娶塗山華陽國志曰帝禹之廟銘存
焉有清水穴巴人以此爲粉則膏澤鮮芳貢粉京師因名粉水宕渠有鐵胊忍巴漢志曰山有大小石城勢者閬中案本傳有俞水巴漢志曰有彭
池大澤名山靈臺見孔子內讖魚復古庸國左傳文十年魚人逐楚師是也扞水有扞關史記曰楚肅王爲扞關以拒蜀臨江枳
史記蘇代曰楚得枳而國亡華陽國志曰有明月峽廣德嶼者是也涪陵出丹巴記曰靈帝分涪陵置永寧縣巴漢志曰涪陵巴郡之南鄙從枳南入析丹涪水本與楚商於
之地接漢時赤甲軍常取其民墊江安漢平都巴記曰和帝分枳置充國永元二年分閬中置
巴記曰初平四年復分爲南充國縣宣漢巴漢記曰和帝分宕渠之東置漢昌永元中置巴記曰分宕渠之北而置之
廣漢郡高帝置雒陽西三千里十一城戶十三萬九千八百六十五口五十萬

九千四百三十八　雒州刺史治　新都華陽國志曰有金堂山水通巴漢　緜竹地道記曰有紫巖山緜水之所出焉　什邡　涪巴漢志曰孱水出孱山　梓潼地道記五婦山馳水出建安二十二年劉備以爲郡　白水山海經曰白水出蜀而東南入江郭璞曰今在縣　葭萌華陽國志有水通于漢川有金銀鑛民洗取之　郪　廣漢有沈水　德陽華陽國志曰有劍閣道三十里至險

蜀郡秦置雒陽西三千一百里　十一城　戶三十萬四百五十二　口百三十五萬四百七十六　成都蜀都賦注曰武帝元鼎二年立成都郭十八門　郫　江原　繁　廣都任豫益州記曰縣有望川源鑿石二十里引取郫江水灌廣都田云後漢所穿鑿者　臨邛博物記曰有火井深二三丈在縣南百里以竹木投取火後人以火燭投井中火即滅絕不復然蜀都賦注曰火井欲出其火先以家火投之須臾許隆隆如雷聲爓然通天光耀十里以竹筒盛之接其光而無炭也取井火還煑井水一斛水得四五斗鹽家火煑之不過二三斗鹽耳　有鐵　湔氐道蜀王本紀曰縣前有兩石對如闕號曰彭門　岷山在西徼外山海經曰岷山江水出焉東北注于海中多良龜其上多金玉其下多白珉其獸多犀象夔郭璞曰今蜀山中有大牛重數千斤曰夔蜀都賦注曰岷山特多藥其椒特多好者絕異於天下之好者　汶江道華陽國志曰濊水駹水出焉多冰寒盛夏凝凍不釋孝安延光三年復立之以爲郡　八陵　廣柔帝王世記曰禹生石紐縣有石紐邑華陽國志曰夷人營其地方百里不敢居牧有過逃其野中不敢追云畏禹神能藏三年爲人所得則共原之云禹神靈祐之　緜虒道華陽國志曰有玉壘山出璧玉湔水所出

犍爲郡武帝置雒陽西三千二百七十里劉璋分立江陽郡九城戶十三萬七千七百一十三口四
十一萬一千三百七十八 武陽有彭亡聚岑彭死處南中志曰縣南二十里彭望山益州記曰縣有王喬
仙處王喬祠今在縣下有彭祖冢上有彭祖祠資中 牛鞞 南安蜀都賦注曰縣之南有五屼山一山而五里在越嶲界有魚涪
津蜀都賦注曰魚符津數百步在縣北三十里縣臨大江岸便山嶺相連經益州郡有道廣四五丈深或百丈塹鑿之蹟今存昔唐蒙所造博物記縣西百里有牙門山華陽國志曰縣西
有熊耳峽南有峨眉山去縣八十餘里僰道華陽國志曰治馬湖江會水通越嶲舊本有僰人有荔枝薑蒟有玉岳蘭李冰燒之崖有五色赤白映水玄黃魚從楚來至此而止
畏崖映其水故也江陽華陽國志曰江雒會有方蘭祠江中有大闕小闕蜀都賦注云沱潛既道從縣南流至漢嘉縣入大穴中通剛山下因南潛出今名復出水是也
荷節 南廣 漢安
牂柯郡武帝置雒陽西五千七百里十六城戶三萬一千五百二十三口二十六
萬七千二百五十三 故且蘭地道記曰有沉水平夷 鄨地道記曰不狠山鄨水所出毋
斂 談指出丹南中志曰有不津江江有瘴氣夜郎出雄黃雌黃案本傳有竹王三郎祠同並 談
槀 漏江 毋單 宛溫南中志曰縣北三百里有盤江廣數百步深十餘丈此江有毒氣鐔封華陽國志曰有溫水漏
臥 句町案本傳有桄榔木地道記有文眔水進乘 西隨地道記曰麋水西受徼外東至麋泠入尚龍谿

越巂郡武帝置雒陽西四千八百里十四城戶十三萬一百二十口六十二萬三千四百一十八

邛都南山出銅南中志曰縣東南數里有水名邛廣都河從廣二十里深百餘丈有魚長一二丈頭特大遙視如戴鐵釜狀華陽國志曰河有唪嶲山又有溫水穴冬夏常熱

遂久華陽國志曰有繩水廣志曰有縹碧石有綠碧

靈關道華陽國志曰有銅山又有利慈

臺登出鐵華陽國志曰有孫水一曰白沙江山有砮火燒成鐵

青蛉有禺同山俗謂有金馬碧雞華陽國志曰有鹽官濮水出

卑水華陽國志曰水通馬湖

三縫華陽國志曰通道盜州度瀘得蛉縣有長谷石峙坪中有石豬子母數千頭長老傳言夷昔牧豬於此一朝豬化爲石迄今夷不敢往牧

會無出鐵郭璞曰山海經稱縣東山出碧亦玉類華陽國志曰故濮人邑也今有濮人冢冢不閉戶其中多珠人不可取取之不祥有元馬河元馬日行千里縣有元馬祠民居家馬牧山下或產駿駒云元馬子也今其有元馬遐厥迹存焉河中有銅船今在祠以羊可取也河中見子土地特產好犛牛東山出青碧

定莋華陽國志縣在郡西度瀘水賓剛徼白摩沙夷有鹽坑積薪以齊水灌而後焚之成白鹽漢末夷等皆錮之

闡華陽國志曰故邛人邑治邛都城

蘇示　大莋　莋秦　姑復地道記鹽池澤在南

益州郡武帝置故滇王國雒陽西五千六百里諸葛亮表有耽文山澤山司彌瘧山婁山辟龍山此等竝皆未詳所在縣十七城戶二萬九千三十六口十一萬八百二

滇池出鐵有池澤澤在縣西見前書南中志曰池周二百五十里北有黑水祠華陽國志曰水是溫泉又有白蝟山惟有蝟

勝休南中志曰有大河從廣百四十里深數十丈地道記曰水東至毋棳入橋水

俞元裝山出銅華陽國志曰在河中洲上

律高石室山出錫　監町山出銀

鉛　賁古采山出銅錫前書曰在縣北　羊山出銀鉛在縣西地道記曰南烏山出錫　母掇地道記曰有橋水出橋山　建伶　轂昌　牧靡李奇曰靡音麻出升麻　味　昆澤　同瀨地道記曰銅虜山米水所出　同勞　雙柏出銀　連然　㭨棟地道記連山無血水所出　秦臧

永昌郡明帝永平十二年分益州置雒陽西七千三百六十里廣志曰永昌一郡見龍之耀日月相屬　八城戶二十三萬一千八百九十七口百八十九萬七千三百四十四　不韋出鐵華陽國志曰孝武置不韋縣徙南越相呂嘉子孫宗族居之因名不韋以章其先人之惡　嶲唐本西南夷史記曰古爲嶲昆明古今注曰永平十年置益州西部都尉治嶲唐鎮尉哀牢人楪榆蠻夷華陽國志曰有同水從徼外來　比蘇　楪榆有河廣志曰有弔鳥山縣西北八十里在阜山衆鳥千百羣共會鳴呼啁哳每歲七月八月晦望至集六日則止歲凡六至雉雀來弔特悲其方人夜然火伺取無嗉不食者以爲義鳥則不取也俗言鳳皇死于此山故衆鳥來弔地道記有澤在縣東　邪龍　雲南南中志曰縣西高山相連有大泉水周旋萬步名馮河縣西北百數十里有山衆山之中特高大狀如扶風太一鬱然高峻與雲氣相連結因視之不見其山固陰沍寒雖五月盛暑不熱廣志曰五月霜雪皓然　哀牢永平中置故牢王國　博南永平中置南界出金華陽國志曰西山高三十里越得蘭倉水有金沙洗取融爲金有光珠穴廣志曰有虎魄生地中其上及旁不生艸深者四五八九尺大者如斛削去外皮中成虎魄如升初如桃膠凝堅成也

廣漢屬國都尉故北部都尉屬蜀郡安帝時以爲屬國都尉別領三城　戶三萬七千一百一十口二

十萬五千六百五十二　陰平道　甸氏道華陽國志曰有白水出徼外入漢　剛氏道華陽國志曰涪水所出有金銀鑛

蜀郡屬國故屬西部都尉延光元年以爲屬國都尉別領四城戶十一萬一千五百六十八口四十七萬五千六百二十九　漢嘉故青衣陽嘉二年改　有蒙山華陽國志曰有沬水從西來出岷江又從岷山西來入江合郡下青衣江入大江土地多山蜀都賦曰廓靈關而爲門注曰山名也地在縣南　嚴道有邛僰九折坂者邛刻置山海經曰崍山江水出焉郭璞曰中江所出也華陽國志曰道至險有長嶺若棟八渡之難楊母閣之峻昔楊氏倡造作閣故名焉邛崍山本名邛莋故邛人莋人界也嚴阻峻迴曲九折乃至山上凝氷夏結冬則劇寒王陽行部至此退　徙華陽國志曰出丹砂雄雌黃空青青碧　旄牛華陽國志曰旄地也在邛崍山表邛人自蜀入度此山甚險難南人毒之故名邛崍有鮮水若水一名洲江

犍爲屬國故郡南部都尉永初元年以爲屬國都尉別領二城戶七千九百三十八口三萬七千一百八十七　朱提南中志曰縣有大淵池水名千頃池西南二里有堂狼山多毒艸盛夏之月飛鳥過之不能得去蜀都賦注曰有靈池在縣南數十里周四十七里　山出銀銅案前書朱提銀重八兩爲一流直一千五百八十他銀一流直一千南中志曰舊有銀窟數處諸葛亮書云漢嘉金朱提銀採之不足以自食

漢陽

右益州刺史部郡國十二縣道一百一十八本梁州袁山松書曰建安二十年復置漢寧郡漢中之安陽西城郡分錫上庸爲上庸郡置都尉

隴西郡秦置雒陽西二千二百二十里十一城戶五千六百二十八口二萬九千六百三十七　狄道　安故　氐道養水出此巴漢志曰漢水二源東源出縣之養山名養南都賦注曰漢水源出隴西經武都至武關山歷南陽界出沔口入江巴漢志曰西漢隴西嶓冢山會白水經葭萌入漢始源曰沔故曰漢沔　首陽有鳥鼠同穴山爾雅曰其鳥爲鵌其鼠爲鼵如人家鼠而短尾鵌似鵽而小黃黑色穴地入三四尺鼠在內鳥在外孔安國尚書傳曰共爲雌雄張氏地理記云不爲牝牡山海經曰山多白虎白玉　渭水出地道記曰有三危三苗所處　大夏　襄武有五鷄聚　臨洮有西頃山前志曰在縣西本傳縣馬防築索西城　枹罕故屬金城　鄣　河關故屬金城　積石山在西南河水出

漢陽郡武帝置爲天水永平十七年更名在雒陽西二千里秦州記曰中平五年分置南安郡獻帝起居注曰初平四年十二月已分漢陽上郡爲永陽以鄉亭爲屬縣十三城戶二萬七千四百二十三口十三萬一百三十八　冀史記曰秦武公伐冀戎縣有朱圄山前書曰在縣南有緹羣山　有雒門聚來歙破隗囂處　望恒　阿陽

略陽有街泉亭街水故縣省　勇士　成紀帝王世紀曰包羲氏生于成紀　隴州刺史治漢官云去雒陽二千一百里　有大坂名隴坻三秦記其坂九迴不知高幾許欲上者七日乃越高處可容百餘家清水四注下郭仲產秦州記曰隴山東西百八十里登山嶺東望秦川四五百里極目泯然山東人行役升此而顧瞻者莫不悲思故歌曰隴頭流水分離四下念我行役飄然曠野登高遠望涕零雙墮度汧隴無蠶桑八月乃麥五月乃凍解　獂坻聚有秦亭秦之先封起於此　獂道史記秦孝公西斬戎王　蘭干　平襄　顯親　上邽故屬隴西秦州記曰縣北有利山川中平地有土堆高五丈生細竹翠茂殊常二楊樹大數十圍百姓祀之　西故屬隴西有嶓冢山西漢水史記曰申命和仲居西土徐廣曰今之西縣鄭玄曰西在隴西西今謂之八充山

武都郡武帝置雒陽西千九百六十里　七城戶二萬一百二口八萬一千七百二十八

下辨有赤亭　武都道華陽國志曰有大池澤　上祿　故道干寶搜神記曰有奴特祠秦置旄頭騎起此　河池地道記曰有泉街水　沮沔水出東狼谷　羌道

金城郡昭帝置雒陽西二千八百里　十城戶三千八百五十八口萬八千九百四十七

允吾西羌傳有唐谷秦州有牢北山傍有三窟　浩亹有雒都谷馬武破羌處　令居　枝陽　金城　榆中　臨羌有昆崘山　破羌　安夷　允街

安定郡武帝置雒陽西千七百里八城戶六千九十四口二萬九千六十 臨涇謝承書曰宣仲爲長史民扳留改曰宜民見李固傳而志無此改豈承之妄乎高平有第一城高峻所據朝那有湫淵方四十里停不流冬夏不增減不生艸木郭璞注山海經曰涇水出縣西丹頭山入渭烏枝有瓦亭牛邯軍處出薄落谷本傳有龍池山地道記曰烏水出三水有左谷盧芳所居陰盤舊有陰密縣未詳所并杜預曰定安陰密縣古密須國史記曰秦遷白起于陰密山海經曰溫水出崆峒山在臨汾南入河華陽北郭璞曰水常溫彭陽 鶉觚故屬北地

北地郡秦置雒陽西千一百里六城戶三千一百二十二口萬八千六百三十七 富平 泥陽有五柞亭地道記曰泥水出郁郅北蠻中弋居有鐵 廉前志卑移山在西北參䜌故屬安定有靑山謝沈書屬國除羌胡數千人居山田畜靈州

武威郡故匈奴休屠王地武帝置雒陽西三千五百里十四城戶萬四十二口三萬四千二百二十六 姑臧地道記曰南山谷水所出張掖 武威 休屠 揟次 鸞鳥 樸劚 媼圍 宣威 倉松地道記曰南山松陝水所出鸇陰故屬安定 租厲故屬安定 顯美故屬張掖 左騎千人官

張掖郡故匈奴昆邪王地武帝置雒陽西四千二百里獻帝分置西郡八城戶六千五百五十二口二萬六十四十 觻得 昭武 刪丹弱水出 氐池 屋蘭 日勒 驪靬 番和

酒泉郡武帝置雒陽西四千七百里 九城戶萬二千七百六 福祿 表氏 樂涫 玉門 會水 沙頭 安彌故曰綏彌 乾齊 延壽博物記曰縣南有山石出泉水大如筥篆注地爲溝其水有肥如煮肉洎羕羕永永如不凝膏然之極明不可食縣人謂之石漆

敦煌郡武帝置雒陽西五千里耆舊記曰國當乾位地列昆墟水有縣泉之神山有鳴沙之異川無蛇虺澤無兕虎華戎所支一都會也 六城戶七百四十八口二萬九千一百七十 敦煌古瓜州出美瓜 冥安 效穀 拼泉 廣至 龍勒有玉門關

張掖屬國武帝置屬國都尉以主蠻夷降者安帝時別領五城 戶四千六百五十六口萬六千九百五十二 候官 左騎 千人司馬官 千人官

張掖居延屬國故郡都尉安帝別領一郡 戶一千五百六十口四千七百三十三居

延有居延澤古流沙獻帝建安末立爲西海郡

右涼州刺史部郡十二縣道候官九十八袁山松書曰興平元年分安定鶉觚右扶風之漆置新平郡

上黨郡秦置雒陽北千五百里十三城戶二萬六千二百二十二口十二萬七千四百三　長子山海經曰有發鳩之山章水出焉上黨記曰關城都尉所治令狐徵君隱城東山中去郡六十里郎壺關三老令狐茂上書訟戾太子者也茂卽葬其山屯留絳水出上黨記曰有鹿谷山濁漳所出有余吾城在縣西北三十里銅鞮上黨記曰晉別宮墟關猶有北城去晉宮二十里羊舌所邑左傳成九年晉執鄭伯於此沾山海經曰有少山其上有金玉其下有銅郭璞云在沾涅有閼與聚史記曰趙奢破秦丘閼與山海經曰謁戾之山有金玉沁水出焉南流注於河郭璞曰在涅襄垣上黨記曰邑帶山林茂松生焉壺關有黎亭故黎國文王戡黎卽此也上黨記曰東山在城東南晉申生所伐今名無睪泫氏有長平亭史記曰白起破趙長平上黨記曰白城在郡南山中百二十里高都前志曰有天井關戰國策曰榮居天井卽天門也博物記曰縣南地名卽垂潞本國左傳哀四年齊伐晉壺口杜預曰潞縣東有壺口關上黨記曰潞濁漳也縣城臨潞晉荀林父伐曲梁在城西十里今名石梁又東北八十里有黎城臨壺口關至建安十一年從洶河口鑿入潞河名泉州渠以通于海猗氏漢書音義縣出鴞陽阿侯國穀遠上黨記曰有羊頭山沁水所出

太原郡秦置十六城戶三萬九百二口二十萬一百二十四 晉陽本唐國毛詩譜曰堯始都於此後遷河東平陽有龍山晉水所出山海經曰有縣甕之山其上多玉其下多銅其獸多閭麋晉水出焉東南注汾郭璞曰在縣左傳曰遷實沈于大夏賈逵曰陶唐之胤劉累也杜元凱曰今晉陽縣刺史治漢官曰南有梗陽城中行獻子見巫皋 界休有界山有緜上聚左傳曰晉文公以緜上爲介之推田界山推焚死之山故太原俗有寒食有千畝聚左傳曰晉爲千畝之戰在縣南 榆次左傳曰謂塗水有鑿臺史記曰韓魏殺智伯埋於鑿臺之下 中都左傳昭二年執陳無字于中都杜預曰界休縣南中都城是也 于離 茲氏 狼孟 鄔史記韓信破夏說于鄔徐廣曰音于庶反 盂晉大夫盂邴邑 平陶 京陵春秋時九京禮記曰趙武從先大夫於九京鄭玄曰晉卿大夫之墓地京字之誤當爲九原 陽曲 大陵有鐵史記曰趙肅侯游大陸出於鹿門郎大陵 祁 慮虒 陽邑有箕城左傳僖三十三年晉敗狄于箕

上郡秦置十城戶五千一百六十九口二萬八千五百九十九 膚施 白土 漆垣 奢延 雕陰 楨林 定陽 高奴 龜茲屬國 候官

西河郡武帝置雒陽北千二百里也十三城戶五千六百九十八口二萬八百三

十八　離石　平定　美稷　樂街　中陽　皐狼　平周　平陸　盐蘭　圜陰　藺　圜陽　廣衍

五原郡秦置爲九原武帝更名　十城戶四千六百六十七口二萬二千九百五十七

九原　五原　臨沃　文國　河除　武都　宜梁　曼柏　成宜　西安陽北有陰山徐廣曰陰山在河南陽山在河北史記曰蒙恬築長城臨洮延袤萬里餘度河據陽山

雲中郡秦置　十一城戶五千三百五十一口二萬六千四百三十

雲中　咸陽　箕陵　沙陵　沙南案烏桓有蘭池城烏桓之圍耿曄處　北輿　武泉　原陽　定襄故屬定襄　成樂故屬定襄　武進故屬定襄

定襄郡高帝置　五城戶三千一百五十三口萬三千五百七十一

善無故屬鴈門　桐過　武成　駱　中陵故屬鴈門

鴈門郡秦置雒陽北千五百里　十四城戶三萬一千八百六十二口二十四萬九千

陰館史記曰漢蘇意軍句注應劭曰山險名也在縣爾雅八陵西隃鴈門是也郭璞曰即鴈門山山海經曰鴈門山者鴈飛出於其間　繁畤　樓

煩　武州武帝誘匈奴入武州塞　汪陶　劇陽　崞　平城前書高帝被圍白登服虔曰去縣七里　埒

馬邑干寶搜神記曰昔秦人築城於武州塞內以備胡城成而崩者數矣有馬馳走其地周旋反覆父老異之因依以築城城乃不崩遂名之爲馬邑　鹵城

故屬代郡山海經曰秦戲之山無艸木多金玉呼沱之水出焉郭璞曰今呼沱河縣武夫山周禮并州其川呼沱魏志曰建安十年鑿渠自呼沱入汾名平虜渠　廣

武故屬太原有夏屋山史記曰趙襄子北登夏屋山以銅斗殺代王郭璞曰爾雅山中有獸形如菟相負共行土俗名之蟨　原平

故屬太原古史考曰趙衰居原今原平縣　彊陰

朔方郡武帝置　六城戶千九百八十七口七千八百四十三　臨戎

三封　朔方　沃野　廣牧　大城故屬西河

右并州刺史部郡九縣邑侯國九十八古今注曰建武十一年十月西河上郡屬魏魏志曰建安二十年省雲中定襄五原朔方置一縣領其民合以爲新興郡

涿郡高帝置雒陽東北千八百里　七城戶十萬二千二百一十八口六十三萬三千

七百五十四　涿　迺侯國史記漢武帝至鳴澤服虔曰在縣北界　故安易水出雹水出

案本紀永元十五年復置縣鐵官　范陽侯國　良鄉　北新城有汾水門史記曰趙與燕汾門　方城

故屬廣陽有臨鄉故縣後省惠文王與燕臨樂有督亭劉向別錄曰督亢膏腴之地史記荊軻奉督亢圖入秦

廣陽郡高帝置爲燕國昭帝更名爲郡世祖省并上谷永平八年復五城戶四萬四千五百五十口二十八萬六百

薊本燕國刺史治漢官曰雒陽東北二千里 廣陽 昌平故屬上谷 軍都故屬上谷 安次故屬勃海

代郡秦置雒陽東北二千五百里古今注曰建武二十七年七月屬幽州十一城戶二萬一百二十三口十二萬六千一百八十八

高柳 桑乾 道人 當城 馬城 班氏 狋氏 北平邑永元八年復 東安陽 平舒 代干寶搜神記曰代城始築立板幹一旦亡西南板四五十里於澤中自立結葦爲外門因就營築焉故其城周圓三十五丈爲九門故城處呼之以爲東城

上谷郡秦置雒陽東北三千二百里八城戶萬三百五十二口五萬一千二百四

沮陽 潘永元十一年復甯 廣甯 居庸 雊瞀 涿鹿帝王世紀曰黃帝所都有蚩尤城阪泉地黃帝祠世本云在鼓城南張晏曰在上谷于瓚案禮五帝位云黃帝與赤帝戰于阪泉之野不在涿鹿是伐蚩尤之地 下落

漁陽郡秦置雒陽東北二千里九城戶六萬八千四百五十六口四十三萬五

千七百四十　漁陽有鐵　狐奴　潞　雍奴　泉州有鐵　平谷　安樂　傂奚　獷平

右北平郡秦置，雒陽東北二千三百里。　四城，戶九千一百七十，口五萬三千四百七十五。　土垠　徐無　俊靡　無終

遼西郡秦置。雒陽東北三千三百里。　五城，戶萬四千一百五十，口八萬一千七百一十四。　陽樂　海陽　令支有孤竹城伯夷叔齊本國　肥如　臨渝山海經曰碣石之山緜水出焉其上有玉其下多青碧水經曰在縣南郭璞曰或曰在右北平驪城縣海邊山也

遼東郡秦置雒陽東北三千六百里案本紀和帝永元十六年郡復置西部都尉官　十一城，戶六萬四千一百五十八，口八萬一千七百一十四。　襄平　新昌　無慮　望平　候城　安市　平郭有鐵　西安平魏氏春秋曰縣北有小水南流入海句驪別種因名之小水貊　汶　番汗　沓氏

玄菟郡武帝置雒陽東北四千里　六城，戶一千五百九十四，口四萬三千一百六

十三　高句驪遼山遼水出山海經曰遼水出白平東郭璞曰出塞外御白平山遼山小遼水所出　西蓋烏

上殷台　高顯故屬遼東　候城故屬遼東　遼陽故屬遼東東觀書安帝即位之年分三縣來屬

樂浪郡武帝置雒陽東北五千里　十八城戶六萬一千四百九十二口二十五萬七千五十　朝鮮　䛁邯　浿水　含資　占蟬　遂城　增地　帶方　駟望　海冥　列口郭璞注山海經曰列水名列水在遼東　長岑　屯有　昭明　鏤方　提奚　渾彌　樂都

遼東屬國故邯鄉西部都尉安帝時以爲屬國都尉別領六城雒陽東北三千二百六十里　昌遼故天遼屬遼西何法盛晉書有青城山　賓徒故屬遼西　徒河故屬遼西　無慮有醫無慮山　險瀆史記曰王險衞滿所都　房

右幽州刺史部郡國十一縣邑侯國九十

南海郡武帝置雒陽南七千一百里　七城戶七萬一千四百七十七口二十五萬

二百八十二 番禺山海經注桂林八樹在賁禺東郭璞曰今番禺 博羅有羅浮山自會稽浮往博羅山故置博羅縣 中宿

龍川 四會 揭陽 增城有勞領山

蒼梧郡武帝置雒陽南六千四百一十里 十一城戶十一萬一千三百九十五口四十六萬六千九百七十五

廣信漢官曰刺史治去雒陽九千里 謝沐 高要 封陽 臨賀 端谿 馮乘 富川 荔浦 猛陵地道記曰龍山合水所出 鄣平永平十四年置

鬱林郡秦桂林郡武帝更名雒陽南六千五百里 十一城

布山 安廣 阿林 廣鬱 中溜 桂林 潭中 臨塵 定周 增食 領方

合浦郡武帝置雒陽南九千一百九十一里 五城戶二萬三千一百二十一口八萬六千六百一十七

合浦 徐聞交州記曰出大吳公皮以冠鼓 高涼建安二十五年孫權立高梁郡 臨元 朱崖

交趾郡武帝置即安陽王國雒陽南萬一千里 十二城

龍編交州記曰縣西帶江有仙山數百里有三湖有注沅二水 羸𨻻地道記曰南越侯織在此 定安交州記曰越人鑄銅爲船在江潮退時見 苟漏交州記曰有潛水牛上岸共鬬角軟還復出 麊泠 曲陽

續漢志二十三 十

北帶 稽徐 西于 朱䳒 封谿建武十九年置交州記有隄防龍門水深百尋大魚登此門化成龍不得過曝鰓點額血流此水恒如丹池有秦潛江出嘔山分爲九十九流三百餘里共會於一口

九眞郡武帝置雒陽南萬一千五百八十里五城戶四萬六千五百一十三口二十萬九千八百九十四 胥浦 居風交州記曰有山出金牛往往夜見光曜十里山有風門常有風 咸驩 無功 無編

日南郡秦象郡武帝更名雒陽南萬三千四百里五城戶萬八千二百六十三口十萬六百七十六 西卷 朱吾交州記曰其民依海際居不食米止資魚 盧容交州記曰有採金浦 象林今之林邑國 比景博物記曰日南出野女羣行不見夫其狀晶且白裸袒無衣襦

右交州刺史部郡七縣五十六王範交廣春秋曰交州治嬴𨻻縣元封五年移治蒼梧廣信縣建安十五年治番禺縣詔書以州邊遠使持節并七郡皆授鼓吹以重威鎭

漢書地理志承秦三十六郡縣邑數百後稍分析至於孝平凡郡國百三縣邑道侯國千五百八十七世祖中興惟官多役煩乃命

并合省郡國十縣邑道侯國四百餘所應劭漢官曰世祖中興海內人民可得而數裁十二三邊陲蕭條靡有孑遺鄣塞破壞亭隊絕滅建武二十一年始遣中郎將馬援謁者分築烽候堡壁稍興立郡縣十餘萬戶或空置太守令長招還人民上笑曰令邊無人而設長吏治之難如春秋素王矣乃建立三營屯田殖穀弛刑謫徒以充實之　至明帝置郡一章帝置郡國二和帝置三安帝又命屬國別領比郡者六又所省縣漸復分置至於孝順凡郡國百五縣邑道侯國千一百八十東觀書曰永興元年鄉三千六百八十一亭萬二千四百四十三　民戶九百六十九萬八千六百三十口四千九百一十五萬二百二十應劭漢官儀曰永和中戶至千七十八萬口五千三百八十六萬九千五百八十八又帝王世紀永嘉二年戶則多九十七萬八千七百七十一口七百二十一萬六千六百三十六應載極盛之時而所殊甚衆舍永嘉多取永和少良不可解皇甫謐校覈精審復非謬記未詳孰是豈此是順朝時書後史即爲本乎伏無忌所記每帝崩輒最戶口及墾田大數今列于後以見滋減之差焉　光武中元二年戶四百二十七萬九千六百三十四口二千一百萬七千八百二十　明帝永平十八年戶五百八十六萬五百七十二口三千四百一十二萬五千二十一　章帝章和二年戶七百四十五萬六千七百八十四口四千三百三十五萬六千三百六十七　和帝永興元年戶九百二十三萬七千一百一十二口五千三百二十五萬六千二百二十九墾田七百三十二萬一百七十頃八十畝百四十步　安帝延光四年戶九百六十四萬七千八百三十八口四千八百六十九萬七百八十九墾田六百九十四萬二千八百九十二頃一十三畝八十五步　順帝建康元年戶九百九十四萬六千九百一十九口四千九百七十三萬五百五十墾田六百八十九萬六千二百七十一頃五十六畝一百九十四步　沖帝永嘉元年戶九百九十三萬七千六百八十口四千九百五十二

萬四千一百八十三墾田六百九十五萬七千六百七十六頃二十畝百八步　質帝本初元年戶九百二十四萬八千二百二十七口四千七百五十六萬六千七百七十二墾田六百九十三萬一百二十三頃三十八畝

贊曰眾安后載政洽區分侯罷守列民無常君稱號遷隔封割糾紛略存減益多證前聞

郡國志五

百官志一

續漢志二十四

太傅　太尉　司徒　司空　將軍

梁劉昭注補

漢之初興，承繼大亂，兵不及戢，法度草創，略依秦制，後嗣因循。至景帝感吳楚之難，始抑損諸侯王。及至武帝，多所改作，然而奢廣，民用匱乏。世祖中興，務從節約，并官省職，費減億計，所以補復殘缺，及身未改，而四海從風，中國安樂者也。昔周公作周官，分職著明，法度相持，王室雖微，猶能久存。今其遺書，所以觀周室牧民之德旣至，又其有益來事之範，殆未有所窮也。故新汲令王隆作小學漢官篇，諸文倜說，較略不究。案胡廣注隆此篇，其論之注曰：「前安帝時，越騎校尉劉千秋校書東觀，好事者樊長孫與書曰：『漢家禮儀，叔孫通等所草創，皆隨律令在理官，藏于几閣，無記錄者，久令二代之業，闇而不彰。誠宜撰次，依擬周禮，定位分職，各有條序，令人無愚智，入朝不惑。君以公族元老，正丁其任，焉可以已。』劉君甚然其言，與邑子通人郎中張平子參議，未定，而劉君遷爲宗正、衞尉，平子爲尚書郎、太史令，各務其職，未暇恤也。至順帝時，平子爲侍中典校書，方作周官解說，乃欲以漢次述漢事，會復遷河間相，遂莫能立也。述作之功，獨不易矣。旣感斯言，顧見故新汲令王文山小學爲漢官篇，略道公卿內外之職，旁及四夷，博物條暢，多所發明，足以知舊制儀品。蓋法有成易，而道有因革，是以聊集所宜爲作詁解各隨其下綴續後事令世施行庶明厥旨廣前後憤盈之念增助來哲多聞之覽焉唯班固著百官公卿表記漢承秦置官本末訖于王莽差有條貫然皆孝武奢廣之事又職分未悉世祖節約之制宜爲常憲故依其官簿麤注職分以爲百官志臣昭曰本志旣久是注曰百官簿今昭又采異同俱爲細字如或相冒兼應注本注尤須分顯故凡是舊注通爲大書稱本注曰以表其異凡置官之本及中興所省無因復見者旣在漢書百官表不復悉載

太傅上公一人大戴記曰傅傅之德義也應劭漢官儀曰傅者覆也賈生曰天子不諭於先聖之德不知君民之道不見禮義之正詩書無宗學業不法此太師之責也古者齊太公職之天子不惠於庶民不禮於大臣不中於折獄無經於百官不哀於喪不敬於祭不戒於齊不信於事此太傅之責也古者周公職之天子處位不端受業不敬言語不敘音聲不中進退升降不以禮俯仰周旋無節此太保之責也古者燕召公職之天子燕業反其學左右之習詭其師答諸侯遇大臣不知文雅之辭言語之道簡聞少誦不博不習此少師之責也天子居處出入不以禮衣服冠帶不以制御器列側不以度采服從好不以章忿悅不以義與奪不以節此少傅之責也天子居處燕私安而易樂而耽飲食不時醉飽不節寢起早宴無常玩好器弄無制此少保之責也此古天子自輔弼之禮也自爲天子而賢智維之故能慮無失計舉無過事終身得中本注曰掌以善導無常職世祖以卓茂爲太傅薨因省其後每帝初卽位輒置太傅錄尚書事薨輒省胡廣注曰猶古冢宰總己之義也案靈帝之初以陳蕃爲太傅蕃誅以胡廣代始不止一人也董卓在長安又自尊爲太師位在太傅上應劭漢官儀曰太師古官也平

帝元年孔光以太傅見授詔太師無朝十日一賜餐賜靈壽杖省中施坐置几太師入省中用杖自是而闕又漢官云太傅長史一人秩千石掾屬二十四人令史御屬二十二人荀綽晉百官表注曰漢太傅置掾屬十八御屬一人令史十二人置長史與漢異

太尉公一人 應劭曰自上安下曰尉武官悉以爲稱前書曰秦官鄭玄注月令亦曰秦官尚書中候云舜爲太尉束晳據非秦官以此追難玄焉臣昭曰緯候衆書宗貴神詭出沒隱顯動挾誕怪該覈陰陽徵迎起伏或有先徵時能後驗故守奇構思雜稱曉輔通儒達好時略文滯公輸益州具於張衡之詰無曰漢輔炳乎尹敏之諷圖讖紛僞其俗多矣太尉官實司天虞舜作宰璇衡賦政將是據後位以書前非唐官之實號乎太尉所職卽舜所掌遂以同掌追稱太尉乃中候之妄蓋非官之爲謬康成淵博自注中候裁及注禮而忘舜位豈其實哉此皆不發議於中候而正之於月令也廣微之誚未探碩意說苑曰當堯之時舜爲司徒新論曰昔堯試於大麓者領錄天子事如今尚書官矣古史考曰舜居百揆總領百事說者以百揆堯初別置於周更名冢宰斯其然矣 **本注曰掌四方兵事功課歲盡卽奏其殿最而行賞罰凡郊祀之事掌亞獻大喪則告謚南郊凡國有大造大疑則與司徒司空通而論之國有過事則與二公通諫爭之世祖卽位爲大司馬** 漢官儀曰元狩六年罷太尉法周制置司馬時議者以爲漢軍有官候千人司馬故加大爲大司馬所以別異大小司馬之號 **建武二十七年改爲太尉** 蔡質漢儀曰府開闕王莽初起大司馬後纂盜神器故遂貶去其闕漢官儀曰張衡云明帝更司馬司空府欲復更太尉府時公趙憙也西曹掾安衆鄭均素好名節以爲朝廷新造北宮整飭宮寺旱魃爲虐民不堪命曾無殷湯六事周宣雲漢之辭今府本館陶公主第舍員職旣少自足相容憙表陳之卽聽許其冬臨辟雍歷二府見皆壯麗而太尉府獨

卑陋顯宗東顧歎息曰椎牛縱酒勿令乞兒爲宰時熹子世爲侍中驂乘歸具白之熹以爲恨頻譴責均均自劾去道發病亡古今注曰永平十五年更作太尉司徒司空府開陽城門內與此不同臣昭案劉虞爲大司馬而與太尉並置焉

長史一人千石盧植禮注曰如周小宰本注曰署諸曹事掾史屬二十四人本注曰漢舊注東西曹掾比四百石餘掾比三百石屬比二百石故曰公府掾比古元士三命者也或曰漢初掾史辟皆上言之故有秩比命士其所不言則爲百石屬其後皆自辟除故通爲百石云漢書音義曰正曰掾副曰屬西曹主府史署用東曹主二千石長吏遷除及軍吏戶曹主民戶祠祀農桑奏曹主奏議事辭曹主辭訟事法曹主郵驛科程事尉曹主卒徒轉運事賊曹主盜賊事決曹主罪法事兵曹主兵事金曹主貨幣鹽鐵事倉曹主倉穀事黃閤主簿錄省衆事應劭漢官儀曰世祖詔方今選舉賢佞朱紫錯用丞相故事四科取士一曰德行高妙志節清白二曰學通行修經中博士三曰明達法令足以決疑能案章覆問文中御史四曰剛毅多略遭事不惑明足以決才任三輔令皆有孝悌廉公之行自今以後審四科辟召及刺史二千石察茂才尤異孝廉之吏務盡實覈選擇英俊賢行廉潔平端於縣邑務受試以職有非其人臨計過署不便習官事書疏不端正不如詔書有司奏罪名并正舉者又舊河隄謁者世祖改以三府掾屬爲謁者領之遷超御史中丞刺史或爲小郡監察黎

陽謁者世祖以幽并州兵騎定天下故於黎陽立營以謁者監之兵騎千人復除甚重謁者任輕多放情態順帝改用公解府掾有清名威重者遷超牧守焉漢官目錄曰建武十二年八月乙未詔書三公舉茂才各一人廉吏各二人光祿歲舉茂才四行各一人察廉吏三人中二千石歲察廉吏各一人廷尉大司農各二人將兵將軍歲察廉吏各二人監察御史司隸州牧歲舉茂才各一人令史及御屬二十三人本注曰漢舊注公令史百石自中興曰後注不說石數御屬主爲公御荀綽晉百官表注曰御屬如錄事也閤下令史主閤下威儀事記室令史主上章表報書記門令史主府門其餘令史各典曹文書應劭漢官儀有官騎三十人

司徒公一人孔安國曰主徒衆教以禮義本注曰掌人民事凡教民孝悌遜順謙儉養生送死之事則議其制建其度凡四方民事功課歲盡則奏其殿最而行賞罰凡郊祀之事掌省牲視濯大喪則掌奉安梓宮凡國有大疑大事與太尉同世祖卽位爲大司徒漢官儀曰王莽時議以漢無司徒官故定三公之號曰大司馬大司徒大司空世祖卽位因而不改蔡質漢儀曰司徒府與蒼龍闕對厭於尊者不敢號府應劭曰此不然丞相舊位在長安時府有四出門隨時聽事明帝本欲依之迫於太尉司空但爲東西門耳國每有大議天子車駕親幸其殿殿西王侯以下更衣併存每歲州郡聽採長吏臧否民所疾苦還條奏之是爲之舉謠言者也頃者舉謠言者掾屬令史都會殿上主者大言某

州郡行狀云何善者同聲稱之不善者各爾銜枚大較皆取無名勢其中或有愛憎微裁黜陟之闇昧也若乃中山祝恬踐周召之列當軸處中忘謇諤之節憚首尾之譏懸囊捉撮無能清澄其與申屠須責鄧通王嘉封還詔書邈矣乎周禮有外朝干寶注曰禮司徒府中有百官朝會殿天子與丞相決大事是外朝之存者建武二十七年去大漢舊儀曰哀帝元壽二年以丞相爲大司徒郡國守長史上計事竟遣公出庭上親問百姓所疾苦記室掾史一人大音讀勑畢遣勑曰詔書殿下禁吏無苛暴丞史歸告二千石順民所疾苦急去殘賊審擇良吏無任苛刻治獄決訟務得其中明詔憂百姓困于衣食二千石帥勸農桑思稱厚恩有以賑贍之無煩擾奪民時今日公卿以下務飾儉恪奢侈過制度以益甚二千石身帥有以化之民宂食者請諭以法養視疾病致醫藥務治之詔書無飾廚養至今未變又更過度甚不稱歸告二千石務省約如法且案不改者長吏以聞官寺鄉亭漏敗牆垣阤壞不治無辨護者不勝任先自劾不應法歸告二千石聽十年更名相國案獻帝初董卓自太尉進爲相國而司徒不省及建安末曹公爲丞相郗慮爲御史大夫則罷三公官荀綽晉百官表注曰漢丞相府門無闌不設鈴不警鼓言其深大潤遠無節限也長史一人千石掾屬三十一人漢官目錄曰三十八人令史及御屬三十六人本注曰世祖卽位以武帝故事置司直居丞相府助督錄諸州建武十八年省也獻帝起居注曰建安八年十二月復置司直不屬司徒掌督中都官不領諸州九年十二月詔司直比司隸校尉坐同席在上假傳置從事三人書佐四人

司空公一人馬融曰掌營城郭主司空土以居民本注曰掌水土事凡營城起邑浚溝洫脩墳防之事則議其利建其功凡四方水土功課歲盡則奏其殿

最而行賞罰凡郊祀之事掌掃除樂器大喪則掌將校復土凡國有大造大疑諫爭與太尉同 韓詩外傳曰三公之得者何曰司馬司空司徒也司馬主天司空主土司徒主人故陰陽不和四時不節星辰失度災變非常則責之司馬山陵崩阤川谷不通五穀不植艸木不茂則責之司空君臣不正人道不和國多盜賊民怨其上則責之司徒故三公典其職憂其分舉其辨明其得此之謂三公之事 世祖卽位爲大司空 應劭漢官儀曰綏和元年罷御史大夫官法周制初置司空議者又以縣道官獄司空故覆加大爲大司空亦所以別大小之文 建武二十七年去大 漢舊儀曰御史大夫勑上計丞長史曰詔書殿下布告郡國臣下承宣無狀多不究百姓不蒙恩被化守長史到郡與二千石同力爲民興利除害務有以安之稱詔書郡國有茂才不顯者言殘民貪汙煩擾之吏百姓所苦務勿任用方察不稱者刑罰務於得中惡惡止其身選舉民侈過度務有以化之問今歲善惡孰與往年對上問今年盜賊孰與往年得無有羣輩大賊對上臣昭案獻帝建安十三年又罷司空置御史大夫御史大夫郗慮慮免不得補荀綽晉百官表注曰獻帝置御史大夫職如司空不領侍御史 屬長史一人千石掾屬二十九人 漢官目錄云二十四人 令史及御屬四十二人

將軍不常置本注曰掌征伐背叛比公者四第一大將軍次驃騎將軍次車騎將軍次衛將軍又有前後左右將軍 蔡質漢儀曰漢興置大將軍驃騎位次丞相車騎衛將軍左右前後皆金紫位次上卿典京師兵衛四夷屯警 初武帝以衛青數征伐有功以爲大將軍欲

尊寵之㠯古尊官唯有三公皆將軍始自秦晉㠯爲卿號故置大司馬官號㠯冠之其後霍光王鳳等皆然成帝綏和元年賜大司馬印綬罷將軍官世祖中興吳漢㠯大將軍爲大司馬景丹爲驃騎大將軍位在公下及前後左右雜號將軍衆多皆主征伐事訖皆罷魏略曰曹公置都護軍中尉置護軍將軍亦皆比二千石旋軍並止罷明帝初卽位㠯弟東平王蒼有賢才㠯爲驃騎將軍㠯王故位在公上數年後罷章帝卽位西羌反故㠯舅馬防行車騎將軍征之還後罷和帝卽位㠯舅竇憲爲車騎將軍征匈奴位在公下還復有功遷大將軍位在公上復征西羌還免官罷安帝卽位西羌寇亂復㠯舅鄧騭爲車騎將軍征之還遷大將軍位如憲數年復罷自安帝政治衰缺始㠯嫡舅耿寶爲大將軍常在京都順帝卽位又㠯皇后父兄弟相繼爲大將軍如三公焉梁冀別傳曰元嘉二年又加冀禮儀大將軍朝到端門若龍門謁者將引增掾屬舍人令史官騎鼓吹各十人長史司馬皆一

人千石東觀書曰竇憲作大將軍置長史司馬員吏官屬位次太傅本注曰司馬主兵如太尉從事中郎二人六百石本注曰職參謀議東觀書曰大將軍出征置中護軍一人掾屬二十九人案本傳東平王作驃騎掾史四十人令史及御屬三十一人本注曰此皆府員職也又賜官騎三十人及鼓吹應劭漢官儀曰鼓吹二十人非常員舍人十人其領軍皆有部曲大將軍營五部部校尉一人比二千石軍司馬一人比千石部下有曲曲有軍候一人比六百石曲下有屯屯長一人比二百石其不置校尉部但軍司馬一人又有軍假司馬假候皆爲副貳其別營領屬爲別部司馬其兵多少各隨時宜門有門候其餘將軍置以征伐無員職亦有部曲司馬軍候以領兵其職吏部集各一人總知營事兵曹掾史主兵事器械稟假掾史主稟假禁司又置外刺刺姦主罪法明帝初置度遼將軍以衛南單于衆新降有二心者後數有不安遂爲常守應劭漢官儀曰度遼將軍孝武皇帝初用范明友明帝十八年行度遼將軍事安帝元初元年置眞銀印青綬秩二千石長史司馬六百

石東觀書云
司馬二人

續漢志二十五

百官志二

太常　光祿勳　衛尉
太僕　廷尉　大鴻臚

梁劉昭注補

太常卿一人中二千石盧植禮注曰如大樂正本注曰掌禮儀祭祀每祭祀先奏其禮儀及行事常贊天子漢舊儀曰贊饗一人秩六百石掌贊天子每選試博士奏其能否大射養老大喪皆奏其禮儀每月前晦察行陵廟漢官曰員吏八十五人其十二人四科十五人佐五人假佐十三人百石十五人騎吏九人學事十六人守學事臣昭曰凡漢官所載列職人數今悉以注雖頗為繁蓋周禮列官陳人役於前以為民極實觀國制此則宏模不可闕者也丞一人比千石盧植禮注曰如小樂正本注曰掌凡行禮及祭祀小事總署曹事漢舊儀曰丞舉廟中非法者其署曹掾史隨事為員諸卿皆然

太史令一人六百石本注曰掌天時星曆凡歲將終奏新年曆凡國祭祀喪娶之事掌奏良日及時節禁忌凡國有瑞應災異掌記之漢官曰太史待詔三十七人其六人治曆三人龜卜三人廬宅四人日時三人易筮二人典禳九人籍氏許氏典昌氏各三人嘉法請雨解事各二人醫二人丞一人明堂及靈臺丞一人二百石本注曰二丞掌守明堂靈臺靈臺掌

候日月星氣皆屬太史漢官曰靈臺待詔四十二人其十四人候星二人候日三人候風十二人候氣二人候晷景七人候鍾律一人舍人

博士祭酒一人六百石本僕射中興轉爲祭酒胡廣曰官名祭酒皆一位之元長者也古禮賓客得主人饌則老者一人舉酒以祭于地舊說以爲示有先博士十四人比六百石本注曰易四施孟梁丘京氏尚書三歐陽大小夏侯氏詩三魯齊韓氏禮二大小戴氏春秋二公羊嚴顏氏掌教弟子國有疑事掌承問對本四百石宣帝增秩本紀桓帝延熹二年置祕書監

太祝令一人六百石本注曰凡國祭祀掌讀祝及迎送神漢舊儀曰廟祭太祝令主席酒漢官曰員吏四十一人其二人百石二人斗食二十二人佐二人學事四人守學事九人有秩百五十人祝人宰二百四十二人屠者六十八人丞一人本注曰掌祝小神事

太宰令一人六百石本注曰掌宰工鼎俎饌具之物凡國祭祀掌陳饌具漢官曰明堂丞一人二百石員吏四十二人其二人百石二人斗食二十三人佐九人有秩二人學事四人守學事宰二百四十二人屠者七十三人衞士一十五人丞一人

大予樂令一人六百石本注曰掌伎樂凡國祭祀掌請奏樂及大饗用樂掌其陳序漢官曰員吏二十五人其二人百石一人斗食七人佐十人學事四人守學事樂人八佾舞三百八十人盧植禮注曰大予令如古大胥漢大樂律卑者之子不得舞宗廟之酎除吏二千石到六百石及關內侯到五大夫子取適子高五尺已上年十二到三十顏色和身體修治者以為舞人丞一人盧植禮注曰大樂丞如古小胥

高廟令一人六百石本注曰守廟掌案行掃除無丞漢官曰員吏四人衛士一十五人

世祖廟令一人六百石本注曰如高廟漢官曰員吏六人衛士二十人

先帝陵每陵園令各一人六百石本注曰掌守陵園案行掃除丞及校長各一人本注曰校長主兵戎盜賊事應劭漢官名秩曰丞皆選孝廉郎年少薄伐者遷補府長史都官令候司馬

先帝陵每陵食官令各一人六百石本注曰掌望晦時節祭祀漢官曰每陵食監一人秩六百石監丞一人三百石中黃門八人從官二人案食監即是食官令號

右屬太常本注曰有祠祀令一人後轉屬少府有太卜令六

百石後省幷太史中興以來省前凡十官案前書十官者太宰均官都水雍太祝五畤各一尉也東觀書曰章帝又置祀令丞延光元年省

光祿勳卿一人中二千石本注曰掌宿衞宮殿門戶典謁署郎更直執戟宿衞門戶考其德行而進退之胡廣曰勳猶閽也易曰爲閽寺宮寺主殿宮門戶之職郊祀之事掌三獻漢官曰員吏四十四人其十八人四科三人百石二人斗食二人佐六人騎吏八人學事十三人守學事一人官醫衞士八十一人丞一人比千石

五官中郎將一人比二千石本注曰主五官郎蔡質漢儀曰中郎解其府對太學五官中郎比六百石本注曰無員郎年五十以屬五官故曰六百石五官侍郎比四百石本注曰無員五官郎中比三百石本注曰無員凡郎官皆主更直執戟宿衞諸殿門出充車騎唯議郎不在直中蔡質漢儀曰三署郎見光祿勳執板拜見五官左右將執板不拜於三公諸卿無敬

左中郎將比二千石本注曰主左署郎蔡質漢儀曰中郎解其府府次五官中郎比六百

石侍郎比四百石郎中比三百石三郎本注曰皆無員

右中郎將比二千石本注曰主右署郎中郎比六百石侍郎比四百石郎中比三百石本注曰皆無員三郎並無員

虎賁中郎將比二千石本注曰主虎賁宿衛前書武帝置期門平帝更名虎賁蔡質漢儀曰主虎賁千五百人無常員多至千人戴鶡冠次右將府又虎賁舊作虎奔言如虎之奔也王莽以古有勇士孟賁故名焉孔安國曰若虎賁獸言其甚猛左右僕射左右陛長各一人比六百石本注曰僕射主虎賁郎習射陛長主直虎賁朝會在殿中漢官曰陛長墨綬銅印虎賁中郎比六百石虎賁侍郎比四百石虎賁郎中比三百石荀綽晉百官表注曰虎賁諸郎皆父死子代漢制也節從虎賁比二百石四郎本注曰皆無員掌宿衛侍從自節從虎賁久者轉遷才能差高至中郎

羽林中郎將比二千石本注曰主羽林郎案漢末又有四中郎將皆帥師征伐不知何時置董卓爲東中郎將盧植爲北中郎將獻帝以曹操爲南中郎將羽林郎比三百石本注曰無員掌宿衛侍從常選漢陽隴西安定北地上郡西河凡六郡良家補本武帝以便馬從

獵還宿殿陛巖下室中故號巖郎前書曰初置爲建章營騎後更名出補三百石丞尉荀綽晉百官表注曰言其嚴厲整鋭也案此則爲巖郎與志不同蔡質漢儀曰羽林郎百二十八人無常員府次虎賁府

羽林左監一人六百石本注曰主羽林左騎漢官曰孝廉郎作主羽林九百人二監官屬史吏皆自出羽林中有材者作丞一人

羽林右監一人六百石本注曰主羽林右騎丞一人

奉車都尉比二千石本注曰無員漢官曰三人掌御乘輿車

駙馬都尉比二千石本注曰無員漢官曰五人掌駙馬

騎都尉比二千石本注曰無員漢官曰十人本監羽林騎

光祿大夫比二千石本注曰無員漢官曰三人凡大夫議郎皆掌顧問應對無常事唯詔命所使凡諸國嗣之喪則光祿大夫掌弔

太中大夫千石本注曰無員漢官曰二十人秩比二千石

中散大夫六百石本注曰無員漢官曰三十人秩比二千石

諫議大夫，六百石。本注曰：無員。胡廣曰：光祿大夫，本爲中大夫，武帝元狩五年置諫大夫爲光祿大夫，世祖中興以爲諫議大夫。又有太中、中散大夫。此四等於古皆爲天子之下大夫，視列國之上卿。漢官曰：三十人。

議郎，六百石。本注曰：無員。漢官曰：五十人，無常員。

謁者僕射一人，比千石。本注曰：爲謁者臺率，主謁者，天子出，奉引。古重習武，有主射以督錄之，故曰僕射。蔡質漢儀曰：見尚書令，對揖無敬；謁者見，執板拜之。常侍謁者五人，比六百石。本注曰：主殿上時節威儀。漢官曰：謁者三十人。其二人，公府掾六百石持使也。謁者三十人。其給事謁者，四百石。其灌謁者郎中，比三百石。本注曰：掌賓贊受事，及上章報問。將、大夫以下之喪，掌使弔。本員七十人，中興但三十人。荀綽晉百官表注曰：漢皆用孝廉年五十，威容嚴恪能賓者爲之。明帝詔曰：謁者乃堯之尊官，所以試舜賓于四門，四門穆穆者也。昔燕太子使荊軻劫始皇，變起兩楹之間，其後謁者持匕首刺腋。高祖偃武行文，故易之以板。初爲灌謁者，滿歲爲給事謁者。蔡質漢儀曰：出府丞、長史、陵令，皆選儀容端正任奉使者。

右屬光祿勳。本注曰：職屬光祿者，自五官將至羽林右監，凡七署自奉車都尉至謁者曰文屬焉舊有左右曹秩曰二千石上殿中主受尚書奏事平省之世祖省使小黃門郎受事車駕出給黃門郎兼有請室令車駕出在前請所幸徼車迎白示重慎中興但曰郎兼事訖罷又省車戶騎凡三將如淳曰主車曰車郎主戶衞曰戶郎及羽林令

衞尉卿一人中二千石本注曰掌宮門衞士宮中徼循事漢官曰員吏四十一人其九人四科二人二百石文學三人百石十二人斗食二人佐十三人學事一人官醫衞士六十八人丞一人比千石

公車司馬令一人六百石本注曰掌宮南闕門凡吏民上章四方貢獻及徵詣公車者獻帝起居注曰建安八年議郎衞林爲公車司馬令位隨將大夫舊公車令與都官長史位從將大夫自林始丞尉各一人本注曰丞選曉諱掌知非法尉主闕門兵禁戒非常胡廣曰諸門部各陳屯夾道其旁當兵以示威比交戟以遮妄出入者

南宮衞士令一人六百石本注曰掌南宮衞士漢官曰員吏九十五人衞士五百三十七人丞

一人。

北宮衛士令一人，六百石。本注曰：掌北宮衛士。漢官曰員吏七十二人衛士四百七十二人丞一人。

左右都候各一人，六百石。周禮司寤氏有夜士干寶注曰今都候之屬本注曰：主劍戟士，徼循宮及天子有所收考。漢官曰右都候員吏二十二人衛士四百一十六人左都候員吏二十八人衛士三百八十三人蔡質漢儀曰宮中諸有劾奏辠左都候執戟戲車縛送付詔獄在候大小各付所屬以馬被覆見尚書令尚書僕射尚書皆執板拜見丞郎皆揖丞各一人。

宮掖門，每門司馬一人，比千石。本注曰：南宮南屯司馬，主平城門；漢官曰員吏九人衛士百二人古今注曰建武十三年九月初開此門宮門蒼龍司馬，主東門；案雒陽宮門名爲蒼龍闕門漢官曰員吏六人衛士四十人玄武司馬，主玄武門；漢官曰員吏二人衛士三十八人北屯司馬，主北門；漢官曰員吏二人衛士三十八人北宮朱爵司馬，主南掖門；漢官曰員吏四人衛士百二十四人古今注曰永平二年十一月初作北宮朱爵南司馬門東明司馬，主東門；漢官曰員吏十三人衛士百八十八朔平司馬，主北門。漢官曰員吏五人衛士百一十七人凡七門。漢官曰凡員吏皆隊長佐凡居宮中者，皆有口籍於門之所屬。宮名兩字，爲鐵印

文符案省符乃內之（胡廣曰符用木長尺二寸鐵印以符之）若外人吕事當入本宮長史

爲封棨傳其有官位出入令御者言其官

右屬衛尉本注曰中興省旅賁令衛士一人丞（漢官目錄曰右三卿太尉所部）

太僕卿一人中二千石本注曰掌車馬天子每出奏駕上鹵簿用

大駕則執馭（漢官曰員吏七十人其七人四科一人二百石文學八人百石六人斗食七人佐六人騎吏三人假佐三十一人學事一人官醫）丞一人

比千石

考工令一人六百石本注曰主作兵器弓弩刀鎧之屬成則傳執

金吾入武庫及主織綬諸雜工（漢官曰員吏百九人）左右丞各一人

車府令一人六百石本注曰主乘輿諸車（漢官曰員吏二十四人）丞一人

未央廄令一人六百石本注曰主乘輿及廄中諸馬（漢官曰員吏七十人卒騶二十八）

長樂廄丞一人（漢官曰員吏十五人卒騶二十人苜蓿苑官田所一人守之）

右屬太僕本注曰舊有六廄皆六百石令（前書曰有大廄未央家馬二令各五丞一尉又車府

路軨騎馬駿馬四令丞晉灼曰六廄名也主馬萬匹中興省約但置一廄後置左駿令廄別主乘
輿御馬後或幷省又有牧師苑皆令官主養馬分在河西六
郡界中中興皆省唯漢陽有流馬苑但以羽林郎監領古今注曰漢安元年七月置承華廄令秩六百石

廷尉卿一人中二千石應劭曰兵獄同制故稱廷尉本注曰掌平獄奏當所應凡
郡國讞疑罪皆處當以報胡廣曰讞質也漢官曰員吏百四十人其十一人四科十六人二百石廷吏文學十六人百石十三人獄史二十七人佐二十六人騎吏三十八人假佐一人官醫正左監各一人前各有左右監平世祖省右而猶曰左左平一人六百石
本注曰掌平決詔獄

右屬廷尉本注曰孝武帝以下置中都官獄二十六所各令
長名世祖中興皆省唯廷尉及雒陽有詔獄蔡質漢儀曰正月旦百官朝賀光祿勳劉嘉廷尉趙世各辭不能朝高賜舉奏皆以被病篤困空文武之位闕上卿之贊既無忠信斷金之用而有敗禮傷化之尤不謹不敬請廷尉治嘉罪河南尹治世罪議以世掌廷尉故轉屬他官

大鴻臚卿一人中二千石周禮象胥千寶注曰今鴻臚本注曰掌諸侯及四方歸義蠻夷其郊廟行禮贊導請行事既可以命群司諸王入朝當郊迎典其禮儀及郡國上計匡四方來亦屬焉漢官曰員吏五十五人其六人四科二人二百石文學六人百石一人斗食十四人佐六人騎吏十五人學事五人官醫永元十年大匠應順上言百郡計吏觀國之光而舍逆旅崎嶇私館直裝衣物敝朽暴露朝會邈遠事不肅給昔霸國盟主耳舍諸侯於隸人子產以為大譏況今四海之大而可無乎和帝嘉納其言即創業焉皇子拜王贊授印綬及拜諸侯諸侯嗣子及四方夷狄封者臺下鴻臚召拜之王薨則使弔之及拜王嗣

丞一人比千石

大行令一人六百石本注曰主諸郎漢官曰員吏四十人丞一人治禮郎四十七人漢官曰其四人四科五人二百石文學五人百石九人斗食六人佐六人學事十二人守學事東觀書曰主齋祠儐贊九賓又有公室主調中都官斗食以下功次相補案盧植禮注曰大行郎亦如謁者兼舉形貌

右屬大鴻臚本注曰承秦有典屬國別主四方夷狄朝貢侍子成帝時省幷大鴻臚中興省驛官別火二令丞如淳曰漢儀注別火獄令官主

治改火事及郡邸長丞但令郎治郡邸漢官目錄曰右三官司徒所部

百官志二

金陵書局仿汲古閣本刊

續漢志二十五

宗正　大司農
少府

梁劉昭注補

宗正卿一人，中二千石。本注曰：掌序錄王國嫡庶之次，及諸宗室親屬遠近，郡國歲因計上宗室名籍。若有犯法當髡以上，先上諸宗正，宗正以聞，乃報決。胡廣曰：又歲一治諸王世譜差序秩第。漢官曰：員吏四十一人，其六人四科，一人二百石，四人百石，三人佐，六人騎吏，二人法家，十八人學事，一人官醫。丞一人，比千石。

諸公主，每主家令一人，六百石；丞一人，三百石。本注曰：其餘屬吏增減無常。漢官曰：主簿一人，秩六百石；僕一人，秩六百石；私府長一人，秩六百石；家丞一人，三百石；直吏三人，從官三人。東觀書曰：其主薨無子，置傅一人守其家。

右屬宗正。本注曰：中興省都司空令、丞。如淳曰：主罪人。

大司農卿一人，中二千石。本注曰：掌諸錢穀金帛諸貨幣。郡國四時上月旦見錢穀簿，其逋未畢，各具別之。邊郡諸官請調度者，皆為報給，損多益寡，取相給足。漢書曰：員吏百六十四人，其十八人四科，九人斗食，十六人二百石文學，二十八人百石，二十五人佐，七十五人學事一人官醫丞一人比千石部丞一人六百石本注曰部丞主帑藏古今注曰建初七年七月爲大司農置丞一人秩千石別主帑藏則部丞應是而秩不同應劭漢官秩亦云二千石

太倉令一人六百石本注曰主受郡國傳漕穀漢官曰員吏九十九人丞一人

平準令一人六百石本注曰掌知物賈主練染作采色漢官曰員吏百九十人丞一人

導官令一人六百石本注曰主舂御米及作乾糒導擇也漢官曰員吏百一十二人丞一人

右屬大司農本注曰郡國鹽官鐵官本屬司農中興皆屬郡縣魏志曰曹公置典農中郎將秩二千石典農都尉秩六百石或四百石典農校尉秩比二千石所主如中郎部分別而少爲校尉丞又有廩犧令六百石掌祭祀犧牲鴈鶩之屬漢官曰丞一人三百石員吏四十人其十一人斗食十七人佐七人學事五人守學事皆河南屬縣給吏者及雒陽市長漢官曰市長一人秩四百石丞一人二百石明法補員吏三十六人十三人百石嗇夫十一人斗食十二人佐又有檝擢丞三百石別治中水官主水渠在馬市東有員吏六人滎陽敖倉官中興皆屬河南尹餘

均輸等皆省均輸者前書孟康注曰謂諸當所有輸於官者皆令輸其土地所饒平其所在時賈官更於他處賣之輸者既便而官有利鹽鐵論大夫曰往者郡國諸侯各以其物貢輸往來煩雜物多苦惡或不償其費故郡置輸官以相給運而便遠方之貢故曰均輸開委府于京師以籠貨物賤則買貴則賣是以縣官不失實商賈無所利故曰平準平準則民不失職均輸則民不勞故平準均輸所以平萬物而便百姓也文學曰古之賦稅於民也因其所工不求所拙農人納其穫女工效其織今釋其所有責其所無百姓賤賣貨物以便上求間者郡國或令民作布絮吏留難與之為市吏之所入非獨齊陶之縑蜀漢之布也亦民間之所為耳行姦賣平農民重苦女工再稅未見輸之均也縣官猥發闔門擅市即萬民並收並收則物騰躍騰躍則商賈利自市則吏容姦豪吏富商積貨儲物以待其急輕賈姦吏收以取貴未見準之平也蓋古之均輸所以齊勞逸而便貢輸非以為利而賈萬物也王隆小學漢官篇曰調均報度輸漕委輸胡廣注曰邊郡諸官請調者皆為調均報給之也以水通輸曰漕委積也郡國所積聚金帛貨賄隨時輸送詣司農曰委輸以供國用前書又有都內籍田令丞幹官鐵市兩長丞郡國諸倉農監六十五官長丞皆屬之

少府卿一人中二千石本注曰掌中服御諸物衣服寶貨珍膳之屬漢官曰員吏三十四人其一人四科一人二百石五人百石四人斗食三人佐六人騎吏十三人學事一人官醫少者小也小故稱少府王者以租稅為公用山澤陂池之稅以供王之私用古皆作小府漢官儀曰田租芻稾以給經用凶年山澤魚鹽市稅少府以給私用也**丞一人比千石**

太醫令一人六百石本注曰掌諸醫漢官曰員醫二百九十三人員吏十九人**藥丞方丞各一人本注曰藥丞主藥方丞主藥方**

太官令一人六百石本注曰掌御飲食漢官曰員吏六十九人衛士三十八人荀綽晉百官表注曰漢制太官令秩千石丞四人秩四百石不與志同左丞甘丞湯官丞果丞各一人本注曰左丞主飲食甘丞主膳具湯官丞主酒果丞主果荀綽云甘丞掌諸甘肥果丞別在外諸果菜茹

守宮令一人六百石本注曰主御紙筆墨及尚書財用諸物及封泥漢官曰員吏六十九人丞一人漢官曰外官丞二百石公府吏府也

上林苑令一人六百石本注曰主苑中禽獸頗有民居皆主之捕得其獸送太官漢官曰員吏五十八人案桓帝又置鴻德苑令丞尉各一人

侍中比二千石漢官秩云千石周禮太僕干寶注曰若漢侍中本注曰無員掌侍左右贊導衆事顧問應對法駕出則多識者一人參乘餘皆騎在乘輿車後本有僕射一人中興轉爲祭酒或置或否蔡質漢儀曰侍中常伯選舊儒高德博學淵懿仰占俯視切問近對喻旨公卿上殿稱制參乘佩璽秉劍員本八人陪見舊在尚書令僕射下尚書上今官出入禁中更在尚書下司隸校尉見侍中執板揖河南尹亦如之又侍中舊與中官俱止禁中武帝時侍中莽何羅挾刃謀逆由是侍中出禁外有事乃入畢即出王莽秉政侍中復入與中官共止章帝元和中侍中郭舉與後宮通拔佩刀驚上舉伏誅由是侍中復出外

中常侍，千石。本注曰：宦者，無員。後增秩比二千石。掌侍左右，從入內宮，贊導內眾事，顧問應對給事。

黃門侍郎，六百石。本注曰：無員。掌侍從左右，給事中，關通中外。及諸王朝見於殿中，引王就坐。漢舊儀曰：黃門郎屬黃門令，日暮入對青瑣門拜，名日夕郎。宮閤簿青瑣門在南宮。衛瓘注吳都賦曰：青瑣，戶邊青鏤也。一曰天子門內有眉格再重，裏青畫曰瑣。獻帝起居注曰：帝初即位，初置侍中、給事黃門侍郎，員各六人，出入禁中，近侍帷幄，省尚書事。改給事黃門侍郎為侍中侍郎，去給事黃門之號，旋復故。舊侍中、黃門侍郎以在中宮者，不與近密交政。誅黃門後，侍中、侍郎出入禁闥，機事頗露，由是王允乃奏比尚書，不得出入，不通賓客，自此始也。又曰：諸奄人官，悉以議郎、郎中稱，秩如故。諸署令兩梁冠，陛殿上得召都官從事以下。

小黃門，六百石。宦者，無員。掌侍左右，受尚書事。上在內宮，關通中外，及中宮已下眾事。諸公主及王太妃等有疾苦，則使問之。

黃門令一人，六百石。董巴曰：禁門曰黃闥，以中人主之，故號曰黃門令。本注曰：宦者。主省中諸宦者。漢官曰：員吏十八人。丞、從丞各一人。本注曰：宦者。從丞主出入從。

黃門署長、畫室署長、玉堂署長各一人，丙署長七人，皆四百石，黃

綬本注曰宦者各主中宮別處

中黄門冗從僕射一人六百石本注曰宦者主中黄門冗從居則宿衛直守門戶出則騎從夾乘輿車

中黄門比百石本注曰宦者無員後增比三百石掌給事禁中

掖庭令一人六百石本注曰宦者掌後宮貴人采女事漢官曰吏從官百六十七人待詔五人員吏十八人左右丞暴室丞各一人本注曰宦者暴室丞主中婦人疾病者就此室治其皇后貴人有罪亦就此室

永巷令一人六百石本注曰宦者典宫婢侍使漢官曰員吏六人吏從官三十四人丞一人本注曰宦者漢官曰右丞一人暴室一人

御府令一人六百石本注曰宦者典官婢作中衣服及補浣之屬漢官曰員吏七人吏從官二十人丞織室丞各一人本注曰宦者漢官曰右丞一人

祠祀令一人六百石本注曰典中諸小祠祀漢官曰從官吏八人騶僕射一人家巫八人丞一

人本注曰宦者

鉤盾令一人六百石本注曰宦者典諸近池苑囿遊觀之處漢官曰吏從官四十八人員吏四十八人丞永安丞各一人三百石本注曰宦者永安北宮東北別小宮名有園觀苑中丞果丞鴻池丞南園丞各一人二百石本注曰苑中丞主苑中離宮果丞主果園鴻池池名在雒陽東二十里南園在雒水南漢官曰又有署一人胡熟監一人案本紀桓帝又置顯陽苑丞濯龍監漢官秩曰秩六百石直里監各一人四百石本注曰濯龍亦園名近北宮直里亦園名也在雒陽城西南角

中藏府令一人六百石本注曰掌中幣帛金銀諸貨物漢官曰員吏十三人吏從官六人丞一人

內者令一人六百石本注曰掌中布張諸衣物漢官曰從官祿士一人員吏十九人左右丞各一人

尚方令一人六百石本注曰掌上手工作御刀劒諸好器物〔漢官曰員吏十二人吏從官六人〕丞一人

尚書令一人千石本注曰承秦所置〔荀綽晉百官表注曰唐虞官也詩云仲山甫王之喉舌蓋謂此人〕武帝用宦者更爲中書謁者令成帝用士人復故掌凡選署及奏下尚書文書眾事〔蔡質漢儀曰故公爲之者朝會不陛奏事增秩二千石故自佩銅印墨綬〕

尚書僕射一人六百石本注曰署尚書事令不在則奏下眾事〔蔡質漢儀曰僕射主封門掌授廩假錢穀凡三公列卿將大夫五營校尉行復道中遇尚書僕射左右丞郎御史中丞侍御史皆避車豫相迴避衞士傳不得迕臺官過後乃得去臣昭案獻帝分置左右僕射建安四年以榮邵爲尚書左僕射是也獻帝起居注曰邵卒官贈執金吾〕

尚書六人六百石本注曰成帝初置尚書四人〔韋昭曰尚奉也〕分爲四曹〔漢舊儀曰初置五曹有三公曹主斷獄蔡質漢儀曰典天下歲盡集課事三公尚書二人典三公文書吏曹尚書典選舉齋祀屬三公曹靈帝末梁鵠爲選部尚書〕常侍曹尚書主公卿事〔蔡質漢儀曰主常侍黃門御史事世祖改曰吏曹〕二千石曹尚書主郡國二千石事〔漢舊儀曰亦云主刺史蔡質漢儀曰掌中郎官水火盜賊辭訟罪眚〕民曹尚書主凡吏上書事〔蔡質漢舊儀曰典繕治功作監池苑囿盜賊事〕

客曹尚書主外國夷狄事（尚書龍作納言出入帝命應劭曰今尚書官王之喉舌）世祖承遵後分二千石曹又分客曹爲南主客曹北主客曹（蔡質漢儀曰天子出獵駕御府曹郎屬之）凡六曹（周禮天官有司會鄭玄曰若今尚書）

左右丞各一人四百石本注曰掌錄文書期會左丞主吏民章報及騶伯史（蔡質漢儀曰總典臺中綱紀無所不統）右丞假署印綬及紙筆墨諸財用庫藏（蔡質漢儀曰右丞與僕射對掌授廩假錢穀與左丞無所不統凡中宮漏夜盡鼓鳴則起鐘鳴則息衛士甲乙徼相傳甲夜畢傳乙夜相傳盡五更衛士傳言五更未明三刻後雞鳴衛士踵丞郎趨嚴上臺不畜宮中雞汝南出雞鳴衛士候朱雀門外專傳雞鳴于宮中應劭曰楚歌今雞鳴歌也晉太康地道記曰後漢固始鮦陽公安細陽四縣衛士習此曲於闕下歌之今雞鳴是也）

侍郎三十六人四百石本注曰一曹有六人主作文書起艸（蔡質漢儀曰尚書郎初從三署詣臺試初上臺稱守尚書郎中歲滿稱尚書郎三年稱侍郎客曹郎主治羌胡事劇遷二千石或刺史其公遷爲縣令秩滿自占縣去詔書賜錢三萬與三臺祖餞餘官則否治嚴一月準謁公卿陵廟乃發御史中丞遇尚書丞郎避車執板住揖丞郎坐車舉手禮之車過遠乃去尚書言左右丞敢告知如詔書律令郎見左右丞對揖無敬稱曰左右君丞郎見尚書執板對揖稱曰明時見令僕射執板拜朝賀對揖）

令史十八人二百石本注曰曹有三主書後增劇曹三人合二十

一人古今注曰永元三年七月增尚書令史員功滿未嘗犯禁者以補小縣墨綬蔡質曰皆選蘭臺符節上稱簡精練吏有能爲之決錄注曰故事尚書郎以令史久缺補之世祖始改用孝廉爲郎以孝廉丁邯補焉邯稱疾不就詔問實病羞爲郎乎對曰臣實不病恥以孝廉爲令史職耳世祖怒曰虎賁滅頭杖之數十詔問欲爲郎不邯曰能殺臣者陛下不能爲郎者臣中詔遣出竟不爲郎邯字叔春京兆陽陵人也有高節正直不撓後拜汾陰令治有名迹遷漢中太守妻弟爲公孫述將收妻送南鄭獄免冠徒跣自陳詔曰漢中太守妻乃繫南鄭獄誰當搔其背垢者懸牛頭賣馬脯盜跖行孔子語以邯服罪且邯一妻冠履勿謝治有異卒於官

符節令一人六百石本注曰爲符節臺率主符節事凡遣使掌授節尚符璽郎中四人本注曰舊二人在中主璽及虎符竹符之半者漢官曰當得明法律郎周禮掌節有虎節龍節皆金也干寶注曰漢之銅虎符則其制也周禮又曰以英蕩輔之干寶曰英刻書也蕩竹箭也刻而書其所使之事以助三節之信則漢之竹使符者亦取則於故事也符節令史二百石本注曰掌書魏氏春秋曰中平六年始復節上赤旄

御史中丞一人千石本注曰御史大夫之丞也舊別監御史在殿中密舉非法周禮掌建邦之宮刑以主治王宮之政令干寶注曰若御史中丞及御史大夫轉爲司空因別留中爲御史臺率風俗通曰尚書御史臺皆以官倉頭爲吏主賦舍凡守其門戶蔡質漢儀曰丞故二千石爲之或選侍御史高第執憲中司朝會獨坐內掌蘭臺督諸州刺史糾察百寮出爲二千石魏志曰建安置御史大夫不領中丞置長史一人後又屬少府治書侍御史二人六

百石本注曰掌選明法律者爲之凡天下諸讞疑事掌以法律當其是非蔡質漢儀曰選御史高第補之胡廣曰孝宣感路溫舒言秋季後請讞時帝幸宣室齋居而決事令侍御史二人治書御史起此後因別置冠法冠秩百石有印綬與符節郎共平廷尉奏事罪當輕重荀綽晉百官表注曰惠帝以後無所平治備位而已侍御史十五人六百石本注曰掌察舉非法受公卿羣吏奏事有違失舉劾之凡郊廟之祠及大朝會大封拜則二人監威儀有違失則劾奏蔡質漢儀曰其二人者更直執法省中者皆糾察百官督州郡公法府掾屬高第補之初稱守滿歲拜真出治劇爲刺史二千石平遷補令見中丞執板揖蘭臺令史六百石本注曰掌奏及印工文書

右屬少府本注曰職屬少府者自太醫上林凡四官自侍中至御史皆以文屬焉承秦凡山澤陂池之稅名曰禁錢屬少府世祖改屬司農考工轉屬太僕都水屬郡國孝武帝初置水衡都尉秩比二千石別主上林苑有離宮燕休之處世祖省之并其職於少府每立秋貙劉之日輒暫置水衡都尉事

訖乃罷之少府本六丞省五又省湯官織室令置丞又省上林十池監胞人長丞宦者昆臺（昆臺本名甘泉居室武帝改）佽飛（佽飛本名左弋武帝改）三令二十一丞又省水衡屬官令長丞尉二十餘人章和已下中官稍廣加嘗藥太官御者鉤盾尚方考工別作監皆六百石宦者爲之轉爲兼副或省故錄本官（蔡質漢儀曰少府符著出見都官從事持板都官從事入少府見符著持板漢官目錄曰古三卿司空所部）

續漢志二十七

百官志四

太子太傅　太子少傅
執金吾　大長秋
將作大匠　城門校尉
北軍中候　司隸校尉

梁劉昭注補

執金吾一人中二千石漢官秩云比二千石本注曰掌宮外戒司非常水火之事胡廣曰衛尉巡行宮中則金吾徼於外相爲表裏以擒姦討猾月三繞行宮外及主兵器吾猶禦也應劭曰執金革以禦非常漢官曰員吏二十九人其十人四科一人二百石文學三人百石二人斗食十三人佐學事注緹騎丞一人比千石漢官秩云六百石緹騎二百人本注曰無秩比吏食奉漢官曰執金吾緹騎二百人五百二十人輿服導從光滿道路羣僚之中斯最壯矣世祖歎曰仕宦當作執金吾

武庫令一人六百石本注曰主兵器丞一人

右屬執金吾本注曰本有式道左右中候三人六百石車駕出掌在前清道還持麾至宮門宮門乃開中興但一人又不常置每出日郎兼式道候事已罷不復屬執金吾又省中壘寺互都船令丞尉及左右京輔都尉

太子太傅一人中二千石本注曰職掌輔導太子禮如師不領官屬荀綽晉百官表注曰唐虞官

大長秋一人二千石本注曰承秦將行宦者景帝更爲大長秋或用士人中興常用宦者職掌奉宣中宮命凡給賜宗親及宗親當謁見者關通之中宮出則從張晏曰皇后卿丞一人六百石本注曰宦者

中宮僕一人千石本注曰宦者主馭本注曰太僕秩二千石中興省太減秩二千石㠯屬長秋

中宮謁者令一人六百石本注曰宦者中宮謁者三人四百石本注曰宦者主報中章

中宮尚書五人六百石本注曰宦者主中文書

中宮私府令一人六百石本注曰宦者主中藏幣帛諸物裁衣被補浣者皆主之丁孚漢儀曰中宮藏府令秩千石儀比御府令丞一人本注曰宦者

中宮永巷令一人六百石本注曰宦者主宮人丞一人本注曰宦者

中宮黃門宂從僕射一人六百石本注曰宦者主中黃門宂從丁孚漢儀曰給事中宮侍郎六人比尚書郎宦者爲之給事黃門四人比黃門侍郎給事羽林郎一人比羽林將虎賁官騎下

中宮署令一人六百石本注曰宦者主中宮請署天子數女騎六人丞復道丞各一人本注曰宦者復道丞主中閤道

中宮藥長一人四百石本注曰宦者

右屬大長秋本注曰承秦有詹事一人位在長秋上亦宦者主中諸官成帝省之以其職并長秋是後皇后當法駕出則中謁中宦者職吏權兼詹事奏引訖罷宦者誅後尚書選兼職吏一人奉引云其中長信長樂宮者署少府一人職如長秋及餘吏皆以宮名爲號員數秩次如中宮長樂五官史朱瑀之類是也本注曰帝祖母稱長信宮故有長信少府長樂少府位在長秋上

及職吏皆宦者秩次如中宮長樂又有衛尉僕爲太僕皆二千石在少府上（丁孚漢儀曰丞六百石）其崩則省不常置

太子少傅二千石本注曰亦以輔導爲職悉主太子官屬（漢官曰員吏十三人）

太子率更令一人千石本注曰主庶子舍人更直職似光祿

太子庶子四百石本注曰無員如三署中郎

太子舍人二百石本注曰無員更直宿衛如三署郎中（漢官曰十三人選良家子孫）

太子家令一人千石本注曰主倉穀飲食職似司農少府

太子倉令一人六百石本注曰主倉穀

太子食官令一人六百石本注曰主飲食

太子僕一人千石本注曰主車馬職如太僕

太子廄長一人四百石本注曰主車馬

太子門大夫六百石（漢官曰門大夫二人選四府掾屬）本注曰舊注云職比郎將舊有

左右戶將別主左右戶直郎建武已來省之

太子中庶子六百石本注曰員五人職如侍中

太子洗馬比六百石本注曰舊注云員十六人職如謁者太子出則當直者在前導威儀漢官曰選郎中補也

太子中盾一人四百石本注曰主周衞徼循

太子衞率一人四百石本注曰主門衞士

右屬太子少傅本注曰凡初即位未有太子官屬皆罷唯舍人不省領屬少府

將作大匠一人二千石蔡質漢儀曰位次河南尹光武中元二年省謁者領之章帝建初元年復置本注曰承秦曰將作少府景帝改爲將作大匠掌修作宗廟路寢宮室陵園木土之功幷樹桐梓之類列于道側漢官篇曰樹栗椅桐梓胡廣曰古者列樹以表道竝以爲林囿四者皆木名治宮室幷主之毛詩傳曰椅梓屬也陸璣艸木疏曰梓實桐皮曰椅今民云梧桐是也梓今人所謂梓楸者是也丞一人六百石

左校令一人，六百石。本注曰：掌左工徒。丞一人。安帝復也

右校令一人，六百石。本注曰：掌右工徒。丞一人。安帝復也

右屬將作大匠。前書曰屬官又有左右中候右庫東園王章左右前後中校士令丞成帝省

城門校尉一人，比二千石。本注曰：掌雒陽城門十二所。周禮司門干寶注曰如今校尉

司馬一人，千石。本注曰：主兵。城門每門候一人，周禮每門下士二人干寶曰如今門候六百石。蔡質漢儀曰門候見校尉執板下拜本注曰：雒陽城十二門。其正南一門曰平城門，漢官秩曰平城門爲宮門不置候置屯司馬秩二千石李尤銘曰平城司午厥位處中古今注曰建武十四年九月開平城門北宮門，屬衛尉。其餘上西門，應劭漢官曰上西所以不純白者漢家初成故丹鏤之李尤銘曰上西在季位月惟戌雍門，銘曰雍門處中位月在酉廣陽門，銘曰廣陽位孟厥月在申津門，銘曰津名自定位季月未小苑門，開陽門，應劭漢官曰開陽門始成未有名宿昔有一柱來在樓上琅邪開陽縣上言縣南城門一柱飛去光武皇帝使來識視悵然遂堅縛之刻記其年月因以名焉銘曰開陽在孟位月惟巳耗門，銘曰耗門值季月位在辰中東門，銘曰中東處仲月位當卯上東門，銘曰上東少陽厥位在寅穀門，銘曰穀門北中位當子夏門，銘曰夏門值孟位月在亥凡十二門。蔡質漢儀曰雒陽二十四街街一亭十二城門門一亭

右屬城門校尉

北軍中候一人，六百石。本注曰：掌監五營。漢官曰：員吏七人，候自得辟召，通大鴻臚一人，斗食。

屯騎校尉一人，比二千石。本注曰：掌宿衛兵。漢官曰：員吏百二十八人，領士七百人。

司馬一人，千石。蔡質漢儀曰：五營司馬見校尉，執板不拜。

越騎校尉一人，比二千石。如淳曰：越人內附以爲騎也。晉灼曰：取其才力超越也。案紀，光武改青巾右校尉爲越騎校尉。臣昭曰：越人非善騎所出，晉灼爲允。本注曰：掌宿衛兵。蔡質漢儀亦曰掌越騎。漢官曰：員吏百二十七人，領士七百人。司馬一人，千石。

步兵校尉一人，比二千石。初置掌上林苑門屯兵，見前書。本注曰：掌宿衛兵。漢官曰：員吏七十三人，領士七百人。司馬一人，千石。

長水校尉一人，比二千石。如淳曰：長水，胡名也。韋昭曰：長水校尉典胡騎，廄近長水，故以爲名。長水蓋中小水名。本注曰：掌宿衛兵。蔡質漢儀曰：主長水宣曲胡騎。漢官曰：員吏百五十七人，烏桓胡騎七百三十六人。司馬、胡騎司馬各一人，千石。本注曰：掌宿衛，主烏桓騎。

射聲校尉一人，比二千石。服虔曰：工射也。冥冥中聞聲則射中之，故以爲名。本注曰：掌宿衛兵。蔡質司馬一人，千石。漢儀曰：掌待詔射聲事。漢官曰：員吏百二十九人，領士七百人。

右屬北軍中候。本注曰：舊有中壘校尉，領北軍營壘之事。有胡騎、虎賁校尉，皆武帝置。中興省中壘，但置中候，以監五營。胡騎并長水，虎賁主輕車，并射聲。案大駕鹵簿，五校在前，各有鼓吹一部。

凡中二千石，丞比千石。眞二千石，丞、長史六百石。比二千石，丞比六百石。令、相千石，丞、尉四百石。其六百石，丞、尉二百石。長、相四百石及三百石，丞、尉皆二百石。諸侯、公主家丞，秩皆比百石。諸邊鄣塞尉、諸陵校尉長，皆二百石。有常例者，不置秩。

司隸校尉一人，比二千石。蔡質漢儀曰：職在典京師，外部諸郡，無所不糾。封侯、外戚、三公以下，無尊卑。入宮，開中道稱使者。每會，後到先去。本注曰：孝武帝初置，荀綽晉百官表注曰：司隸校尉，周官也。征和中，陽石公主巫蠱之獄起，乃依周置司隸。臣昭曰：周無司隸，豈郎司寇乎？持節，掌察舉百官以下，及京師近郡犯法者。前書曰：置從中都官徒千二百人，捕巫蠱，督大姦猾。後罷其兵。元帝去節，成帝省，建武中復置，并領一州。蔡質漢儀曰：司隸詣臺廷議，處九卿上；朝賀，處公卿下，陪卿上。初除，謁大將軍三公通謁持板揖公議朝賀無敬臺召入宮對見尚書持板朝賀揖從事史十二人本注曰都官從事主察舉百官犯法者蔡質漢儀曰都官主雒陽百官朝會與三府掾同傳物記曰中興以來都官從事多出之河內掊擊貴戚功曹從事主州選署及衆事別駕從事校尉行部則奉引錄衆事簿曹從事主財穀簿書其有軍事則置兵曹從事主兵事其餘部郡國從事每郡國各一人主督促文書察舉非法皆州自辟除故通爲百石云假佐二十五人本注曰主簿錄閤下事省文書門亭長主州正門功曹書佐主選用孝經師主監試經月令師主時節祠祀律令師主平法律簿曹書佐主簿書其餘都官書佐及每郡國各有典郡書佐一人各主一部文書以郡吏補歲滿一更司隸所部郡七河南尹一人主京都特奉朝請其京兆尹左馮翊右扶風三人漢初都長安皆秩中二千石謂之三輔中興都雒陽更以河南郡爲尹以三輔陵廟所在不改其號但減其秩其餘弘農河內河東三

郡其置尹馮翊扶風及太守丞奉之本位在地理志

百官志四

續漢志二十八

百官志五

州郡　縣鄉　亭里　匈奴中郎將　烏桓校尉　護羌校尉　王國　宋衛國　列侯　關內侯　四夷國　百官奉

梁劉昭注補

外十有二州每州刺史一人六百石本注曰秦有監御史監諸郡漢興省之但遣丞相史分刺諸州無常官孝武帝初置刺史十三人秩六百石古今注曰常以春分行部郡國各遣一吏迎界上諸書不同也成帝更爲牧秩二千石建武十八年復爲刺史十二人各主一州其一州屬司隸校尉蔡質漢儀曰詔書舊典刺史班宣周行郡國省察治政黜陟能否斷理冤獄以六條問事非條所問即不省一條强宗豪右田宅踰制以强陵弱以衆暴寡二條二千石不奉詔書遵承典制倍公向私旁詔守利侵漁百姓聚斂爲姦三條二千石不卹疑獄風厲殺人怒則任刑喜則任賞煩擾苛暴剝戮黎元爲百姓所疾山崩石裂妖祥訛言四條二千石選署不平苟阿所愛蔽賢寵頑五條二千石子弟怙恃榮勢請託所監六條二千石違公下比阿附豪强通行貨賂割損政令諸州刺史初除比諸持板揖不拜獻帝起居注曰建安十八年三月庚寅省州并郡復禹貢之九州冀州得魏郡安平鉅鹿河間清河博陵常山趙國勃海甘陵平原太原上黨西河定襄鴈門雲中五原朔方河東河內涿郡漁陽廣陽右北平上谷代郡遼東遼東屬國遼西玄菟樂浪凡三十二郡省司隸校尉以司隸部分屬豫州冀州雍州省涼州刺史以并雍州部郡得弘農京兆左馮翊右扶風上郡安定隴西漢陽北地武都武威金城西平西郡張掖張掖屬國酒泉敦煌西海漢興永陽東安南凡二十二

郡省交州以其郡屬荆州荆州得交州之蒼梧南海九眞交趾日南與其舊所部南陽章陵南郡江夏武陵長沙零陵桂陽凡十三郡益州本部郡有廣漢漢中巴郡犍爲蜀郡牂柯越巂益州永昌犍爲屬國蜀郡屬國廣漢屬國今并得交州之鬱林合浦凡十四郡豫州部郡本有潁川陳國汝南沛國梁國魯國今并得河南滎陽都尉凡八郡徐州部郡得下邳廣陵彭城東海琅邪利城城陽東莞凡八郡青州得齊國北海東萊濟南樂安凡五郡獻帝春秋曰孫權以步騭行交州刺史東觀書曰交趾刺史持節諸州常以八月巡行所部郡國胡廣注曰巡謂驛馬也縣次傳駕之以走疾猶言古附遂錄四徒胡廣曰縣邑四徒皆閱錄視參考辭狀實其眞僞有侵冤者即時平理也考殿最胡廣曰課第長吏不稱職者爲殿舉免之其有治能者爲最察上尤異州又狀州中吏民茂才異等歲舉一人初歲盡詣京都奏事胡廣曰所察有條應繩異者輒覆問之不茹柔吐剛也歲盡齎所狀納京師名奏事差其遠近各有常會中興但因計吏胡廣曰不復自詣京師其所道皆如舊典東觀書曰和帝初張酺上言臣聞王者法天熒惑奏事太微故州牧刺史入奏事所以通下問知外事也數十年以來重其道歸煩擾故時止勿奏事今因以爲故事臣愚以爲刺史視事滿歲可令奏事如舊典問州中風俗恐好惡過所道事所聞見考課衆職下章所告及所自舉有意者賞異之其尤無狀逆詔書行辠法冀敕戒其餘令各敬慎所職於以衰減貪邪便佞韓詩外傳曰王者必立牧方三人所以使闚遠牧衆也遠方之民有飢寒而不得衣食獄訟而冤失職賢而不舉者入告天子天子於其君之朝也揖而進之曰意朕之政教有不得爾者邪如何乃有飢寒而不得衣食獄訟而冤失職賢而不舉然後其君退而與其卿大夫謀之遠方之民聞皆曰誠天子也夫我居之僻見我之近也我居之幽見我之明也可欺乎哉故牧者所以開四目通四聰皆有從事史假佐本注曰員職略與司隸同無都官從事其功曹從事爲治中從事豫州部郡國六冀州部九兗州部八徐州部五

青州部六荊州部七揚州部六益州部十二涼州部十二并州部九幽州部十一交州部七凡九十八其二十七王國相其七十一郡太守其屬國都尉屬國分郡離遠縣置之如郡差小置本郡名世祖并省郡縣四百餘所後世稍復增之臣昭曰昔在先代列爵殊等九服不同畿荒制異雖連帥相司牧伯分長而封疆畫限兼庸有數如身之使臂手之使指故能高卑相固遠近維緝羣后克穆共康兆庶爰及周衰稍競吞廣邦國侵爭遞懷貪略猶歷數百年乃能成其并一豈非樹之有本使其然乎秦兼天下開設郡縣孤立獨王卽以顚亡漢祖因循雖不頓革分置子弟終奮諸呂之難漸剖列郡以減大都之權後嚴安之徒猶慷慨發憤謂千里之威卽古之疆國慮非安本無窮之計也孝武之末始置刺史監糾非法不過六條傳車周流匪有定鎮秩裁數百威望輕寡得有察舉之勤未生陵犯之釁成帝改牧其萌始大旣非識治之主故無取焉爾世祖中興監乎政本復約其職還遵舊制斷親奏事省入惜煩漸得自重之路因茲以降彌於歲年母后當朝多以弱守六合危動四海潰弊財盡力竭綱維撓毀而八方不能內侵諸侯莫敢入伐豈非幹彊枝弱控制素重之所致乎至孝靈在位橫流旣及劉焉徼偽自爲身謀非有憂國之心專懷狼據之策抗論昏世薦議愚主盛稱宜重牧伯謂足鎭壓萬里挾姦樹算苟罔一時豈可永爲國本長期勝術哉夫聖主御世莫不大庇生民承其休謀傳其典制猶云事久弊生無或通貫故變改正服革異質文分爵三五參差不一況在蹔駭之君挾姦詐之臣共所創置焉可仍哉因大建尊州之規竟無一日之治故焉牧益土造帝服于岷峨袁紹取冀下制書于燕朔劉表制南郊天祀地魏祖據兗遂構皇業漢之殄滅禍原乎此及臻後代任寄彌廣委之邦宰之命援之斧鉞之重假之都督之威開之征討之略晉太康之初武帝亦疑其然乃詔曰上古及中代或置州牧或置刺史置監御史皆總綱紀而不賦政治民之事任之諸侯郡守昔漢末四海分崩因以吳蜀自擅自是刺史內親民

事外領兵馬此一時之宜爾今賴宗廟之靈士大夫之力江表平定天下合之爲一當韜戢干戈與天下休息諸州無事者罷其兵刺州分職皆如漢氏故事出頒詔條入奏事京城二千石專治民之重監司淸峻於上此經久之體也其便省州牧晉武帝又見其弊矣雖有其言不卒其事後嗣纘繼牧鎭愈重據地分爭竟覆天下昔王畿之大不過千里州之所司廣袤兼逺爭彊虎視之辰遷鼎革終之日未嘗不藉藩兵之權挾董司之力逼迫伺隙陵奪沖幼其甚者臣主揚兵骨肉戰野昆弟梟懸伯叔屠裂末壯披心尾大不掉旣用此始亦病以終傾輈愈襲莫或迻改致雜京有銜璧之痛泰臺有不守之酷胡羌遞興氐鮮更起摩滅羣黎流禍百世堅冰所漸兼緣茲蠹嗚呼後之聖王必不久滯斯迹靈長之終當有神算不然則雄捍反拒之事懼甚於此心憑彊作害之謀方盛於後意

凡州所監都爲京都置尹一人二千石丞一人每郡置太守一人二千石丞一人郡當邊戍者丞爲長史古今注曰建武六年三月令郡太守諸侯相病丞長史行事十四年罷邊郡太守丞長史領丞職王國之相亦如之每屬國置都尉一人比二千石丞一人本注曰凡郡國皆掌治民進賢勸功決訟檢姦常以春行所主縣勸民農桑振救乏絕秋冬遣無害吏案訊諸囚平其辠法論課殿最案律有無害都吏如今言公平吏漢書音義曰文無所枉害蕭何以文無害爲沛主吏掾歲盡遣吏上計盧植禮注曰計斷九月因秦以十月爲正故也并舉孝廉郡口二十萬舉一人典兵禁備盜賊景帝更名都尉武帝又置三輔都尉各一人譏出入邊郡置農都尉主屯田

殖穀又置屬國都尉主蠻夷降者中興建武六年省諸郡都尉并職太守無都試之役（古今注曰六年八月省都尉官應劭曰每有劇賊郡臨時置都尉事訖罷之）省關都尉唯邊郡往往置都尉及屬國都尉稍有分縣治民比郡安帝以羌犯法三輔有陵園之守乃復置右扶風都尉京兆虎牙都尉（應劭漢官曰益天生五材民並用之廢一不可誰能去兵兵之設尚矣易稱弦木爲弧剡木爲矢弧矢之利以威天下春秋三時務農一時講武詩美公劉匪居匪康入耕出戰乃裹餱糧干戈戚揚四方莫當自郡國罷材官騎士之後官無警備實啟寇心一方有難三面救之發與雷震煙蒸電激一切取辦黔首囂然不及講其射御用其戒誓一旦驅之以即強敵猶鳩鵲捕鷹鸇豚羊弋豺虎是以每戰常負王旅不振張角懷挾妖僞遐邇搖蕩八州並發煙炎絳天牧守梟裂流血成川爾乃遠徵三邊殊俗之兵非我族類忿鷙縱橫多僵良善以爲己功財貨糞土哀夫民氓遷流之咎見出在茲不教而戰是謂棄之跡其禍敗豈虛也哉春秋家不藏甲所以一國威抑私力也今雖四海殘壞王命未洽可折衝壓難若指於掌故置右扶風）皆置諸曹掾史（新論曰王莽時置西海郡令其吏皆百石親事一日爲四百石二歲而遷補）本注曰諸曹略如公府曹無東西曹（蔡質漢儀曰河南尹掾出考案與從事同）有功曹史主選署功勞有五官掾署功曹及諸曹事其監屬縣有五部督郵曹掾一人正門有亭長一人主記室史主錄記書催期會無令史閤下及諸曹各有書佐幹主文書（漢官曰河南尹員吏九百二十七人）

十二人百石諸縣有秩三十五人官屬掾史五人四部督郵吏部掾二十六人案獄仁恕三人監津渠漕水掾二十五人百石卒吏二百五十人文學守助掾六十人書佐五十人循行二百三十人幹小史二百三十一人

屬官每縣邑道大者置令一人千石其次置長四百石小者置長三百石侯國之相秩次亦如之應劭漢官曰前書百官表云萬戶以上為令萬戶以下為長三邊始孝武皇帝所開縣戶數百而或為令荆陽江南七郡唯有臨湘南昌吳三令爾及南陽穰中土沃民稠四五萬戶而為長桓帝時以江南陽安為女公主邑改號為令主薨復復其故若此為繫屬本俗說令長以水土為之及秩高下皆無明文班固通儒述一代之書斯近其眞本注曰皆掌治民顯善勸義禁姦罰惡理訟平賊恤民時務秋冬集課上計於所屬郡國胡廣曰秋冬歲盡各計縣戶口墾田錢穀入出盜賊多少上其集簿丞尉以下歲詣郡課校其功功多尤為最者於廷尉勞勉之以勸其後負多尤為殿者於後曹別責以糾怠慢也諸對辭窮尤困收主者掾史關白太守使取法丞尉縛責以明下轉相督勑為民除害也明帝詔書不得僇辱黃綬以別小人吏也

凡縣主蠻夷曰道公主所食湯沐曰國縣萬戶以上為令不滿為長侯國為相皆秦制也史記秦并天下夷郡縣銷兵刃示不復用丞各一人尉大縣二人小縣一人本注曰丞署文書典知倉獄尉主盜賊凡有賊發主名不立則推索行尋案察姦宄以起端緒應劭漢官曰大縣丞左右尉所謂命卿三人小縣一尉一丞命卿二人各

署諸曹掾史。本注曰：諸曹略如郡員，五官爲廷掾，監鄉五部，春夏爲勸農掾，秋冬爲制度掾。漢官曰：雒陽令秩千石，丞三人四百石，孝廉左尉四百石，孝廉右尉四百石。員吏七百九十六人，十三人四百石。鄉有秩、獄史五十六人，佐史、鄉佐七十七人，斗食、令史、嗇夫、假五十人，官掾史、幹小史二百五十八人，書佐九十八人，循行二百六十人。

鄉置有秩、三老、游徼。本注曰：有秩，郡所署，秩百石，漢官曰：鄉戶五千，則置有秩。掌一鄉人；風俗通曰：秩則田間大夫，言其官裁有秩耳。其鄉小者，縣置嗇夫一人。風俗通曰：嗇者，省也。夫，賦也。言消息百姓，均其役賦。皆主知民善惡，爲役先後，知民貧富，爲賦多少，平其差品。三老掌教化。凡有孝子順孫，貞女義婦，讓財救患，及學士爲民法式者，皆扁表其門，以興善行。游徼掌徼循，禁司姦盜。又有鄉佐，屬鄉，主民收賦稅。風俗通曰：國家制度，大率十里一鄉。

亭有亭長，以禁盜賊。本注曰：亭長，主求捕盜賊，承望都尉。漢官儀曰：民年二十三爲正，一歲以爲衞士，一歲爲材官騎士，習射御騎馳戰陣。八月，太守、都尉、令、長、相、丞、尉會都試，課殿最。水家爲樓船，亦習戰射行船。邊郡太守各將萬騎，行鄣塞烽火追虜。置長史一人，丞一人，治兵民。當兵行，長領。置部尉、千人、司馬、候、農都尉，皆不治民。不給衞士。材官、樓船年五十六老衰，乃得免爲民就田。應合選爲亭長。亭長課徼巡。尉、游徼、亭長皆習設備五兵。五兵：弓弩，戟，楯，刀劍，甲鎧鼓吏赤幘行縢帶劍佩刀持楯被甲設矛戟習射設十里一亭亭長亭候五里一郵郵間相去二里半司姦盜亭長持二尺板以劾賊索繩以收執賊風俗通曰漢家因秦大率十里一亭亭留也蓋行旅宿會之所館亭吏舊名負弩改爲長或謂亭父

里有里魁民有什伍善惡以告本注曰里魁掌一里百家什主十家伍主五家以相檢察民有善事惡事以告監官風俗通曰周禮五家爲鄰四鄰爲里里者止也里有司司五十家共居止同事舊欣通其所也

邊縣有障塞尉本注曰掌禁備羌夷犯塞太公陰符曰武王問太公願聞治亂之要太公曰其本在吏武王曰吏者治也所以爲治其亂者何太公曰故吏重罪有十武王問吏之重罪太公曰一吏苛刻二吏不平三吏貪污四吏以威力迫脅於民五吏與史合姦六吏與人亡情七吏作盜賊使人爲耳目八吏賤買賣貴於民九吏增易於民十吏振懼於民夫治者有三罪則國亂而民愁盡有之則民流亡而君失其國武王曰民亦有罪乎太公曰民有十大於此除者則國治而民安武王曰十大何如太公曰民勝吏濱大臣一大也民宗强侵陵羣下二大也民甚富傾國家三大也民尊親其君天下歸慕四大也眾暴寡五大也民有百里之譽千里之交六大也民以吏威爲權七大也恩行於吏八大也民服信以少爲多奪人田宅贅人妻子九大也民之基業畜產爲人所苦十大也所謂一家害一里一里害諸侯諸侯害天下武王曰絕吏之皐塞民之大奈何太公曰察民之暴吏明其賞審其誅則吏不敢犯皐民不敢大也武王曰是民吏相伺上下不和而結其讐太公曰爲君守成爲吏守職爲民守事如此各居其道則國治國治則都治都治則里治里治則家治家治則善惡分明善惡分明則國無事國無事則吏民外不懷怨內不徼事其郡有鹽官鐵官工官都水官者隨事

廣狹置令長及丞秩次皆如縣道無分士給均本吏本注曰凡郡縣出鹽多者置鹽官主鹽稅出鐵多者置鐵官主鼓鑄胡廣曰鹽官掊坑而得鹽或有鑿井煮海水而以得之者鑄銅爲器械當鑄冶之時扇熾其火謂之鼓鑄有工多者置工官主工稅物有水池及魚利多者置水官主平水收漁稅在所諸縣均差吏更給之置吏隨事不具縣員

使匈奴中郎將一人比二千石本注曰主護南單于置從事二人有事隨事增之掾隨事爲員護羌烏桓校尉所置亦然應劭漢官曰擁節屯中步南設官府掾史單于歲遣侍子來朝謁者常送迎焉得賂弓馬氈罽他物百餘萬謁者事訖還具表付帑藏詔書敕自受

護烏桓校尉一人比二千石本注曰主烏桓胡應劭漢官曰擁節長史一人司馬二人皆六百石并領鮮卑客賜質子歲時胡市焉晉書曰漢置東夷校尉以撫鮮卑

護羌校尉一人比二千石本注曰主西羌應劭漢官曰擁節長史司馬二人皆六百石

皇子封王其郡爲國每置傅一人相一人皆二千石本注曰傅主

導王以善禮如師不臣也相如太守有長史如郡丞漢初立諸王因項羽所立諸王之制地既廣大且至千里又其官職傅爲太傅相爲丞相又有御史大夫及諸卿皆秩二千石百官皆如朝廷國家唯爲置丞相其御史大夫以下皆自置之胡廣曰後漢妾數無限別乃制設正適曰妃取小夫人不得過四十八至景帝時吳楚七國恃其國大遂以作亂幾危漢室及其誅滅景帝懲之遂令諸王不得治民令內史主治民改丞相曰相省御史大夫廷尉少府宗正博士官武帝改漢內史中尉郎中令之名前書曰改漢內史爲京兆尹中尉爲執金吾郎中令爲光祿勳而王國如故員職皆朝廷爲署不得自置至漢成帝省內史治民更令相治民漢舊儀曰大司空何武奏罷內史相如太守中尉如都尉參職是後中尉爭權與王相奏常不和也太傅但曰傅臣昭曰觀夫高祖之創業也豈直鴻勳碩德大庇羣生蕩其毒虐措之和泰而已哉至於謀深慮久封建子弟藩維盤固規謀弘遠及於三趙不終燕靈夭絕齊代淮楚皆爲外重故宋昌曰外畏齊楚淮南斯非效與事過則弊孰或通之全國之難誠因財物之富作衞之盜亦既得之於前矣故賜以几杖用息姦謀嗣隕局下怨生有以逮連師搆亂兵交梁闕禦侮摧寇肇自密戚景帝遂削藩國之權刻骨肉之援封爲君而不聽治其民置爲主而稍賤其臣矯枉過甚遂臻於此呂霍之危朝后族愈貴於衆

寵吳楚之叛奔侯王恒借以受誚故賈誼欲衆建以少其力列虛以俟其生此乃達觀深識監於親陪之要者也冢嗣必傳萬里之地分支欲使動搖不得於經維遠算且已礙矣復哀平之際劉氏徧於四海宗正著録遂以萬數及乎後漢彌循前迹光武十子並列畿外近郡孝明八國不能開庶遠民國近則不可以大不大則不足爲强此所以本枝之援終以少固若使漢分兩越置二三親國剖吳楚樹數四列蕃割遼海而分皇枝開隴蜀而王子弟使主尊顯依漢初之貴民無定限許滋養之富若有昏虐之嗣可得廢而不得削必傳劉氏民信所奉發其侵伐兼并之釁峻其他族篡殺之科制其入貢輕重之法疏其來朝往復之數君君臣臣永許百世之期一國之民長無遷動之志四方得志聽離官列封懷賢抱智隨所適樂士强弱相倅遠近相推舉其大歸略其小滯與其畫一班之海內天子之朝自非異姓僭奪不得興勤王之師諸蕃國自非雜互篡主不降討伐之詔犬牙相經共爲嚴國雖王莽善盜將何因而敢竊曹操雄勇亦安能以得士斯無俟極聖然克行明賢麤識亦足立故父子首足也昆弟四肢也當使筋骨髓血動靜足以相勝長短大小幹用足以相衞豈有剸脛致腹取骨肉以增頭剗背露骨剝膏腴以裨領而謂顱顡魁岸可得比壽松晉喉咽擁腫必能長生久視哉漢氏得之微猶能四百載魏人失之甚不滿數十年爰自晉世矯枉太過入列皇朝非簡賢之授雖親是貴無愚智之辨不能勝衣冠早據公相之尊童蒙幼子遄登槐獄之位職應論道而未離保母之養續侯賦政而服二三尺衣英賢大度稟彼昏稚高才碩儒恭承藐識公餗覆而不憂美錦碎而愈截兼授若流迴遷競路才駑任重功尠釁多曉比名於公旦夕同皋於盜跖褒稱無位可以充德貶退刑轘不足以塞咎威力强濟聲實隆重嫌猜畏逼身受其弊覆滅分體若梟仇寇齋粉同氣有過他逆忠貞之士橫罹其凶志節之人狼狽其禍闕伯實沈繼踵史筆顯思顯甫比有國書趙倫以惷愚排天齊攸以賢明謝世枉鬱殄夷究孫就盡不可勝載矣豈周漢之君多孝悌之性晉宋之主稟豺狼之情蓋事勢使之然也朝行斯術夕窮崩亂未能革悛來事愈甚蒼生爲此將盡矣四海爲此構賊矣聖帝英君欲反斯敗必當更開同姓之國置不增之約罷皇肖入宮之禍守盟牲礪河之篤乃可還險墜之路反乎全安之轍也

中尉一人，比二千石。本注曰：職如郡都尉，主盜賊。東觀書曰：其紹封削絀者，中尉、內史官屬亦以率減。郎中令一人，僕一人，皆千石。本注曰：郎中令掌王大夫、郎中宿衞，官如光祿勳。自省少府，職皆幷焉。僕主車及駁，如太僕。本注曰：太僕比二千石，武帝改，但曰僕，又皆減其秩。治書比六百石。本注曰：治書本尙書更名。大夫比六百石。本注曰：無員。掌奉王使至京都，奉璧賀正月，及使諸國。本皆持節，後去節。謁者比四百石。本注曰：掌冠長冠。本員十六人，後減。禮樂長。本注曰：主樂人。衞士長。本注曰：主衞士。醫工長。本注曰：主醫藥。永巷長。本注曰：宦者，主宮中婢使。祠祀長。本注曰：主祠祀。皆比四百石。自禮樂長至此皆四百石。郎中，二百石。本注曰：無員。

衞公、宋公。本注曰：建武二年，封周後姬常爲周承休公；五年，封殷後孔安爲殷紹嘉公。十四年，改常爲衞公，安爲宋公，以爲漢賓，在三公上（五經通義二王之後不考功有誅無絶鄭玄曰王者存二代而封及五郊天用天子禮以祭其始祖行其正朔此謂通三統也三恪者敬其先聖封其後而已無殊異者也）

列侯所食縣爲侯國本注曰承秦爵二十等爲徹侯金印紫綬以賞有功功大者食縣小者食鄉亭得臣其所食吏民後避武帝諱爲列侯武帝元朔二年令諸王得推恩分衆子土國家爲封亦爲列侯舊列侯奉朝請在長安者位次三公中興以來唯以功德賜位特進者次車騎將軍（胡廣漢制度曰功德優盛朝廷所敬異者賜特進在三公下不在車騎下）賜位朝侯次五校尉賜位侍祠侯次大夫其餘以胏附及公主子孫奉墳墓於京都者亦隨時見會位在博士議郎下（胡廣制度曰是爲猥諸侯）諸王封者受茅土歸以立社稷禮也（胡廣曰諸王受封皆受茅土歸立社稷本朝爲宮室自有制度至於列侯歸國者不受茅土不立宮室各隨貧富裁制黎庶以守其寵）

列士特進朝侯賀正月執璧云每國置相一人其秩各如本縣本注曰主治民如令長不臣也但納租于侯以戶數爲限其家臣置家丞庶子各一人本注曰主侍侯使理家事列侯舊有行人洗馬

門大夫凡五官中興已來食邑千戸已上置家丞庶子各一人不滿千戸不置家丞又悉省行人洗馬門大夫

關內侯如淳曰列侯出關就國侯但爵身其有家累者與之關內之邑食其租稅也古今注曰建武六年初令關內侯食邑者俸月二十五斛承秦賜爵十九等爲關內侯無土寄食在所縣民租多少各有戸數爲限荀綽晉百官表注曰時六國未平將帥皆家關中故以爲號劉劭爵制曰春秋傳有庶長鮑商君爲政備其法品爲十八級合關內侯列侯凡二十等其制因古義古者天子寄軍政於六卿居則以田警則以戰所謂入使治之出使長之素信者與衆相得也故啓伐有扈乃召六卿大夫之在軍爲將者也及周之六卿亦以居軍在國也則以比長閭胥族師黨正州長卿大夫爲稱其在軍也則以卒伍司馬將軍爲號所以異在國之名也秦依古制其在軍賜爵爲等級其帥人皆更卒也有功賜爵則在軍吏之例自一爵以上至不更四等皆士也大夫以上至五大夫五等比大夫也九等依九命之義也自左庶長以上至大庶長九卿之義也關內侯者依古圻內子男之義也秦都山西以關內爲王畿故曰關內侯也列侯者依古列國諸侯之義也然則卿大夫士下之品皆放古比朝之制而異其名亦所以殊軍國也古者以車戰兵車一乘步卒七十二人分翼左右車大夫在左御者處中勇士居右凡七十五人一爵曰公士者步卒之有爵爲公士者二爵曰上造造成也古者成士升於司徒曰造士雖依此名皆步卒也三爵曰簪褭御駟馬者要褭古之名馬也駕駟馬者其形似簪故曰簪褭也四爵曰不更不更者爲車右不復與凡更卒同也五爵曰大夫大夫者在車左者也六爵爲官大夫七爵爲公大夫八爵爲公乘九爵爲五大夫皆軍吏也吏民爵不得過公乘者得貰與子若同産然則公乘者軍吏之爵最高者也雖非臨戰得公卒車故曰公乘也十爵爲左庶長十一爵爲右庶長十二爵爲左更十三爵爲中更十四爵爲右更十五爵爲少上造十六爵爲大上造十七爵爲駟車庶長十八爵爲大庶長十九爵爲關內侯二十爵爲

列矦自左庶長已上至大庶長皆卿大夫皆軍將也所將皆庶人更卒也故以庶更爲名大庶長即大將軍也左右庶長即左右偏裨將軍也古今注曰成帝鴻嘉二年令吏民得買爵級千錢

四夷國王率衆王歸義侯邑君邑長皆有丞比郡縣

百官受奉例古今注曰建武二十六年四月戊戌增吏奉如此志例以明也大將軍三公奉月三百五十斛中二千石奉月百八十斛二千石奉月百二十斛比二千石奉月百斛千石奉月八十斛六百石奉月七十斛比六百石奉月五十斛四百石奉月四十五斛比四百石奉月四十斛三百石奉月四十斛比三百石奉月三十七斛二百石奉月三十斛比二百石奉月二十七斛一百石奉月十六斛斗食奉月十一斛漢書音義曰斗食祿日以斗爲計佐史奉月八斛古今注曰永和三年初與河南尹及雒陽員吏四百二十七人奉月四十五斛臣昭曰此言豈其妄乎若人人奉四十五斛則四百石秩爲太優而無品若共進奉者人不過一斗亦非義理凡諸受奉皆半錢半穀荀綽晉百官表注曰漢延平中中二千石奉錢九千米七十二斛眞二千石月錢六千五百米三十六斛比二千石月錢五千米三十四斛一千石月錢四千米三十斛六百石月錢三千五百米二十一斛四百石月錢二千五百米十五斛三百石月錢二千米十二斛二百石月錢一千米九斛百石月錢八百米四斛八斗獻帝起居注曰帝在長安詔書以三輔地不滿千里而軍師用度非一公卿已下不得奏除其若公田以秩石爲率賦與令各自收

其租稅

贊曰帝道淵默冢帥修德寡曰御衆分職乃克不置不監無驕無忒程是司徒鹽民康國

百官志五

續漢志二十九

輿服志上

玉輅　乘輿　金根　安車　立車　耕車　戎車　獵車　軿車　青蓋車　綠車　皁蓋車　夫人安車　大駕　法駕　小駕　輕車　大使車　小使車　載車　導從車　車馬飾

梁劉昭注補

書曰明試以功孔安國曰攷試其君國爲政以差其功車服以庸孔安國曰賜以車服以旌其德用所任也又一通諸侯四朝各使陳進治化之言明試其言以要其功功成則錫車服以表顯其能用言昔者聖人興天下之大利除天下之大害躬親其事身履其勤憂之勞之不避寒暑使天下之民物各得安其性命無夭昏暴陵之災是以天下之民敬而愛之若親父母則而養之若仰日月夫愛之者欲其長久不憚力役相與起作宮室上棟下宇以雍覆之欲其長久也敬之者欲其尊嚴不憚勞煩相與起作輿輪旌旗章表以尊嚴之斯愛之至敬之極也苟心愛敬雖報之至情由未盡或殺身以爲之盡其情也奕世以祀之明其功也是以流光與天地比長後世聖人知恤民之憂思深大者必

饗其樂勤仁毓物使不夭折者必受其福故爲之制禮已節之使夫上仁繼天統物不伐其功民物安逸若道自然莫知所謝老子曰聖人不仁已百姓爲芻狗此之謂也夫禮服之興也所已報功章德尊仁尚賢故禮尊尊貴貴不得相踰所已爲禮也非其人不得服其服所已順禮也順則上下有序德薄者退德盛者縟故聖人處乎天子之位服玉藻邃延日月升龍山車金根飾黃屋左纛所已副其德章其功也賢仁佐聖封國受民黼黻文繡降龍路車所已顯其仁光其能也及其季末聖人不得其位賢者隱伏是已天子微弱諸侯脅矣於是相貴已等相讙已貨相賂已利天下之禮亂矣至周夷王下堂而迎諸侯此天子失禮微弱之始也自是諸侯宮縣樂食祭已白牡擊玉磬朱干設錫冕而儛大武鄭玄注禮記曰此皆天子之禮也宮縣四面縣也干盾也錫傅其背如龜也武萬舞也白牡大路殷天子之禮也白牡殷牲大夫臺門旅樹反坫繡黼丹

朱中衣鏤簋朱紘此大夫之僭諸侯禮也鄭玄曰此皆諸侯之禮也旅道也屏謂之樹所以蔽行道管氏樹塞門塞猶蔽也禮天子外屏諸侯內屏大夫以簾士以帷反坫反爵之坫也蓋在尊南兩君相見主君既獻於此反爵焉繡黼丹朱以爲中衣領緣也繡讀爲綃綃繒名也詩云素衣朱綃又曰素衣朱襮襮黼領也鏤簋謂刻而飾之也大夫刻之爲龜耳諸侯飾以象天子飾以玉朱紘天子冕之紘也諸侯靑組大夫士當緇組紘纁邊詩刺彼己之子不稱其服傷其敗化易譏負且乘致寇至言小人乘君子器盜思奪之矣自是禮制大亂兵革竝作上下無法諸侯陪臣山楶藻梲降及戰國奢僭益熾削滅禮籍葢惡有害己之語競修奇麗之服飾㠯輿馬文罽玉纓象鑣金鞍㠯相夸上爭錐刀之利殺人若刈艸然而宗祀亦旋夷滅榮利在己雖死不悔及秦并天下攬其輿服上選㠯供御其次㠯錫百官漢興文學旣缺時亦草創承秦之制後稍改定參稽六經近於雅正孔子曰其或繼周者行夏之正乘殷之輅服周之冕樂則韶舞故撰輿服著之於篇㠯觀古今損益之義云上古聖人見轉蓬始知爲輪輪行可載因物知生復爲之

輿輿輪相乘流運罔極任重致遠天下獲其利後世聖人觀於天
視斗周旋魁方杓曲春秋緯曰瑤光第一至第四爲魁第五至第七爲杓合爲斗㠯攜龍角爲帝車於是
迺曲其輈乘牛駕馬登險赴難周覽八極故易震乘乾謂之大壯
言器莫能有上之者也孝經援神契曰斗曲杓橈象成車房爲龍馬華蓋覆鉤天罡入魁神不獨居故驂駕陪乘以道踟躕宋均注曰房星既體蒼龍又象駕駟馬故兼言之也覆鉤既覆且鉤曲似蓋也天罡入魁又似御陪乘自是㠯來世加其飾至奚仲爲夏車
正建其斿旄尊卑上下各有等級世本云奚仲始作車古史考曰黃帝作車引重致遠其後少昊時駕牛禹時奚仲駕馬臣昭案服牛乘馬以利天下其所起遠矣豈奚仲爲始世本之誤史考所說是也周室大備官有六職百工與居一焉周禮曰審曲面勢以飭五材以辨民器謂之百工一器而羣工致巧者車最多是故具物㠯時六材皆
良鄭玄曰取幹以冬取角以秋絲漆以夏筋膠未聞自此至弧旌枉矢皆出周禮鄭玄曰即是周禮注輿方法地蓋圓象天三十
輻㠯象日月鄭玄曰輪象日月者以其運行也日月三十日而合宿蓋弓二十八㠯象列星龍旂九
斿七仞齊軫鄭玄曰軫謂車後橫木㠯象大火鄭玄曰交龍爲旂諸侯之所建也大火蒼龍宿之心其屬有尾尾九星鳥旟
七斿五仞齊較鄭玄曰較者車高檻木也㠯象鶉火鄭玄曰鳥隼爲旟州里之所建鶉火朱鳥宿之柳其屬有七星熊旗

六斿五仞齊肩㠯象參代鄭玄曰熊虎爲旗師都之所建伐屬白虎宿與參連體而六星龜旐四斿四仞齊首㠯象營室鄭玄曰龜蛇爲旐縣鄙之所建營室玄武宿與東壁連體而四星弧旌枉矢㠯象弧也鄭玄曰覲禮曰候氏載龍旂弧韣則旌旗之屬皆有弧也弧以張縿之幅有衣謂之韣又爲設矢象弧星有矢也妖星有枉矢者蛇行有尾因此云枉矢蓋畫之玄注禮含文嘉曰旗有九名日月爲常交龍爲旂通帛爲旃雜帛爲物熊虎爲旗鳥隼爲旟龜蛇爲旐全羽爲旞析羽爲旌盧植注禮記曰有鈴曰旂干寶注周禮曰枉矢象妖星非其義也枉蓋應爲枉直謂枉矢於弧此諸侯㠯下之所建者也白虎通曰居車中不內顧也仰則觀天俯則察地前聞和鸞之聲旁見四方之運此車教之道論語曰升車必正立執綏車中不內顧所以有和鸞以正威儀節行舒疾也鸞者在衡和者在軾馬動則鸞鳴鸞鳴則和應其聲名曰和敬舒則不鳴疾則失音明得其和也故詩云和鸞雝雝萬福攸同䜴訓曰和設軾者也鸞設衡者也許愼曰詩云八鸞鎗鎗則一馬二鸞也又曰輶車鸞鑣知非衡也毛詩傳曰在軾曰和在鑣曰鸞杜預注左傳亦云鸞在鑣和在衡傅玄乘輿馬賦注曰鸞在馬勒鑣干寶周禮注曰和鸞皆以金爲鈴史記曰前有錯衡所以養目也步中武象驟中韶護所以養耳也龍旂九斿所以養信也寢兕持虎蛟韅彌龍所以養威也故大路之馬必信至教順然後乘之所以養安也

天子五路周禮王之五路一曰玉路二曰金路三曰象路四曰革路五曰木路釋名曰天子所乘曰路路亦軍事也謂之路言行路也㠯玉爲飾古文尚書曰大路在賓階面綴路在阼階面孔安國曰大路玉綴路金也服虔曰大路總名也如今駕駟高車矣尊卑俱乘之其采飾有差鄭玄曰玉在焉曰路以玉飾諸末也傅玄乘輿馬賦注曰玉路重較也韻集曰軓前橫木曰路錫樊纓十有再就鄭玄曰錫面當盧刻金爲之所謂鏤錫也樊讀如鞶帶之鞶謂今馬大帶也鄭衆曰纓謂當胷士喪禮曰馬纓三就以削革爲之三就三重三匝也鄭玄曰纓今馬鞅玉路之樊及纓皆以五采罽飾之十二就就成也杜預曰纓在馬胷前如索帬乘輿馬賦注曰繁纓飾以旄尾金塗十二重建

太常十有二斿九仞曳地鄭衆曰太常九旗之畫日月者鄭玄曰七尺爲仞天子之旗高六丈三尺日月升龍象天明也崔駰東巡頌曰登天靈之威路駕太一之象車夷王㠯下周室衰弱諸侯大路秦并天下閲三代之禮或曰殷瑞山車金根之色殷人以爲大路於是始皇作金根之車殷曰乘根秦改曰金根乘輿馬賦注曰金根以金爲飾漢承秦制御爲乘輿所謂孔子乘殷之路者也

乘輿　金根　安車　立車蔡邕曰五安五立徐廣曰立乘曰高車坐乘曰安車輪皆朱班重牙周禮曰牙也者以爲固抱也鄭衆曰牙謂輪輮也世間或謂之輞貳轂兩轄蔡邕曰轂外復有一轂抱轄其外乃復設轄抱銅置其中東京賦曰重輪貳轄疏轂飛軨金薄繆龍爲輿倚較徐廣曰繆交錯之形也較在箱上說文曰摣文畫蕃蕃箱也通俗文曰車箱爲較文虎伏軾魏都賦注曰軾車橫覆膝人所馮止者也龍首銜軛左右吉陽筩鸞雀立衡徐廣曰置金鳥於衡上樝文畫輈羽蓋華蚤徐廣曰翠羽蓋黃裏所謂黃屋車也金華施橑末有二十八枚卽蓋弓也東京賦曰樹翠羽之高蓋薛綜曰樹翠羽爲蓋如雲龍矣金作華形莖皆低曲建大旂十二斿畫日月升龍駕六馬東京賦曰六玄虬之奕奕象鑣鏤錫金鍐方釳插翟尾獨斷曰金鍐者馬冠也高廣各五寸上如五華形在馬髦前方釳鐵也廣數寸在馬鬉後後有三孔插翟尾其中薛綜曰釳中央低兩頭高如山形而貫中翟尾結著之顔延之幼誥曰釳乘輿馬頭上防釳角所以防罔羅釳以翟尾鐵翮象之也徐廣曰金爲馬文髦朱兼樊纓赤罽易茸金就十有

二左纛以氂牛尾爲之在左騑馬軶上大如斗徐廣曰馬在中曰服在外曰騑騑亦名驂蔡邕曰在最後左騑馬頭上是爲德車五時車安立亦皆如之各如方色馬亦如之白馬者朱其髦尾爲朱鬛云所御駕六餘皆駕四後從爲副車古文尚書曰予臨兆民凜乎若朽索之馭六馬逸禮王度記曰天子駕六馬諸侯駕四大夫三士二庶人一周禮四馬爲乘毛詩天子至大夫同駕四士駕二易京氏春秋公羊說皆云天子駕六許慎以爲天子駕六諸侯及卿駕四大夫駕三士駕二庶人駕一史記曰秦始皇以水數制乘六馬鄭玄以爲天子四馬周禮乘馬有四圉各養一馬也諸侯亦四馬顧命時諸侯皆獻乘黃朱乘亦四馬也今帝者駕六此自漢制與古異耳蔡邕表志曰以文義不著之故俗人多失其名五時副車曰五帝車鸞旗曰鷄翹耕根曰三蓋其此非一也

耕車其飾皆如之有三蓋一曰芝車置轓耒耜之箙上親耕所乘也新論桓譚謂揚雄曰君之爲黃門郎居殿中數見輿輦玉蚤華芝及鳳皇三蓋之屬皆玄黃五色飾以金玉翠羽珠絡錦繡茵席者也東京賦曰立戈迆戛農輿路木薛綜曰戈句孑戟戛長孑置車上者邪柱之迆邪也是謂戈路農輿三蓋所謂耕根車也東耕于籍乘馬無飾故稱木也賀循曰漢儀親耕青衣幘東京賦說親耕亦云鸞路蒼龍賀循曰車必有鸞而春獨鸞路者鸞鳳類而色青故以名春路也賦又曰介御間以剡耜薛綜曰耜耒金也廣五寸著耒耜而載之天子車參乘帝在左御在中介處右以耒置御之右

戎車其飾皆如之蕃以矛麾金鼓羽析幢翳轓胄甲弩之箙漢制度曰戎立車以征伐周官其矢箙通俗文曰箭箙謂之步叉干寶亦曰今謂之步叉鄭玄注既夕曰服車箱也顏延之幼誥云弩矢也

獵車其飾皆如之重輞縵輪繆龍繞之一曰闟豬車親校獵乘之魏文帝改曰闟虎車

太皇太后皇太后法駕皆御金根重翟羽蓋者也加交路帳裳徐廣曰青交路青帷裳非法駕則乘紫罽軿車字林曰軿車有衣蔽無後轅者謂之輜也釋名軿屏也四屏蔽婦人乘牛車也有邸曰輜無邸曰軿傅子曰周曰輜車卽輦也雲虡文畫輈黃金塗五末徐廣曰末詳疑謂前一轅及衡端轂頭也蓋蚤左右騑駕三馬

長公主赤罽軿車

大貴人貴人公主王妃封君油畫軿車大貴人加節畫輈皆右騑而已皇太子皇子皆安車朱班輪青蓋金華蚤黑虡文畫轓文輈金塗五末皇子爲王錫以乘之故曰王青蓋車徐廣曰旂旗九旒畫降龍魏武帝問東平王有金路何意爲是特賜非侍中鄭稱對曰天子五路金以封同姓諸侯得乘金路與天子同此自得有非特賜也皇孫綠車以從皆左右騑駕三獨斷曰綠車名曰皇孫車天子有孫乘之公列侯安車朱班輪倚鹿較伏熊軾皁繒蓋黑轓右騑轓車有轓者謂之軒

中二千石二千石皆皁蓋朱兩轓其千石六百石朱左轓轓長六尺下屈廣八寸上業廣尺二寸九文十二初後謙一寸若月初生示不敢自滿也（案本傳舊典傳車驂駕乘赤帷裳唯郭賀爲冀州敕去襜帷謝承書曰孔惲字巨卿新淦人州別駕從事車前舊有屏星如刺史車曲翳儀式是時刺史行部發去日晏刺史怒欲去別駕車屏星惲諫曰明使君傳車自發晚而欲徹去屏星毀國舊儀此不可行別駕可去屏星不可省即投傳去刺史追辭謝請不肯還於是遂不去屏星說文曰車當謂之屏星）景帝中元五年始詔六百石以上施車轓得銅五末軛有吉陽筩中二千石以上右騑三百石以上皁布蓋千石以上皁繒覆蓋二百石以下白布蓋皆有四維杠衣賈人不得乘馬車除吏赤畫杠其餘皆青云（古今注曰武帝天漢四年令諸侯王大國朱輪特虎居前左兕右麋小國朱輪畫特熊居前寢麋居左右卿車者也）

公列侯中二千石二千石夫人會朝若蠶各乘其夫之安車右騑加交路帷裳皆皁非公會不得乘朝車得乘漆布輜軿車銅五末

乘輿大駕公卿奉引太僕御大將軍參乘屬車八十一乘（薛綜曰屬之言相連屬也皆在後爲三行）備千乘萬騎西都行祠天郊甘泉備之官有其注名曰甘

泉鹵簿[蔡邕表志曰國家舊章而幽僻藏蔽莫之得見]東都唯大行乃大駕大駕太僕校駕法駕黃門令校駕乘輿法駕八卿不在鹵簿中河南尹執金吾雒陽令奉引奉車郎御侍中參乘屬車四十六乘前驅有九斿雲罕[徐廣曰斿車有九乘前史不記形也武王克紂百夫荷罕旗以先驅東京賦曰雲罕九斿薛綜曰旌旗名]鳳凰闟戟[薛綜曰闟之言函也取四戟函車邊]皮軒鸞旗[應劭漢官鹵簿圖曰乘輿大駕則御鳳凰車以金根爲副]皆大夫載[胡廣曰皮軒以虎皮爲軒郭璞曰皮軒革車或曰即曲禮前有士師則載虎皮]鸞旗者編羽旄列繫幢旁[胡廣曰建蓋在中]民或謂之雞翹非也[胡廣曰鸞旗以銅作鸞鳥車衡上與本志不同]後有金鉦黃鉞[說文曰鉞大斧也司馬法曰夏執玄鉞殷執白鉞周執黃鉞]黃門鼓車古者諸侯貳車九乘秦滅九國兼其車服故大駕屬車八十一乘法駕半之屬車皆皁蓋赤裏朱轓戈矛弩箙尚書御史所載最後一車懸豹尾[薛綜曰待御史載之]豹尾以前比省中[小學漢官篇曰豹尾過後罷屯解圍胡廣曰施於道路豹尾之內爲省中故須過後屯圍乃得解皆所以戒不虞也淮南子曰軍正執豹皮所以制正其衆禮記前載虎皮亦此之義類]行祠天郊以法駕祠地明堂省什三祠宗廟尤省謂之小駕每出太僕奉駕上鹵簿中常侍小黃門副尚書

主者郎令史副，侍御史、蘭臺令史副，皆執注以督整車騎，謂之護駕。春秋上陵，尤省於小駕，直事尚書一人從，其餘令以下皆先行後罷。

輕車，古之戰車也。洞朱輪輿，不巾不蓋，建矛戟幢麾，轓輒弩箙。徐廣曰：置弩於軾上，駕兩馬也。藏在武庫。大駕、法駕出，射聲校尉、司馬吏士載，以次屬車，在鹵簿中。諸車有矛戟，其飾幡斿旗幟皆五采，制度從周禮。吳孫兵法云：「有巾有蓋，謂之武剛車。」武剛車者，為先驅。又為屬車輕車，為後殿焉。

大使車，立乘，駕駟，赤帷。持節者，重導從：賊曹車、斧車、督車、功曹車皆兩；大車，伍百璅弩十二人；辟車四人；周禮滌狼氏干寶注曰：今卒辟車之屬。從車四乘。無節，單導從，減半。

小使車，不立乘，有騑，赤屏泥油，重絳帷。導無斧車。近小使車，蘭輿赤轂白蓋赤帷從騶騎四十八此謂追捕考案有所勑取者之所乘也諸使車皆朱班輪四輻赤衡軛其送葬白堊已下灑車而後還公卿中二千石二千石郊廟明堂祠陵法出皆大車立乘駕駟他出乘安車

大行載車其飾如金根車加施組連璧交絡四角金龍首銜璧垂五采析羽流蘇前後雲氣畫帷裳虡文畫曲轓長縣車等太僕御駕六布施馬布施馬者淯白駱馬也㠯黑藥灼其身爲虎文既下馬斥賣車藏城北祕宮皆不得入城門當用太僕考工乃內飾治禮吉凶不相干也

公卿㠯下至縣三百石長導從置門下五吏賊曹督盜賊功曹皆帶劒三車從導主簿主記兩車爲從縣令㠯上加導斧車公乘安車則前後并馬立乘長安雒陽令及王國都縣加前後兵車亭長

纂要雒陽亭長車前吹管設石鼺鴐兩瑑弩車前伍伯公八人中二千石二千石六百石皆四人自四百石已下至二百石皆二人黃綬武官伍伯文官辟車鈴下侍閤門闌部署街里走卒皆有程品多少隨所典領

驛馬三十里一置臣昭案東晉猶有郵驛共置承受傍郡縣文書有郵有驛行傳以相付縣置屋二區有承驛吏皆條所受書每月言上州郡風俗通曰今吏郵書掾府督郵職掌此卒皆赤幘絳韝云古者軍出師旅皆從秦省其卒取其師旅之名焉公已下至二千石騎吏四人千石已下至三百石縣長二人皆帶劍持棨戟為前列揵弓韣丸鞬通俗文曰弓韔謂之鞬諸侯王法駕官屬傳相已下皆備鹵簿似京都官騎張弓帶鞬遮迾出入稱課促列侯家丞庶子導從若會耕祠主縣假給辟車鮮明卒備其威儀導從事畢皆罷所假諸車之文乘輿倚龍伏虎橫文畫輈龍首鸞衡重牙斑輪升龍飛軨薛綜曰飛軨以緹油廣八寸長注地畫左蒼龍右白虎繫軸頭二千石亦然但無畫耳盧植禮記注曰軨

轄頭也楚辭云猗結軨兮太息王逸注曰重軨也李尤小車銘曰軨之嗛嘘疏達開通案二家之言不如綜注所記

皇太子諸侯王倚虎伏鹿樸文畫輈轓吉陽筩朱斑輪鹿文飛軨旂旗九斿降龍公列侯倚鹿伏熊黑轓朱斑輪鹿文飛軨九斿降龍卿朱兩輪五斿降龍二千石以下各從科品諸轓車以上軛皆有吉陽筩諸馬之文案乘輿金鍐方釳插翟象鑣爾雅注曰鑣馬勒旁鐵也此用象牙龍畫總沫升龍赤扇汗詩云朱幩鑣鑣毛傳曰人君以朱纏鑣扇汗且以爲鑣飾青兩猳鵞尾附馬左右赤珥流蘇飛鳥節赤膺兼皇太子亦如之王公列侯鏤錫文髦朱鑣朱鹿朱文絳扇汗青猳鵞尾卿以下有騑者緹扇汗青猳尾當盧文髦上下皆通中二千石以上及使者乃有騑駕云

輿服志上

輿服志下　續漢志三十

冕冠　長冠　委貌冠
皮弁冠　爵弁冠　通天冠
遠遊冠　高山冠　進賢冠　法冠　武冠　建華冠　方山冠
巧士冠　却非冠　却敵冠　樊噲冠　術氏冠　鶡冠　幘
佩　刀　印　黃赤綬　赤綬　綠綬　紫綬
青綬　黑綬　黃綬　青紺綸　后夫人服

梁劉昭注補

上古穴居而野處衣毛而冒皮未有制度後世聖人易之㠯絲麻觀翬翟之文榮華之色乃染帛㠯效之始作五采成㠯爲服見鳥獸有冠角頓胡之制遂作冠冕纓蕤㠯爲首飾凡十二章故易曰庖犧氏之王天下也仰觀象於天俯觀法於地觀鳥獸之文與地之宜近取諸身遠取諸物於是始作八卦㠯通神明之德㠯類萬物之情黃帝堯舜垂衣裳而天下治蓋取諸乾巛乾巛有文故上衣玄下裳黃日月星辰山龍華蟲孔安國注尚書曰華象艸華蟲雉也作繢宗彝古文尚書繢作會孔安國曰以五采成此畫焉宗廟彝樽亦以山龍華蟲爲飾藻火粉米孔安國曰藻水艸有文者火爲火字粉若粟米米若聚米黼黻絺繡孔安

國曰黼若斧形黻爲兩己相背葛之精者曰絺五色備曰繡杜預注左傳曰白與黑謂之黼黑與青謂之黻以五采章施于五色作服孔安國曰以五采明施于五色作尊卑之服天子備章鄭玄周禮注曰此古天子冕服十二章公自山以下侯伯自華蟲以下子男自藻火以下卿大夫自粉米以下至周而變之以三辰爲旂旗王祭上帝則大裘而冕鄭衆曰大裘羔裘服以祀天示質也公侯卿大夫之服用九章以下鄭玄曰華蟲五色之蟲周禮績人職曰鳥獸蛇雜四時五色之位以章之謂是也王者相變至周而以日月星辰畫於旌旗所謂三辰旂旗昭其明也而冕服九章初一曰龍次二曰山次三曰華蟲次四曰火次五曰宗彝皆畫以爲繢次六曰藻次七曰粉米次八曰黼次九曰黻皆絺以爲繡則袞之衣五章裳四章凡九也鷩畫以雉謂華蟲也其衣三章裳四章凡七也毳畫虎蜼謂宗彝也其衣三章裳二章凡五也絺刺粉米無畫也其衣一章裳二章凡三章也法言曰聖人文質備也車服以章之藻色以明之聲音以揚之詩書以光之籩豆不陳玉帛不分琴瑟不鏗鐘鼓不鏘吾無以見乎聖也秦以戰國即天子位滅去禮學郊祀之服皆以袀玄漢承秦故至世祖踐祚都於土中始修三雍正兆七郊顯宗遂就大業初服旒冕衣裳文章赤舄絇屨以祠天地養三老五更於三雍於始致治平矣天子三公九卿特進侯侍祠侯祀天地明堂皆冠旒冕衣裳玄上纁下東觀書曰永平二年正月公卿議春南北郊東平王蒼議曰孔子曰行夏之時乘殷之輅服周之冕

為漢制法高皇帝始受命創業制長冠以入宗廟光武受命中興建明堂立辟雍陛下以聖明奉遵以禮服龍袞祭五帝禮缺樂崩久無祭天地冕服之制按尊事神祇潔齋盛服敬之至也日月星辰山龍華藻天王袞冕十有二旒以則天數旂有龍章日月以備其文今祭明堂宗廟圓以法天方以則地服以華文象其物宜以降神明肅雍備思博其類也天地之禮冕冠裳衣宜如明堂之制乘輿備文日月星辰十二章三公諸侯用山龍九章九卿以下用華蟲七章皆備五采大佩赤舄絇履以承大祭百官執事者冠長冠皆祗服五嶽四瀆山川宗廟社稷諸沾秩祠皆袀玄長冠五郊各如方色云百官不執事各服常冠袀玄以從

冕冠垂旒前後邃延邃垂也延冕上覆玉藻周禮曰五采繅十有二就皆五采玉十有二玉笄朱紘鄭玄注曰繅雜文之名也合五采絲謂之繩垂於延之前後各十二所謂邃延也就成也繩之每一帀而貫五采玉十有二旒則十二玉也每就間蓋一寸朱紘以朱組為紘也紘一條屬兩端於武此為袞衣之冕十二旒則用玉二百八十八鷩衣之冕繅九旒用玉二百一十六毳衣之冕七旒用玉百六十八絺衣之冕五旒用玉百二十玄衣之冕三旒用玉七十二孝明皇帝永平二年初詔有司采周官禮記尚書皐陶篇乘輿服從歐陽氏說公卿以下從大小夏侯氏說冕皆廣七寸長尺二寸前圓後方朱綠裏玄上前垂四寸後垂三寸係白玉珠為十二旒以其綬采色為組纓

說文曰組綬屬也小者以爲冕纓焉禮記曰玄冠朱組纓天子之服是也三公諸侯七旒青玉爲珠卿大夫五旒黑玉爲珠獨斷曰三公諸侯九旒卿七旒與此不同皆有前無後各以其綬采色爲組纓旁垂黈纊呂忱曰黈黃色也黃緜爲之禮緯曰旒垂目纊塞耳王者示不聽讒不視非也薛綜曰以珩玉爲充耳也詩曰充耳琇瑩毛萇傳曰充耳謂之瑱天子玉瑱琇瑩美石也諸侯以石郊天地宗祀明堂則冠之蔡邕曰鄙人不識謂之平天冠衣裳玉佩備章采乘輿刺史公侯九卿以下皆織成陳留襄邑獻之云

長冠一曰齋冠高七寸廣三寸促漆纚爲之制如板以竹爲裏初高祖微時以竹皮爲之謂之劉氏冠楚冠制也民謂之鵲尾冠非也祀宗廟諸祀則冠之皆服袀玄獨斷曰袀紺繒也吳都賦曰袀皁服也絳緣領袖爲中衣絳袴袜示其赤心奉神也五郊衣幘袴袜各如其色此冠高祖所造故以爲祭服尊敬之至也

委貌冠皮弁冠同制長七寸高四寸制如覆杯前高廣後卑銳所謂夏之毋追殷之章甫也委貌以皁絹爲之皮弁以鹿皮爲之行

大射禮於辟雍公卿諸侯大夫行禮者冠委貌衣玄端素裳鄭衆周禮傳曰衣有襦裳者爲端鄭玄曰謂之端取其正也正者士之衣袂皆二尺二寸而屬幅是廣袤等也其袪尺二寸大夫以上侈之侈之者蓋半而益一焉半而益一則其袂三尺三寸袪尺八寸執事者冠皮弁衣緇麻衣皁領袖下素裳所謂皮弁素積者也皮弁質也石渠論玄冠朝服戴聖曰玄冠委貌也朝服布上素下緇帛帶素韋韠白虎通曰三王共皮弁素積素積者積素以爲裳也言要中辟積也

爵弁一名冕廣八寸長尺二寸如爵形前小後大繒其上似爵頭色有收持笄所謂夏收殷冔者也獨斷曰殷黑而微白前大而後小夏純黑亦前小而後大皆以三十六升漆布爲之詩云常服黼冔書曰王與大夫盡弁上古皆以布中古以絲孔子曰麻冕禮也今也純儉祠天地五郊明堂雲翹舞樂人服之禮曰朱干玉鏚鄭玄曰朱干赤大盾也鏚斧也冕而舞大夏此之謂也

通天冠高九寸正豎頂少邪卻乃直下爲鐵卷梁前有山展筩爲述乘輿所常服獨斷曰漢受之秦禮無文服衣深衣制有袍隨時五色袍者或曰周公抱成王宴居故施袍禮記孔子衣逢掖之衣縫掖其袖合而縫大之近今袍者也今下至賤更小史皆通制袍單衣皁緣領袖

中衣爲朝服云

遠遊冠制如通天有展筩横之於前無山述諸王所服也獨斷曰禮無文

高山冠一曰側注制如通天不邪却直豎無山述展筩獨斷曰鐵爲卷梁高九寸漢書音義曰其體側立而曲注中外官謁者僕射所服太傅胡廣説曰高山冠蓋齊王冠也秦滅齊以其君冠賜近臣謁者服之史記酈生初見高祖儒衣而冠側注漢舊儀曰乘輿冠高山冠飛月之纓幘且赤丹紈裏衣帶七尺斬蛇劍履虎尾絇履案此則亦通于天子

進賢冠古緇布冠也文儒者之服也前高七寸後高三寸長八寸公矦三梁胡廣曰車駕巡狩幸其國諸矦衣玄端之衣冠九旒之冕其盛法服以就位也今列矦自不奉朝請侍祠祭者不得服此皆當三梁冠皁單衣其歸國流黃衣皁云晉公卿禮秩曰太傅司空司徒著進賢三梁冠黑介幘中二千石以下至博士兩梁自博士以下至小史私學弟子皆一梁宗室劉氏亦兩梁冠示加服也獨斷曰漢制禮無文荀綽晉百官表注曰建光中尚書陳忠以爲令史質堪上言太官宜著兩梁尚書孟布奏太官職在鼎俎不列陛位堪欲令比大夫兩梁冠不宜許臣伏惟太官令職在典掌王饔統六清之飲列八珍之饌正百品之羞納四方之貢所奉尤重用思又勤明詔慎口實之御防有敗之姦增崇其選侍御史主捕案太醫令奉方藥供養符節令掌幡信金虎故位從大夫車有貂沂冠有兩梁所以殊親疏別內

外也太官令以供養言之爲最親近以職事言之爲最煩多令又高選又執法比太醫令科同服等而冠二人殊名實不副又博士秩卑以其傳先王之訓故尊而異之令服大夫之冕猶此言之兩梁冠非必列於陛位也建初中太官令兩梁冠春秋之義大於復古如堪言合典可施行克厭帝心即聽用之獻帝起居注曰中平六年令三府長史兩梁冠五時衣袍事位從千石六百石

法冠一曰柱後獨斷曰柱後惠文高五寸以纚爲展筩前書注曰纚今之縱通俗文幘裹曰纚鐵柱卷荀綽晉百官表注曰鐵柱言其厲直不曲橈執法者服之侍御史廷尉正監平也或謂之獬豸冠獬豸神羊能別曲直楚王嘗獲之故以爲冠異物志曰東北荒中有獸名獬豸一角性忠見人鬭則觸不直者聞人論則咋不正者楚執法者所服也今冠兩角非豸也臣昭曰或謂獬豸迺非定名在兩角未足斷正安不存其豎飾令兩爲冠乎胡廣說曰春秋左氏傳有南冠而縶者則楚冠也秦滅楚以其君服賜執法近臣御史服之

武冠一云古緇布冠之象也或曰繁冠一曰武弁大冠諸武官冠之晉公卿禮秩曰大司馬將軍尉驃騎車騎衛軍諸大將軍開府從公者著武冠平上幘侍中中常侍加黃金璫附蟬爲文貂尾爲飾謂之趙惠文冠又名鵕鸃冠胡廣說曰趙武靈王效胡服以金璫飾首前插貂尾爲貴職秦滅趙以其君冠賜近臣應劭漢官曰說者以金取堅剛百鍊不耗蟬居高飲絜口在腋下貂內勁捍而外溫潤此因物

生義也徐廣曰趙武靈王胡服有此秦即趙而用之說者蟬取其清高飲露而不食貂紫蔚采潤而毛采不彰灼故於義亦取胡廣又曰意謂北方寒涼本以貂皮煖額附施於冠因遂變成首飾

建武時匈奴內屬世祖賜南單于衣服㠯中常侍惠文冠中黃門童子佩刀云

建華冠㠯鐵爲柱卷貫大銅珠九枚制似縷鹿獨斷曰其狀若婦人縷鹿薛綜曰下輪大上輪小記曰知天者冠述知地者履絇春秋左傳曰鄭子臧好鷸冠前圓㠯爲此則是也說文曰鷸知天將雨鳥也天地五郊明堂育命舞樂人服之

方山冠似進賢㠯五采縠爲之祠宗廟大予八佾四時五行樂人服之冠衣各如其行方之色而舞焉

巧士冠高七寸要後相通直豎不常服唯郊天黃門從官四人冠之在鹵簿中夾乘輿車前㠯備宦者四星云獨斷曰禮無文

卻非冠制似長冠下促宮殿門吏僕射冠之負赤幡青翅燕尾諸僕射幡皆如之獨斷曰禮無文

却敵冠，前高四寸，通長四寸，後高三寸，制似進賢。衛士服之。獨斷曰：禮無文。
樊噲冠，漢將樊噲造次所冠，以入項羽軍。廣九寸，高七寸，前後出各四寸，制似冕。司馬殿門大難衛士服之。或曰，樊噲常持鐵楯，聞項羽有意殺漢王，噲裂裳以裹楯，冠之入軍門，立漢王旁，視項羽。
術氏冠，前圓，吴制，差池邐迤四重。趙武靈王好服之。今不施用，官有其圖注。淮南子曰：楚莊王所復讐冠者是。蔡邕曰：其說未聞。
諸冠皆有纓蕤，執事及武吏皆縮纓，垂五寸。
武冠，俗謂之大冠，環纓無蕤，以青系爲緄，加雙鶡尾，豎左右，爲鶡冠云。莊子云縵胡之纓，武士之服是也。五官、左右虎賁、羽林、五中郎將、羽林左右監皆冠鶡冠，紗縠單衣。虎賁將虎文絝，白虎文劍佩刀。虎賁武騎皆鶡冠，虎文單衣。襄邑歲獻織成虎文云。鶡者，勇雉也，其鬭對一死乃止，故趙武靈王以表武士，秦施之焉。徐廣曰：鶡似黑雉，出于上黨。荀綽晉百官表注曰：冠插兩鶡，鷙鳥之暴疏者也。每所

攫㩐䝞爪摧䶂天子武騎故以冠焉傅玄賦注曰羽騎騎者戴鶡

安帝立皇太子太子謁高祖廟世祖廟門大夫從冠兩梁進賢洗馬冠高山罷廟侍御史任方奏請非乘從時皆冠一梁不宜以爲常服事下有司尚書陳忠奏門大夫職如諫大夫洗馬職如謁者故皆服其服先帝之舊也方言可寢奏可謁者古者一名洗馬古今注曰建武十三年初令令長皆小冠獨斷曰公卿侍中尚書衣皁而入朝者曰朝臣諸營校尉將大夫以下不爲朝臣

古者有冠無幘其戴也加首有頍所以安物故詩曰有頍者弁此之謂也三代之世法制滋彰下至戰國文武竝用秦雄諸侯乃加其武將首飾爲絳袙以表貴賤其後稍稍作顏題漢興續其顏却摞之施巾連題却覆之今喪幘是其制也名之曰幘幘者賾也頭首嚴賾也至孝文乃高顏題續之爲耳崇其巾爲屋合後施收上下羣臣貴賤皆服之文者長耳武者短耳稱其冠也尚書幘收方

三寸名曰納言示以忠正顯近職也迎氣五郊各如其色從章服也皁衣羣吏春服青幘立夏乃止助微順氣尊其方也武吏常赤幘成其威也未冠童子幘無屋者示未成人也入學小童幘也句卷屋者示尚幼少未遠冒也喪幘却摞反本禮也升數如冠與冠偕也期喪起耳有收素幘亦如之禮輕重有制變除從漸文也獨斷曰幘古者卑賤執事不冠者之所服也董仲舒止雨書曰執事者皆赤幘知不冠者之所服也元帝額有壯髮不欲使人見始進幘服之羣臣皆隨焉然尚無巾故言王莽禿幘施屋冠進賢者宜長耳冠惠文者宜短耳各隨其宜漢舊儀曰凡齋紺幘耕青幘秋貙劉服緗幘

古者君臣佩玉尊卑有度上有韍徐廣曰韍如山蔽膝貴賤有殊佩所以章德服之衷也韍所以執事禮之共也故禮有其度威儀之制三代同之五伯迭興戰兵不息佩非戰器韍非兵旗於是解去韍佩留其係璲徐廣曰今名璲爲繸以爲章表故詩曰鞙鞙佩璲此之謂也鞙鞙佩玉貌璲瑞也鄭玄箋曰佩璲者以瑞玉爲佩佩之鞙鞙然韍佩既廢秦乃以采組連結於璲光明章表轉相結受

故謂之綬漢承秦制用而弗改故加之以雙印佩刀之飾至孝明皇帝乃爲大佩衝牙雙瑀璜皆以白玉詩云雜佩以贈之毛萇曰珩璜琚瑀衝牙之類月令章句曰佩上有雙衡下有雙璜琚瑀以雜之衝牙蠙珠以納其間玉藻曰右徵角左宮羽進則揖之退則揚之然後玉瑲鳴焉纂要曰琚瑀所以納間在玉之間今白珠也乘輿落以白珠公卿諸侯以采絲其視冕旒爲祭服云

佩刀乘輿黃金通身貂錯半鮫魚鱗金漆錯雌黃室五色罽隱室華諸侯王黃金錯環挾半鮫黑室公卿百官皆純黑不半鮫小黃門雌黃室中黃門朱室童子皆虎爪文虎賁黃室虎文其將白虎文皆以白珠鮫爲鏢口之飾通俗文曰刀鋒曰鏢乘輿者加翡翠山紆嬰其側左傳曰藻率鞞鞛杜預曰鞞佩刀削上飾鞛下飾也鄭玄詩箋曰旣爵命賞賜而加賜容刀有飾顯其能制斷也春秋繁露曰劒之在左青龍之象也刀之在右白虎之象也韍之在前朱鳥之象也冠之在首玄武之象也四者人之盛飾也臣昭案自天子至於庶人咸皆帶劒劒之與刀形制不同名稱各異故蕭何劒履上殿不稱爲刀而此志言不及劒知爲未備

佩雙印長寸二分方六分乘輿諸侯王公列侯以白玉中二千石以下至四百石皆以黑犀二百石以至私學弟子皆以象牙上合

綵乘輿以縢貫白珠赤罽蕤諸侯王以下以綔赤絲蕤縢綔各如其印質刻書文曰正月剛卯既決靈殳四方赤青白黃四色是當帝令祝融以教夔龍庶疫剛癉莫我敢當疾日嚴卯帝令夔化慎爾周伏化茲靈殳既正既直既觚既方庶疫剛癉莫我敢當凡六十六字前書注云以正月卯日作

乘輿黃赤綬四采黃赤紺縹淳黃圭長丈九尺九寸五百首漢舊儀曰璽皆白玉螭虎紐文曰皇帝行璽皇帝之璽皇帝信璽天子行璽天子之璽天子信璽凡六璽皇帝行璽凡封之璽賜諸侯王書信璽發兵徵大臣天子行璽策拜外國事天地鬼神璽皆以武都紫泥封青囊白素裏兩端無縫尺一板中約署皇帝帶綬黃地六采不佩璽璽以金銀縢組侍中組負以從秦以前民皆佩綬金玉銀銅犀象爲方寸璽各服所好奉璽書使者乘馳傳其驛騎也三騎行晝夜千里爲程吳書曰漢室之亂天子北詣河上六璽不自隨掌璽者投井中孫堅北討董卓頓軍城南官署有井每旦有五色氣從井出堅使人浚得傳國璽其文曰受命于天旣壽永昌方圜四寸上有紐文槃五龍瓘七寸管龍上一角缺獻帝起居注曰時六璽不自隨及還于閣上得晉陽秋曰冉閔大將軍蔣幹以傳國璽付河南太守戴施施獻之百僚皆賀璽光照洞徹上蟠螭文隱起書曰昊天之命皇帝壽昌秦舊璽也徐廣曰傳國璽文曰受天之命皇帝壽昌

諸侯王赤綬徐廣曰太子及諸王金印龜紐纁朱綬四采赤黃縹紺淳赤圭長二丈一尺

三百首荀綽晉百官表注曰皇太子朱綬三百二十首

太皇太后皇太后其綬皆與乘輿同皇后亦如之

長公主天子貴人與諸侯王同綬者加特也

諸國貴人相國皆綠綬三采綠紫紺縹綠圭長二丈一尺二百四十首前書曰相國丞相皆秦官金印紫綬高帝相國綠綬徐廣曰金印綠綟綬綟音戾艸名也以染似綠又云似紫紫綬名緺緺音瓜其色青紫綟字亦盭音同也傳寫者誤作盭公加殊禮皆服之何承天云緺音媧青紫色綬綟紫色也

公侯將軍紫綬二采紫白縹紫圭長丈七尺百八十首前書曰太尉金印紫綬御史大夫位上卿銀印青綬成帝更名大司空金印紫綬將軍亦金印漢官儀曰馬防爲車騎將軍銀印青綬在卿上絕席和帝以竇憲爲車騎將軍始加金印次司空公主封君服紫綬

九卿中二千石二千石青綬三采青白紅縹青圭長丈七尺百二十首一號青緺綬自青綬以上縌皆長三尺二寸與綬同采而首半之縌者古佩璲也佩綬相迎受故曰縌紫綬以上縌綬之間得施玉環

鐍云通俗文曰缺環曰鐍漢舊儀曰其斷獄者印爲章也

千石六百石黑綬三采青赤紺淳青圭長丈六尺八十首四百石三百石長同漢官曰尚書僕射銅印青綬

四百石三百石二百石黃綬淳黃圭一采長丈五尺六十首自黑綬以下縌綬皆長三尺與綬同采而首半之

百石青紺綸一采宛轉繆織長丈二尺丁孚漢儀載太僕太中大夫襄言乘輿綬黃地冒白羽青絳綠五采四百首長二丈三尺詔所下王綬冒亦五采上下無差諸王綬四采絳地冒白羽青黃去綠二百六十首長一丈二尺公主綬如王侯絳地紺縹三采百二十首長丈八尺二千石綬羽青地桃華縹三采百二十首長丈八尺黑綬羽青地絳二采八十首長一丈七尺黃綬一采八十首長丈七尺以爲常式民織綬不如式沒入官犯者爲不敬二千石綬以上禁民無得織以粉組皇太后詔可王綬如所下

凡先合單紡爲一系四系爲一扶五扶爲一首五首爲一文文采淳爲一圭首多者系細少者系麤皆廣尺六寸東觀書曰建武元年復設諸侯王金璽綟綬公侯金印紫綬九卿執金吾河南尹秩皆中二千石大長秋將作大匠度遼諸將軍郡太守國傅相皆秩二千石校尉中郎將諸郡都尉諸國行相中尉內史中護軍司直秩皆二千石以上皆銀印青綬

中外官尚書令御史中丞治書侍御史公將軍長史中二千石丞正平諸司馬中宮王家僕雒陽令秩皆千石尚書中謁者黄門冗從四僕射諸都監中外諸都官令都候司農部丞郡國長史丞候司馬千人秩皆六百石家令侍僕秩皆六百石雒陽市長秩四百石主家長秩皆四百石以上皆銅印黑綬諸署長楫櫂丞秩三百石諸秩千石者其丞尉皆秩四百石秩六百石者丞尉秩三百石四百石者其丞尉秩二百石縣國丞尉亦如之縣國三百石長丞尉亦二百石明堂靈臺丞諸陵校長秩二百石丞尉校長以上皆銅印黄綬縣國守宮令相或千石或六百石長相或四百石或三百石長相皆以銅印黄綬而有秩者侍中中常侍光祿大夫秩皆二千石太中大夫秩皆比二千石尚書諫議大夫侍御史博士皆六百石議郎中謁者秩皆比六百石小黄門黄門侍郎中黄門秩皆比四百石郎中秩皆比三百石太子舍人秩二百石

太皇太后皇太后入廟服紺上皁下蠶青上縹下皆深衣制徐廣曰即單衣隱領袖緣以絛翦氂簂簪珥耳璫垂珠簪以瑇瑁爲擿長一尺端爲華勝上爲鳳皇爵以翡翠爲毛羽下有白珠垂黄金鑷左右一橫簪之以安簂結諸簪珥皆同制其擿有等級焉

皇后謁廟服紺上皁下蠶青上縹下皆深衣制隱領袖緣以絛假結步搖簪珥步搖以黄金爲山題貫白珠爲桂枝相繆一爵九華熊虎赤羆天鹿辟邪南山豐大特六獸詩所謂副笄六珈者毛詩傳曰副者

后夫人之首飾編髮爲之笄衡笄也珈笄飾之最盛者所以别尊卑鄭玄曰珈之言加也副旣笄而加飾如今步搖上飾古之制所未聞諸爵獸皆翡翠爲毛羽金題白珠璫繞以翡翠爲華云

貴人助蠶服純縹上下深衣制大手結墨瑇瑁又加簪珥

長公主見會衣服加步搖公主大手結皆有簪珥衣服同制

自公主封君以上皆帶綬以采組爲緄帶各如其綬色黃金辟邪首爲帶鐍飾以白珠

公卿列侯中二千石二千石夫人紺繒幗黃金龍首銜白珠魚須擿長一尺爲簪珥入廟佐祭者皁絹上下助蠶者縹絹上下皆深衣制緣自二千石夫人以上至皇后皆以蠶衣爲朝服公主貴人妃以上嫁娶得服錦綺羅縠繒采十二色重緣袍特進列侯以上錦繒采十二色六百石以上重練采九色禁丹紫紺三百石以上五色采青絳黃紅綠二百石以上四采青黃紅綠賈人緗縹而已

博物志曰交州南有蟲長減一寸形似白英不知其名視之無色在陰地多細色則赤黃之色也公列侯以下皆單縑襈制文繡爲祭服自皇后以下皆不得服諸古麗圭襂閨緣加上之服司馬相如大人賦曰垂旬始以爲襂注云襂下旒也則襂之容如旌旒也建武永平禁絶之建初永元又復中重於是世莫能有制其裁者乃遂絶矣蔡邕表志曰永平初詔書下車服制度中宮皇太子親服重繒厚練浣已復御率下以儉化起機諸侯王以下至于士庶嫁娶被服各有秩品當傳萬世揚光聖德臣以爲宜集舊事儀注本奏以成志也

凡冠衣諸服旒冕長冠委貌皮弁爵弁建華方山巧士衣裳文繡赤舄服絇履大佩皆爲祭服其餘悉爲常用朝服唯長冠諸王國謁者以爲常朝服云宗廟以下祠祀皆冠長冠皁繒袍單衣絳緣領袖中衣絳絝袜五郊各從其色焉

贊曰車輅各庸旌旂異局冠服致美佩紛璽玉敬敬報情尊尊下欲孰夸華文匪豪麗縟

輿服志下

獄中與諸甥姪書

范曄

吾狂釁覆滅，豈復可言？汝等皆當以罪人棄之。然平生行己在懷，猶應可尋，至於能不，意中所解，汝等或不悉知。

吾少嬾學問，晚成人，年三十許政始有向耳。自爾以來，轉爲心化，推老將至者，亦當未已也。往往有微解，言乃不能自盡。爲性不尋注書，心氣惡，小苦思便憒悶，口機又不調利，以此無談功。至於所通解處，皆自得之於胸懷耳。文章轉進，但才少思難，所以每於操筆，其所成篇，殆無全稱者。

常恥作文士。文患其事盡於形，情急於藻，義牽其旨，韻移其意。雖時有能者，大較多不免此累，政可類工巧圖績，竟無得也。常謂情志所託，故當以意爲主，以文傳意。以意爲主，則其旨必見；

以文傳意，則其詞不流。然後抽其芬芳，振其金石耳。此中情性旨趣，千條百品，屈曲有成理。自謂頗識其數，嘗爲人言，多不能賞，意或異故也。

性別宫商，識清濁，斯自然也。觀古今文人，多不全了此處；縱有會此者，不必從根本中來。言之皆有實證，非爲空談。年少中謝莊最有其分，手筆差易，文不拘韻故也。吾思乃無定方，特能濟難適輕重，所禀之分，猶當未盡，但多公家之言，少於事外遠致，以此爲恨，亦由無意於文名故也。本未關史書，政恒覺其不可解耳。

既造《後漢》，轉得統緒。詳觀古今著述及評論，殆少可意者。班氏最有高名，既任情無例，不可甲乙辨，後贊於理近無所得，唯志可推耳。博贍不可及之，整理未必愧也。吾雜傳論，皆有精意深旨，既有裁味，故約其詞句。至於循吏以下及六夷諸序論，筆勢縱放，實天下之奇作。其中合者，往往不減《過秦篇》。嘗共比方班氏所作，非但不愧之而已。欲偏作諸志，《前漢》所有者悉令備，雖事不必多，且使見文得盡。又欲因事就卷内發論，以正一代得失，意復未果。贊自是吾文之傑思，殆無一字空設，奇變不窮，同含異體，乃自不知所以稱之。此書行，故應有賞音者。紀傳例爲舉其大略耳，諸細意甚多。自古體大而思精，未有此也。恐世人不能盡之，多貴古賤今，所以稱情狂言耳。

吾於音樂，聽功不及自揮，但所精非雅聲爲可恨。然至於一絶處，亦復何異邪！其中體趣，言之不盡。弦外之意，虛響之音，不知所從而來。雖少許處，而旨態無極。亦嘗以授人，士庶中未有一豪似者。此永不傳矣！

吾書雖小小有意，筆勢不快。餘竟不成就，每愧此名。

後漢書注補志序

劉　昭

臣昭曰：昔司馬遷作《史記》，爰建八書；班固因廣，是曰十志。天人經緯，帝政紘維，區分源奥，開廓著述，創藏山之祕寶，肇刊石之遐貫，誠有繁於《春秋》，亦自敏於改作。

至乎永平，執簡東觀，紀傳雖顯，書志未聞。推檢舊記，先有地理，張衡欲存炳發，未有成功，《靈憲》精遠，天文已煥。自蔡邕大弘鳴條，寔多紹宣。協妙元卓，律曆以詳；承洽伯始，禮儀克舉；郊廟社稷，祭祀該明；輪騑冠章，車服瞻列。於是應、譙纘其業，董巴襲其軌。司馬《續書》揔爲八志，律曆之篇仍乎洪、邕所構，車服之本即依董、蔡所立，儀祀得於往制，百官就乎故簿，並籍據前修，以濟一家者也。王教之要，國典之源，粲然略備，可得而知矣。既接繼班《書》，通其流貫，體裁淵深，雖難踰等，序致膚約，有傷懸越，後之名史，弗能罷意。叔駿之書，是爲十典，矜緩殺青，竟亦不成。二子平業，俱稱麗富，華轍亂亡，典則偕泯，雅言邃義，於是俱絶。沈、松因循，尤解功創，時改見句，非更搜求，加藝文以矯前棄，流書品採自近録，初平、永嘉圖籍焚喪，塵消煙滅，焉識其限，借南晉之新虛，爲東漢之故實，是以學者亦無取焉。

范曄《後漢》，良誠跨衆氏，序或未周，志遂全闕。國史鴻曠，須寄勤閑，天才富博，猶俟改具。若草昧厥始，無相憑據，窮其身世，少能已畢。還有承考之言，固深資父之力。太初以前，班用馬《史》，十志所因，實多往制，升入校部，出二十載，續志昭表，以助其間，成父述者，夫何易哉！況曄思雜風塵，心橈成毁，弗克員就，豈以兹乎？夫辭潤婉贍，可得起改，覈求見事，必應寫襲，故序例所論，備精與奪，及語八志，頗褒其美，雖出拔前群，歸相沿也。又尋本書，當作《禮樂志》，其《天文》《五行》《百官》《車服》，爲名則同。此外諸篇，不著紀傳，《律曆》《郡國》，必依往式。曄遺書自序，應徧作諸志，《前漢》有者，悉欲備製，卷中發論，以正得失，書雖未明，其大旨也。曾臺雲構，所缺過乎榱桷；爲山霞高，不終踰乎一墤？鬱絶斯作，吁可痛哉！徒懷纘緝，理慙鉤遠，迺借舊志，注以補之。狹見寡陋，匪同博遠，及其所值，微得論列。分爲三十卷，以合范史。求於齊工，孰曰文類；比兹闕恨，庶賢乎已。

昔褚生補子長之削少，馬氏接孟堅之不畢，相成之義，古有之矣。引彼先志，又何猜焉！而歲代逾邈，立言湮散，義存廣求，一隅未覿，兼鍾律之妙，素揖校讎，參曆筭之微，有慙證辨，星候祕阻，圖緯藏嚴，是須甄明，每用疑略，時或有見，頗邀傍遇，非覽正部，事乖詳密。今令行禁止，此書外絶，其有疏漏，諒不足誚。

傳古樓景印

“四部要籍選刊”已出書目

序號	書名	底本	定價 / 圓
1	四書章句集注（3 册）	清嘉慶吴氏刻本	150
2	阮刻周易兼義（3 册）	清嘉慶阮元刻本	150
3	阮刻尚書注疏（4 册）	清嘉慶阮元刻本	200
4	阮刻毛詩注疏（10 册）	清嘉慶阮元刻本	500
5	阮刻禮記注疏（14 册）	清嘉慶阮元刻本	700
6	阮刻春秋左傳注疏（14 册）	清嘉慶阮元刻本	700
7	杜詩詳注（9 册）	清康熙四十二年初刻本	450
8	文選（12 册）	清嘉慶十四年胡克家影宋刻本	600
9	管子（3 册）	明萬曆十年趙用賢刻本	150
10	墨子閒詁（3 册）	清光緒毛上珍活字印本	150
11	李太白文集（8 册）	清乾隆寶笏樓刻本	400
12	韓非子（2 册）	清嘉慶二十三年吴鼒影宋刻本	98
13	荀子（3 册）	清乾隆五十一年謝墉刻本	148
14	文心雕龍（1 册）	清乾隆六年黄氏養素堂刻本	148
15	施注蘇詩（8 册）	清康熙三十九年宋犖刻本	398
16	李長吉歌詩（典藏版）（1 册）	顧起潛先生過録何義門批校 清乾隆王氏寶笏樓刻本	198
17	阮刻毛詩注疏（典藏版）（6 册）	清嘉慶阮元刻本	598
18	阮刻春秋公羊傳注疏（5 册）	清嘉慶阮元刻本	298

序號	書名	底本	定價 / 圓
19	楚辭（典藏版）（1 册）	清汲古閣刻本	148
20	阮刻儀禮注疏（8 册）	清嘉慶阮元刻本	398
21	阮刻春秋穀梁傳注疏（3 册）	清嘉慶阮元刻本	164
22	柳河東集（8 册）	明三徑草堂本	398
23	阮刻爾雅注疏（3 册）	清嘉慶阮元刻本	164
24	阮刻孝經注疏（1 册）	清嘉慶阮元刻本	55
25	阮刻論語注疏解經（3 册）	清嘉慶阮元刻本	164
26	阮刻周禮注疏（9 册）	清嘉慶阮元刻本	480
27	阮刻孟子注疏解經（4 册）	清嘉慶阮元刻本	218
28	孫子十家注（2 册）	清嘉慶二年刻本	108
29	史記（15 册）	清同治金陵書局刻本	798
30	漢書（12 册）	清同治金陵書局刻本	600
31	資治通鑑（60 册）	清嘉慶初刻同治補修本	4498
32	後漢書（10 册）	清同治金陵書局刻本	498

圖書在版編目（CIP）數據

後漢書 /（南朝宋）范曄撰 ；（唐）李賢等注. --
杭州 : 浙江大學出版社，2024.6
（四部要籍選刊 / 蔣鵬翔主編）
ISBN 978-7-308-24945-4

Ⅰ. ①後… Ⅱ. ①范… ②李… Ⅲ. ①《後漢書》—
注釋 Ⅳ. ①K234.204.2

中國國家版本館 CIP 數據核字（2024）第 094113 號

後漢書
（南朝宋）范　曄　撰　（唐）李　賢　等注

叢書策劃　陳志俊
叢書主編　蔣鵬翔
責任編輯　潘丕秀
責任校對　蔡　帆
封面設計　温華莉
出版發行　浙江大學出版社
（杭州市天目山路 148 號　郵政編碼 310007）
（網址：http://www.zjupress.com）
排　　版　杭州尚文盛致文化策劃有限公司
印　　刷　浙江海虹彩色印務有限公司
開　　本　850mm×1168mm 1/32
印　　張　101.125
印　　數　001—900
版 印 次　2024 年 6 月第 1 版　2024 年 6 月第 1 次印刷
書　　號　ISBN 978-7-308-24945-4
定　　價　498.00 圓（全十册）

浙江大學出版社市場運營中心聯繫方式：(0571)88925591;http://zjdxcbs.tmall.com